"Este libro nos anima a amar la venida de Jesús y a vivir el presente a la luz del último día, a la luz del regreso del Rey. Sin duda, habrá discrepancias acerca de los últimos tiempos, pero nadie podrá negar que Piper presenta argumentos cuidadosos y minuciosos a partir de las Escrituras. Este libro me parece combustible para la mente y el corazón, lleno de sabiduría bíblica y práctica".

THOMAS R. SCHREINER

Profesor James Buchanan Harrison de Interpretación del Nuevo Testamento, The Southern Baptist Theological Seminary

"En *Ven, Señor Jesús*, John Piper se adelanta a las preguntas acerca de los sucesos de los últimos tiempos, esclarece y delinea esas preguntas, para luego ofrecer respuestas confiables con base en las Escrituras. De paso, aviva nuestro anhelo por el regreso de Jesús. Es una verdadera escatología cristiana hedonista que reviste solidez bíblica, infunde esperanza y se concentra sistemáticamente en nuestro disfrute eterno del glorioso Dios trino".

STEPHEN WITMER

Pastor principal de Pepperell Christian Fellowship, Massachusetts; autor de *Eternity Changes Everything* y *A Big Gospel in Small Places*

"Al tiempo que en nuestro compromiso cristiano asignamos un lugar central al evangelio, debemos encontrar maneras de celebrar de forma más completa y frecuente la gran consumación de los propósitos redentores de Dios, y este libro nos ayuda a hacerlo. Aunque Piper aborda y responde provechosamente multitud de inquietudes acerca de la segunda venida, el gran aporte de este libro es avivar nuestros corazones con la verdad de la Palabra de Dios".

MIKE BULLMORE

Pastor principal de CrossWay Community Church, Bristol, Wisconsin

Ven, Señor Jesús

Libros de John Piper publicados por Portavoz

Bajo las alas de Dios
Cuando no deseo a Dios
Cuando no se disipan las tinieblas
Dios es el evangelio
Exultación expositiva
Firmes: Claves para la permanencia en la fe
La lectura sobrenatural de la Biblia
Lo que Jesús exige del mundo
No desperdicies tu vida
Pensar. Amar. Hacer. (editor general)
¡Por fin vivos!: Lo que significa nacer de nuevo
Por qué amo al apóstol Pablo: 30 razones
Preparándonos para el matrimonio
El sufrimiento y la soberanía de Dios (editor general)
Una gloria peculiar
Ven, Señor Jesús

Ven, Señor Jesús

REFLEXIONES SOBRE LA SEGUNDA VENIDA DE CRISTO

JOHN PIPER

Título del original: *Come, Lord Jesus: Meditations on the Second Coming of Christ,* © 2023 por Desiring God Foundation, y publicado por Crossway, un ministerio editorial de Good News Publishers, Wheaton, IL 60187, U.S.A. Traducido con permiso. Todos los derechos reservados.

Edición en castellano: *Ven, Señor Jesús* © 2023 por Editorial Portavoz, filial de Kregel Inc., Grand Rapids, Michigan 49505. Traducido con permiso. Todos los derechos reservados. Publicado por acuerdo con Crossway.

Traducción: Nohra Bernal

Ninguna parte de esta publicación podrá ser reproducida, almacenada en un sistema de recuperación de datos, o transmitida en cualquier forma o por cualquier medio, sea electrónico, mecánico, fotocopia, grabación o cualquier otro, sin el permiso escrito previo de los editores, con la excepción de citas breves o reseñas.

A menos que se indique lo contrario, todas las citas bíblicas han sido tomadas de la versión Reina-Valera © 1960 Sociedades Bíblicas en América Latina; © renovado 1988 Sociedades Bíblicas Unidas. Utilizado con permiso. Reina-Valera 1960™ es una marca registrada de American Bible Society, y puede ser usada solamente bajo licencia.

El texto bíblico indicado con "NVI" ha sido tomado de la Santa Biblia, NUEVA VERSIÓN INTERNACIONAL˚, © 1999, 2015 por Biblica, Inc.˚ Reservados todos los derechos en todo el mundo.

El texto bíblico indicado con "NBLA" ha sido tomado de la Nueva Biblia de las Américas, © 2005 por The Lockman Foundation. Todos los derechos reservados.

El texto bíblico indicado con "NTV" ha sido tomado de la *Santa Biblia,* Nueva Traducción Viviente, © Tyndale House Foundation, 2010. Usado con permiso de Tyndale House Publishers, Inc., 351 Executive Dr., Carol Stream, IL 60188, Estados Unidos de América. Todos los derechos reservados.

El texto bíblico indicado con "TLA" ha sido tomado de la Traducción en lenguaje actual © 2000 por Sociedades Bíblicas Unidas. Todos los derechos reservados.

Las cursivas en los versículos bíblicos son énfasis del autor.

EDITORIAL PORTAVOZ
2450 Oak Industrial Drive NE
Grand Rapids, MI 49505 USA
Visítenos en: www.portavoz.com

ISBN 978-0-8254-5029-7 (rústica)
ISBN 978-0-8254-7112-4 (Kindle)
ISBN 978-0-8254-7113-1 (epub)

1 2 3 4 5 edición / año 32 31 30 29 28 27 26 25 24 23

Impreso en los Estados Unidos de América
Printed in the United States of America

Contenido

TERCERA PARTE: ¿CÓMO DEBEMOS VIVIR?

PRIMERA PARTE

RAZONES PARA ANHELAR LA VENIDA DE CRISTO

EL MILAGRO QUE BUSCAMOS: AMOR

EL OBJETIVO DE ESTE LIBRO ES AYUDARTE a amar la segunda venida de Jesucristo. El índice y el título se inspiraron en parte en las oraciones bíblicas "ven, Señor Jesús" (Ap. 22:20) y "el Señor viene" (1 Co. 16:22). No obstante, el libro se inspiró principalmente en el afecto entrañable que expresó Pablo en esta oración en 2 Timoteo 4:8:

> Por lo demás, me está guardada la corona de justicia, la cual me dará el Señor, juez justo, en aquel día; y no solo a mí, sino también *a todos los que aman su venida.*

Recibir una corona de justicia es la promesa para todos aquellos que *aman* la segunda venida de Cristo. Oramos por su venida porque amamos su venida. La oración "ven, Señor Jesús" nace de un anhelo más profundo: "¡Amo tu venida!".

Este libro trata acerca de la realidad que despierta ese amor y cómo ocurre ese despertar. Este amor expresa deseo, anhelo y esperanza. No es una acción del cuerpo. Se trata de un afecto espiritual del corazón.

Cuando digo *espiritual* me refiero a que es producto de la obra del Espíritu Santo. No es de sorprender que el Espíritu Santo produzca amor de corazón por la venida de Cristo, porque la obra más esencial del Espíritu en el corazón humano es glorificar a Jesús. Jesús dice del Espíritu: "Él me glorificará" (Jn. 16:14).

Por lo tanto, nuestro amor por la segunda venida que nace del Espíritu no es una fascinación con un suceso que relega a Cristo. Es un anhelo por su presencia y por su gloria que expresa una fascinación por Él. Es una extensión de nuestro amor por Cristo, la clase de amor que Jesús buscaba en Mateo 10:37: "El que ama a padre o madre más que a mí, no es digno de mí; el que ama a hijo o hija más que a mí, no es digno de mí". Cualquier amor por la segunda venida que no constituye una extensión de ese afecto supremo por la persona de Jesús no es la obra del Espíritu Santo que exalta a Cristo. No es el amor al que Pablo promete una corona. No es lo que yo busco.

Por consiguiente, este libro busca un milagro que el libro por sí solo no puede lograr, a saber, los afectos que produce el Espíritu. Sin embargo, ese objetivo no difiere de las enseñanzas, las predicaciones, los consejos y el servicio cristiano que buscan edificar la fe en Jesús, rescatar al perdido del juicio divino y promover la rectitud que exalta a Cristo. Esa clase de fe, de rescate y de rectitud son obras del Espíritu de Dios (Ro. 5:9; Ef. 2:8; Fil. 1:29; 2 Ts. 1:11). Los medios humanos, como los libros, no son determinantes. Dios, sí.

Con todo, los medios humanos *son* designados por iniciativa divina. Cuando Dios se propone abrir los ojos del ciego espiritual para que vea la gloria de Cristo y su venida, Él envía un mensajero humano y dice: "*te* envío, para que abras sus ojos, para que se conviertan de las tinieblas a la luz" (Hch. 26:17-18). Es así como Dios despierta el amor por la segunda venida. Él abre los ojos de los ciegos para que vean la grandeza, la gloria y el valor inestimable de la venida de Cristo. Lo hace por medio de la verdad bíblica acerca de la venida de Cristo y a través de maestros humanos que señalan esa verdad. Esa es la tarea que me he trazado con este libro.

Todos los que aman su venida

ASEGURÉMONOS DE QUE el pasaje bíblico sobre el cual se basa este libro tenga la solidez para soportar el peso necesario:

> Porque yo ya estoy para ser sacrificado, y el tiempo de mi partida está cercano. He peleado la buena batalla, he acabado la carrera, he guardado la fe. Por lo demás, me está guardada la corona de justicia, la cual me dará el Señor, juez justo, en aquel día; y no solo a mí, sino también a *todos los que aman su venida* (2 Ti. 4:6-8).

En el versículo 8, cuando dice *venida*, ¿se refiere a la segunda venida de Cristo o a su primera venida, la encarnación? La palabra *venida* (ἐπιφάνεια) como tal puede referirse a su primera venida. De los otros cinco casos en los que el apóstol Pablo emplea el término, cuatro se refieren a la segunda venida (2 Ts. 2:8; 1 Ti. 6:14; 2 Ti. 4:1; Tit. 2:13). Sin embargo, uno hace referencia a la primera venida:

> Dios nos salvó y nos llamó a una vida santa, no por nuestras propias obras, sino por su propia determinación y gracia. Nos concedió este favor en Cristo Jesús antes del comienzo del tiempo; y ahora lo ha revelado con la *venida* [ἐπιφανείας] de nuestro Salvador Cristo Jesús, quien destruyó la muerte y sacó a la luz la vida incorruptible mediante el evangelio (2 Ti. 1:9-10, NVI).

Así pues, no hay nada en la palabra *venida* que limite su significado a la segunda venida. Sin embargo, cuatro observaciones me llevan a pensar que, en 2 Timoteo 4:8, Pablo quiere decir "a todos los que aman su [*segunda*] venida".

En primer lugar, el uso más cercano del término, siete versículos antes, se refiere a la segunda venida: "En presencia de Dios y de Cristo Jesús, que ha de *venir* en su reino y que juzgará a los vivos y a los muertos, te doy este solemne encargo: Predica la Palabra" (2 Ti. 4:1-2, NVI).

En segundo lugar, en el versículo 10 Pablo contrasta a quienes "aman su venida" (2 Ti. 4:8) con Demas, quien "me abandonó *por amor a este siglo*" (traducción mía). Al subrayar el amor de Demas por "*este* siglo" establece el contraste con quienes aman la segunda venida de Cristo, porque la segunda venida trae el "*fin* de este siglo" (Mt. 13:40; 24:3; 28:20). La segunda venida supone el fin de aquello que más ama Demas. En cambio, quienes aman la segunda venida prefieren la venida de Cristo por encima de cualquier cosa que pueda ofrecer este mundo caído.

La gracia de Dios se *manifestó* la primera vez para crear un pueblo que aguarde con gran anhelo la segunda *manifestación* de Cristo.

En tercer lugar, Pablo hace referencia a la recompensa que él recibirá en "aquel día" (2 Ti. 4:8), la cual crea la expectativa de que lo que sigue tiene que ver con "aquel día", es decir, el día de la segunda venida de Cristo. (Ver el uso que hace Pablo de la expresión "aquel día" como referencia a la segunda venida de Cristo en 1 Ts. 5:4; 2 Ts. 1:10; 2:3; 2 Ti. 1:12, 18). En esta línea de pensamiento sería extraño que Pablo aludiera a la primera venida de Cristo.

La cuarta observación que me lleva a catalogar 2 Timoteo 4:8 como una referencia a la *segunda* venida de Cristo, en lugar de la primera, es que Pablo considera precisamente que la primera venida de Cristo nos prepara para la segunda. Observa su razonamiento en Tito 2:11-13:

> Porque la gracia de Dios se ha *manifestado* [ἐπεφάνη, la forma verbal del sustantivo griego de la palabra *venida*] para salvación a todos los hombres, enseñándonos que, renunciando a la impiedad y a los deseos mundanos, vivamos en este siglo sobria, justa y

piadosamente, [con gran anhelo[1]] aguardando [προσδεχόμενοι] la esperanza bienaventurada y la *manifestación* [ἐπιφάνειαν] gloriosa de nuestro gran Dios y Salvador Jesucristo.

Para resumir, Pablo dice que la gracia de Dios se *manifestó* la primera vez para crear un pueblo que aguarde con gran anhelo la segunda *manifestación* de Cristo viviendo justa y piadosamente. En otras palabras, la primera venida nos prepara para la segunda. Hay muchas razones para amar la primera venida de Cristo. No obstante, con todo lo grandiosa que fue y con el clímax de la cruz y la resurrección de Jesús, fue pensada por completo para establecer un pueblo y una nueva realidad cuya máxima expresión se manifestará en la segunda venida.

Así pues, creo que Pablo diría que la prueba de nuestro afecto por la primera venida de Cristo es la medida de nuestro afecto por la segunda. O dicho de otra manera, la prueba de nuestro amor por el Cristo que se *ha* manifestado es nuestro anhelo por el Cristo que se *va* a manifestar. Por lo tanto, creo que un fundamento sólido para mi planteamiento es decir que el propósito de este libro es ayudar a las personas a amar la segunda venida de Cristo. A los tales, Cristo, el juez justo, dará la corona de justicia.

¿Por qué una corona para los que aman su venida?

¿Por qué establece Pablo una conexión entre la corona de justicia y el amor por la venida de Cristo? ¿Por qué dice que el Señor, juez justo, dará "la corona de justicia... a todos los que aman su venida" (2 Ti. 4:8)? ¿Por qué afirma que el Señor dará una corona "a todos los que han acabado su carrera", "a todos los que han peleado la buena batalla" o "a todos los que han guardado la fe"? Al parecer, a eso se dirige Pablo cuando dice en 2 Timoteo 4:7-8:

> He peleado la buena batalla, he acabado la carrera, he guardado la fe. Por lo demás, me está guardada la corona de justicia, la cual me dará el Señor, juez justo, en aquel día; y no solo a mí, sino también a todos los que...

---

1. En la mayoría de los casos, este verbo griego, προσδέχομαι, tiene la connotación de una espera entusiasta o de recibir algo con alegría. Marcos 15:43; Lucas 2:25, 38; 23:51; Romanos 16:2; Filipenses 2:29; Hebreos 10:34; Judas 21.

Parece que Pablo se dispone a decir: "No solo yo recibiré una corona por pelear la buena batalla, sino también todo el que... *pelea la buena batalla*". "No solo yo recibiré una corona por acabar la carrera, sino también todo el que... *acaba la carrera*". "El juez no solo *me* dará a mí la corona por guardar la fe, sino que también dará esa corona a todos los que... *guardan la fe*". Eso es lo que esperamos. Pero no es lo que el apóstol dice.

En realidad dice: "Así como yo recibiré una corona por *pelear la batalla*, por *acabar la carrera* y por *guardar la fe*, también la recibirán todos los que... *aman la venida del Señor*. ¿Por qué? ¿Por qué reemplaza Pablo "pelear la batalla", "acabar la carrera" y "guardar la fe" con "amar la venida del Señor"?

La prueba de nuestro amor por el Cristo que se *ha* manifestado es nuestro anhelo por el Cristo que se *va* a manifestar.

Lo que sugiero es que ese crescendo en la mente de Pablo cuando medita en su batalla, en su carrera y en la fe, nace de su propio anhelo por la venida del Señor que se había acumulado durante varias décadas y que ejercía un poder protector sobre su vida. En otras palabras, cuando meditaba en las batallas que había peleado, en la perseverancia que había exigido la maratón de su vida y en las tentaciones para abandonar su fe en aras de los placeres del mundo, lo que se despertó en su conciencia fue el poder sustentador del valor supremo de lo que él vislumbró en la venida del Señor. Amó su venida. Y ese amor lo preservó.

Por qué Demas no terminó

El contexto nos presenta dos pistas que demuestran que esa era la dirección del razonamiento de Pablo. Una es la conexión que ya hemos visto entre 2 Timoteo 4:8 y lo que sigue acerca de Demas en el versículo 10:

> Por consiguiente, me está guardada la corona de justicia, que el Señor, juez justo, me dará en aquel día; y no solo a mí, sino también a todos los que han amado su venida. Procura venir pronto a verme, porque Demas me ha abandonado, *amando este mundo*, y se ha ido a Tesalónica (2 Ti. 4:8-10, traducción mía).

Demas no peleó la batalla. No acabó la carrera. No guardó la fe. Es lo opuesto a lo que Pablo nos exhorta a nosotros y a Timoteo a que hagamos. Pablo dice a Timoteo: "Soporta las aflicciones [*¡pelea!*]… cumple tu ministerio [*¡acaba!*]" (2 Ti. 4:5). No dejes de pelear y de correr. Pablo se ofrece a *sí mismo* como un ejemplo que Timoteo puede seguir y a *Demas* como un modelo que se debe evitar. Sin embargo, el lenguaje que elige para describir la fe de Demas es el lenguaje del *amor*, no el lenguaje de la pelea, de la carrera o de guardar. Demas dejó de pelear y dejó de correr y dejó de guardar la fe porque "*amó* este mundo". Él *no* amó la venida del Señor.

Así pues, en el ejemplo de Demas, Pablo expresa lo que piensa en los versículos 6-8, la conexión que existe entre lo que *amamos* y si *perseveramos* o no. Deja claro que la promesa de la corona de justicia a los que *aman* la venida del Señor (2 Ti. 4:8) concuerda perfectamente con la promesa de que él recibirá la misma corona por su buena batalla, por terminar la carrera y por haber guardado la fe. Concuerdan porque el amor por la venida del Señor fue esencial para su perseverancia a todo lo largo de la vida. Era la raíz de ese fruto.

Por qué los que tenían comezón de oír no acabaron la carrera

Otra pista que nos presenta el contexto revela que Pablo considera esencial el amor por la venida del Señor para pelear la buena batalla, terminar la carrera y guardar la fe. La encontramos en los versículos anteriores:

> Porque vendrá tiempo cuando no sufrirán la sana doctrina, sino que teniendo comezón de oír, se amontonarán maestros conforme a sus propias concupiscencias, y apartarán de la verdad el oído y se volverán a las fábulas (2 Ti. 4:3-4).

Aquí, Pablo nos prepara para lo que va a decir acerca de Demas. El problema es que hay cristianos profesantes que se "apartarán" de la verdad. (Al parecer, Demas había sido un fiel compañero de Pablo, según relata Colosenses 4:14). Ellos "se apartarán". Pero ¿por qué? La razón que menciona Pablo no es un conflicto intelectual, un conflicto interpersonal o dudas sinceras. Lo que él menciona es una "comezón de oír" para enseñar "conforme a sus propias concupiscencias".

La palabra *concupiscencias* es sencillamente la palabra común para *deseos* (ἐπιθυμίας). Es el lenguaje del *amor*. Es similar a 2 Timoteo 4:8 ("*aman* su venida") y al versículo 10 ("*amando* este mundo"). La razón por la cual "se apartan" y se "vuelven a las fábulas" es porque *aman* (ansían, anhelan, desean) lo que no conviene. Abandonan la buena batalla. Dejan de correr la carrera. Dejan de guardar la fe. Porque, al igual que Demas, aman este mundo. No *aman* la venida del Señor.

Por tanto, no sorprende que Pablo diga que recibirá *su* corona por pelear la buena batalla, por correr bien su carrera y por perseverar en la fe, al tiempo que los creyentes recibirán la *suya* por amar la venida del Señor. No son criterios separados para recibir coronas. Constituyen el mismo criterio. En uno, Pablo se enfoca en el afecto espiritual interior que es el amor por el Señor y su venida. En el otro, Pablo se enfoca en la batalla por la perseverancia que es un resultado de ese amor.

¿Cuán importante es amar la segunda venida?

Es muy importante que veamos la relación entre *amar* y *pelear* porque demuestra cuán importante es que amemos la segunda venida del Señor. El amor por la segunda venida no es secundario. No es opcional. Es un medio a través del cual los cristianos son guardados de apartarse. Es una condición del corazón del cristiano que lo protege contra el amor por este mundo como le sucedió a Demas. Es un atisbo emocionante del premio que nos espera al final de la maratón de la vida a quienes perseveramos en la carrera (Fil. 3:14). Amar la venida del Señor es una extensión hacia el futuro del amor por el Señor en el presente. Y amar al Señor ahora es una parte esencial de lo que significa ser cristiano.

El paralelo más cercano a 2 Timoteo 4:7-8 es Santiago 1:12:

Bienaventurado el varón que soporta la tentación; porque cuando haya resistido la prueba, recibirá la corona de vida, que Dios ha prometido a los que le aman.

Santiago 1:12	2 Timoteo 4:7-8
soportar la tentación	pelear la buena batalla, acabar la carrera
la corona de vida	la corona de justicia
a los que le aman	a los que aman su venida

Dos diferencias clave en la terminología confirman cuánto está en juego en lo referente a amar la venida del Señor. Mientras Santiago habla de *amar al Señor*, Pablo habla de *amar la venida del Señor*. Santiago promete una *corona de vida* y Pablo promete una *corona de justicia*. No se trata de imágenes contradictorias. Ambas enseñan que lo que está en juego en el amor al Señor y su venida es la salvación final. La "corona de vida" significa la herencia de la vida eterna (cf. Tit. 3:7) y la "corona de justicia" significa que esta vida eterna es la herencia para aquellos cuya fe salvadora fue confirmada por el fruto de justicia[2].

Por lo tanto, amar al Señor Jesús y, por extensión, amar su venida, es una señal esencial del cristiano verdadero. Pablo dice al final de 1 Corintios: "El que no amare al Señor Jesucristo, que esté bajo maldición. ¡Ven, Señor!"

Amar la venida del Señor es una extensión hacia el futuro del amor por el Señor en el presente.

(16:22; traducción mía). En otras palabras, ninguna persona que sea cristiana, que sea salva, no ama al Señor Jesús. Y llama la atención que del mismo modo que Pablo relaciona en 2 Timoteo 4:8 *amar* al Señor con la venida del Señor, aquí relaciona *no amar* al Señor con la venida del Señor: "El que no amare al Señor Jesucristo, sea anatema"

---

2. El término "corona de justicia" podría representar el acto final mediante el cual Dios nos declara justificados. No obstante, lo he interpretado como un premio por una vida cuya fe justificadora ha sido confirmada con el fruto de justicia. Esto se debe a dos razones. Una es que el uso que hace Pablo del término "juez justo" en 2 Timoteo 4:8 no alude a un tribunal (que sugeriría justificación), sino a un escenario deportivo donde el juez decide justamente si los deportistas pelearon y corrieron conforme a las reglas establecidas. "El que lucha como atleta, no es coronado si no lucha legítimamente" (2 Ti. 2:5). La otra razón es que recompensar a los cristianos con una corona por una vida que se caracterizó por el fruto de justicia es lo que enseñaron Pablo y los demás autores del Nuevo Testamento. Dicha enseñanza simplemente reconoce que "la fe sin obras está muerta" (Stg. 2:26), que somos salvos "mediante la santificación" (2 Ts. 2:13), que sin santidad "nadie verá al Señor" (He. 12:14) y que "todo aquel que no hace justicia, y que no ama a su hermano, no es de Dios" (1 Jn. 3:10). Esto no es perfeccionismo. Solo seremos perfectos cuando veamos al Señor Jesús cara a cara (Fil. 3:12; 1 Jn. 3:2). Tampoco es justificación mediante las obras. Es la enseñanza uniforme del Nuevo Testamento acerca de que para entrar al cielo debemos tener un vestido de boda (Mt. 22:11-14) y que ese vestido es "las acciones justas de los santos" (Ap. 19:8). Estas "acciones justas" no nos hacen ganar el cielo ni sustituyen la fe como única garantía del favor de Dios. Son la "obediencia que viene por la fe" (Ro. 1:5, traducción mía; He. 11:8), las "[obras] de fe" (2 Ts. 1:11). Son el fruto del Espíritu (Gá. 5:22-23). O, como Pablo dijo en Filipenses 1:10-11, los cristianos serán hallados "el día de Cristo, llenos de frutos de justicia".

(1 Co. 16:22). En otras palabras, así como la corona de justicia es dada a quienes aman a Cristo en el día de su venida, la maldición recae sobre los que no aman a Cristo en el día de su venida.

Un lugar de gracia

A alguien podría resultarle confuso el hecho de que el siguiente versículo en 1 Corintios 16 dice: "La *gracia* del Señor Jesucristo esté con vosotros" (16:23). Alguien podría preguntar: ¿Cómo puede Pablo declarar que el amor por Cristo es esencial para librarse de la maldición de Dios y luego declarar que la *gracia* es la manera de relacionarse Cristo con su pueblo?".

La respuesta tiene dos partes. Primero, la gracia es el poder divino que en primer lugar nos impartió vida espiritual para que nuestros corazones fueran capaces de amar a Cristo (Ef. 2:5). "La *gracia* de nuestro Señor fue más abundante con la fe y el *amor* que es en Cristo Jesús" (1 Ti. 1:14). Segundo, las bendiciones continuas de la gracia fluyen en nuestra vida a través de los canales del amor por Cristo que la gracia misma ha creado. Por eso Pablo dice en Efesios 6:24: "La gracia sea con todos los que aman a nuestro Señor Jesucristo con amor inalterable". Amar a Cristo (y por ende su venida) es el canal a través del cual fluye más gracia a nuestra vida. Por eso Santiago y Pedro dicen también: "Dios resiste a los soberbios, y *da gracia a los humildes*" (Stg. 4:6; 1 P. 5:5).

El hecho es que aunque la gracia es lo que produjo humildad en primer lugar, es al humilde a quien Dios da "mayor gracia" (Stg. 4:6). Cuando los apóstoles hablan acerca de la gracia de Dios que es dada a quienes aman a Cristo (Ef. 6:24) y al humilde (1 P. 5:5), no se refieren a dos tipos diferentes de corazón, uno humilde y uno que ama. Hay un solo corazón cristiano. Es el corazón que ha sido tratado en la humildad y que ama a Cristo y su venida.

Por tanto, cuando Pablo afirma que quien *no ama* al Señor será anatema en su venida y quien *ama* al Señor recibirá una corona de justicia, no está desvirtuando ni contradiciendo el papel decisivo de la gracia soberana. La gracia de Dios es el grandioso plan y el poder que desde antes de la creación del universo había garantizado la salvación del pueblo de Dios. "[Dios] nos salvó y llamó con llamamiento santo, no conforme a nuestras obras, sino según el propósito suyo y la *gracia* que nos fue dada en Cristo Jesús antes de los tiempos de los siglos" (2 Ti. 1:9). La gracia que nos dio vida y que nos reveló la infinitamente preciosa gloria de Cristo, en su persona y en su venida, nos fue dada antes de la creación del mundo.

El amor por la segunda venida es esencial

Lo que quiero subrayar es que el amor por Jesús y, por ende, el amor por su venida, son esenciales en la vida cristiana. Jesús mismo enseñó esta verdad repetidas veces. Él dijo a los líderes judíos que afirmaban conocer a Dios, pero rechazaban a Jesús: "Si vuestro padre fuese Dios, ciertamente me amaríais" (Jn. 8:42). En otras palabras, si ustedes no me aman, Dios no es su Padre. Y como hemos visto anteriormente, Jesús dijo: "El que ama a padre o madre más que a mí, no es digno de mí; el que ama a hijo o hija más que a mí, no es digno de mí" (Mt. 10:37). Lo que este versículo deja claro es que amar a Jesús no puede limitarse a acatar normas externas que Él ordena. Eso no es lo que significa amar a un padre o a una madre, a un hijo o a una hija. Este amor del que habla Jesús es lo que hemos llamado un *afecto* del corazón,

no una serie de actos que se llevan a cabo exteriormente. Y en el caso del amor por Jesús y su venida, es un afecto *espiritual*, una obra del Espíritu Santo en nuestra vida. Si no existe ese amor, Dios no es nuestro Padre, y Jesús no es nuestro Salvador.

Los medios para un milagro

Por consiguiente, quizás resulte obvio que lo que busco es un amor más profundo y auténtico, más inconmovible por la venida de Cristo, y me gustaría que me acompañaras en esa búsqueda. El objetivo es que experimentemos, embelesados en Cristo, un anhelo por su presencia y su glorificación. Solo una obra divina en nuestro corazón puede producir tal cosa. De modo que la pregunta que nos ocupa ahora es: ¿cómo puede un acto natural, como escribir o leer un libro, ser un medio para lograr un fin sobrenatural?

¿Cómo puede un libro despertar amor por la venida de Cristo?

Ya que el objetivo de este libro es ayudarte a amar la segunda venida de Cristo, ¿cómo puede suceder esto en términos concretos? ¿Cómo pueden los actos *naturales* de escribir y leer un libro producir la experiencia *sobrenatural* de amar a Cristo y su venida?

Amar la venida de Cristo es una obra del Espíritu Santo

En el capítulo 1 sostuve que lo que la Biblia refiere como amor por la segunda venida de Cristo no es una simple fascinación por un evento asombroso. Antes bien, es un anhelo por su presencia y glorificación que se embelesa en Cristo. Ese anhelo embelesado en Cristo es una experiencia sobrenatural. Es un afecto espiritual del corazón que el corazón humano caído y pecaminoso es incapaz de producir. Es una obra del Espíritu Santo.

Pablo explica que "el hombre natural no percibe las cosas que son del Espíritu de Dios, porque para él son locura, y no las puede entender, porque se han de discernir espiritualmente" (1 Co. 2:14). El "hombre natural" es simplemente la persona normal que no tiene al Espíritu de Dios que mora y transforma su corazón por la fe. Así describe Judas al hombre natural: "Estas son personas naturales que no tienen al Espíritu [ψυχικοί, πνεῦμα μὴ ἔχοντες]" (Jud. 19, traducción mía).

Otra manera de describir a la "persona natural" es quien tiene "la mente carnal" o está "en la carne". *Carne*, en el uso común que hace Pablo del término, se refiere a la naturaleza humana caída que se considera independiente de Dios y apartada de la influencia del Espíritu de Dios que mora en nosotros. Esa condición pone a las personas en conflicto con Dios y, en esa condición de alienación y resistencia, no se someten y no se pueden someter a la instrucción de Dios. Al respecto, Pablo dice:

La mente de la carne es hostil hacia Dios porque no se somete a la ley de Dios; de hecho, tampoco puede. Aquellos que están en la carne no pueden agradar a Dios. Ustedes, en cambio, no viven en la carne sino en el Espíritu, si en verdad el Espíritu de Dios vive en ustedes. Cualquiera que no tenga el Espíritu de Cristo no pertenece a Él (Ro. 8:7-9, traducción mía).

Lo que quiero subrayar de la enseñanza de Pablo acerca del "hombre natural" y de la "mente carnal" es que nadie podrá jamás discernir o abrazar la grandeza y la belleza y el valor de la venida de Cristo sin la obra sobrenatural del Espíritu Santo en nuestro corazón. Podemos vivir fascinados con pensamientos proféticos o cautivados por predicciones del fin del mundo, o atemorizados por un futuro aterrador. Nada de eso requiere la transformación sobrenatural del corazón humano caído. De modo que sin la obra del Espíritu no amaremos la segunda venida como busca Pablo en 2 Timoteo 4:8. No experimentaremos ese amor como un anhelo por su presencia y glorificación que se embelesa en Cristo.

Anticipar la gloria de su venida produce deleite

Volvamos ahora a la pregunta que se planteó anteriormente: ¿Cómo pueden los actos *naturales* de escribir y leer un libro producir la experiencia *sobrenatural* de amor por Cristo y su venida? Respondí en el capítulo 1 que Dios abre los ojos espirituales de las personas *naturales* para que vean la grandeza, la gloria y el valor de la venida de Cristo. Lo hace a través de la verdad bíblica acerca de la manifestación de Cristo y a través de maestros humanos que señalan esa verdad. Lo hace, por ejemplo, a través de libros.

> **El único amor por la venida de Cristo que glorifica a Cristo es el amor que nace de un verdadero conocimiento de su venida.**

Por lo tanto, digo que el *amor* auténtico por la venida de Cristo se despierta y se intensifica con el *adelanto* espiritual de la grandeza, la gloria y el valor de Cristo en su venida. Hay un *anticipo* que produce *deleite*. Hay una *luz* espiritual que hace entrañable el *anhelo*. Pablo dijo: "alumbrando los ojos de vuestro entendimiento, para que *sepáis* cuál es la esperanza a que él os ha llamado" (Ef. 1:18). Este saber *no* es la clase de saber que tiene el diablo. El diablo sabe acerca de la segunda venida y del día del juicio. Sabemos esto porque cuando Jesús se interpuso en la esfera del diablo, los demonios protestaron por haber "venido acá para atormentarnos *antes de tiempo*" (Mt. 8:29), es decir, antes del día señalado para el juicio final. Ellos sabían muy bien lo que la segunda venida de Cristo significaría para ellos.

Esa clase de saber no es nuestro objetivo. No necesitamos que Dios alumbre los ojos de nuestro entendimiento para saber lo que los demonios saben. Ese es un conocimiento natural que no requiere la obra del Espíritu Santo. Pablo no oró en Efesios 1:18 pidiendo que Dios alumbre los ojos de nuestro entendimiento para que tengamos el mismo conocimiento que tienen los demonios. El apóstol oró por un tipo de "entendimiento" que solo el Espíritu Santo puede dar. Oró por entendimiento de la *realidad* de nuestra esperanza que, en la práctica, produce *regocijo* en nuestra esperanza. Oró pidiendo la experiencia sobrenatural de *desear* y *amar* nuestra esperanza. Oró para que *amemos* la venida de Cristo.

Y ese *amor* es el resultado de un *entendimiento* que viene por iluminación espiritual. Si nuestro amor por la segunda venida apareciera mediante métodos que catalizan un conocimiento de la verdad, tal amor no glorificaría a Cristo. Los afectos que glorifican a Cristo se despiertan por una visión verdadera de Cristo, un conocimiento verdadero de Cristo. Así sucede con la venida de Cristo. El único amor por la venida de Cristo que glorifica a Cristo es el amor que nace de un verdadero conocimiento de su venida.

Así pues, el acto natural de brindar conocimiento (como escribir este libro) va a la par con la experiencia sobrenatural de ver la grandeza, la gloria y el valor de Cristo *a través de* ese conocimiento.

Buenas nuevas, gloria y luz

Pablo ilustra esta conexión entre la visión sobrenatural de la gloria y el conocimiento natural de la verdad. Él dice:

> El dios de este siglo cegó el entendimiento de los incrédulos, para que no les resplandezca la luz del evangelio de la gloria de Cristo, el cual es la imagen de Dios. Porque no nos predicamos a nosotros mismos, sino a Jesucristo como Señor, y a nosotros como vuestros siervos por amor de Jesús. Porque Dios, que mandó que de las tinieblas resplandeciese la luz, es el que resplandeció en nuestros corazones, para iluminación del conocimiento de la gloria de Dios en la faz de Jesucristo (2 Co. 4:4-6).

El versículo 4 describe aquello a lo cual son ciegas las personas. El versículo 6 describe la victoria sobre esa ceguera mediante la intervención sobrenatural de Dios. El versículo 4 tiene tres elementos.

Primero, hay un *evangelio*, es decir, las "buenas nuevas". Hay nuevas reales y concretas. Hay hechos objetivos acerca de quién es Cristo y lo que Él ha hecho. Como dice Pablo en 1 Corintios 15:1-4: "Os declaro, hermanos, el evangelio… Que Cristo murió por nuestros pecados, conforme a las Escrituras; y que fue sepultado, y que resucitó al tercer día, conforme a las Escrituras". Estas son buenas nuevas reales, objetivas y concretas.

Segundo, hay "gloria". Pablo habla del "evangelio de la *gloria* de Cristo" (2 Co. 4:4). Aunque las nuevas son un hecho objetivo, comunican más que simples sucesos. Conllevan la gloria, la belleza, el resplandor, el valor y la grandeza de Cristo. Las *nuevas* de Cristo son, en efecto, una ventana a la *gloria* de Cristo. A pesar de esto, alguien puede oír las nuevas y no ver la gloria por lo que es.

Tercero, hay "luz" que pueden o no ver quienes oyen las nuevas de su gloria. Pablo habla de "la *luz* del evangelio de la gloria de Cristo" (2 Co. 4:4). Esta luz es lo que Satanás, "el dios de este mundo" (ver también Jn. 12:31; 14:30; 16:11; Ef. 2:2), oculta en la medida de lo posible.

A él no le preocupa tanto que las personas oigan las buenas nuevas, ni siquiera que oigan las *nuevas* comunicadas de tal modo que señalan la *gloria* de Cristo. Cabe aclarar que Satanás, en efecto, odia las buenas nuevas y la gloria. Sin embargo, es posible que una persona oiga el "evangelio de la gloria de Cristo" y siga cautiva de Satanás. En cambio, si alguien ve la *luz* de ese evangelio de la gloria Satanás lo ha perdido como cautivo. Esa persona ha nacido de nuevo. Pertenece a Dios. Ver esa "luz" es una experiencia sobrenatural.

El versículo 6 describe este milagro de la vista. Una vez más, están presentes los mismos tres elementos.

Primero, están las buenas nuevas, solo que esta vez se denominan "conocimiento". Este es el contenido objetivo de la verdad acerca de Cristo y lo que Él ha hecho.

Segundo, está la "gloria". Así como el versículo 4 habló del "*evangelio de la gloria*", el versículo 6 habla del "*conocimiento* de la gloria". En el versículo 4 es la "gloria de Cristo, el cual es la imagen de Dios". Es una gloria divina, la gloria de Cristo que es imagen de Dios el Padre, y la gloria de Dios que resplandece en el rostro de Cristo. Es una gloria divina.

Tercero, hay "luz". Solo aquí, en el versículo 6, Dios le permite al corazón verla. La ceguera que es causada por Satanás es vencida. "Dios, que mandó que de las tinieblas resplandeciese la luz, es el que resplandeció en nuestros corazones, para iluminación del conocimiento de la gloria de Dios en la faz de Jesucristo". El "conocimiento [o las nuevas] de la gloria de Dios" es ahora, por intervención divina, comunicado como un tipo de "luz" que revela la gloria como *gloriosa* al corazón de quien la busca. Lo que experimenta el corazón con esta luz sobrepasa todo lo que una "persona natural" o Satanás pueden experimentar. Es una vislumbre que obliga al deleite. Es una vislumbre que se convierte en tesoro.

Y cuando esta vislumbre es una vislumbre de la gloria de la segunda venida de Cristo, es una *vislumbre* que se convierte en *amor*. Es así como logramos "[amar] su venida" (2 Ti. 4:8). Dios resplandece en nuestros corazones para dar la luz del conocimiento de la gloria de Dios en la venida de Cristo. A la experiencia de un corazón iluminado por Dios, Pablo la denomina *amar* la venida del Señor. Es un afecto espiritual que está cimentado en hechos objetivos, reales y gloriosos revelados en las Escrituras. Está mediado por el verdadero conocimiento de esos hechos. Es así como un libro puede convertirse en el medio para que tú ames la segunda venida. Así, pues, el acto natural de proveer conocimiento (como escribir este libro) va acompañado de la experiencia sobrenatural de ver la grandeza, la gloria y el valor de Cristo en su venida.

Los ejemplos de Pedro y de Juan el Bautista

Lo que hemos visto a partir de 2 Corintios 4:4-6 es también visible de un modo admirablemente distinto en la enseñanza de Jesús. En ella observamos también que cuando nuestro objetivo es una experiencia sobrenatural, de realidad objetiva, hay siempre dos pasos para alcanzarlo. Uno es natural y el otro sobrenatural. El *natural* es la presentación de la realidad a nuestra mente, seguido de la iluminación *sobrenatural* de Dios que nos lleva a ver la gloria divina en esa realidad. Veamos una ilustración de estos dos pasos en el ministerio de Jesús.

En un momento dado, para Juan el Bautista el ministerio de Jesús no satisfizo sus expectativas de lo que sería la venida del Mesías. Juan estaba encarcelado, lo cual era de por sí alarmante a la luz de la inminencia de la manifestación del reino mesiánico. Por consiguiente, desde la prisión Juan envió un mensaje a Jesús diciendo: "¿Eres tú aquel que había de venir, o esperaremos a otro?" (Mt. 11:3). Lo que estaba en juego aquí era la fe de Juan el Bautista en Jesús como el Mesías.

En ese momento, Jesús pudo haber orado por Juan para que Dios iluminara sobrenaturalmente su corazón para ver la gloria de Jesús en los hechos que Juan ya conocía, como autenticación de su persona. Es posible que Jesús lo hiciera, aunque no lo sabemos con seguridad.. Por otro lado, sí sabemos lo que Jesús hizo. Jesús dijo a los mensajeros de Juan:

Id, y haced saber a Juan las cosas que oís y veis. Los ciegos ven, los cojos andan, los leprosos son limpiados, los sordos oyen, los muertos son resucitados, y a los pobres es anunciado el evangelio; y bienaventurado es el que no halle tropiezo en mí (Mt. 11:4-6).

En otras palabras, Jesús se aseguró de que Juan se enterara de los hechos. Que supiera las buenas nuevas. Que recibiera el conocimiento.

Ahora compara la interacción entre Jesús y Juan el Bautista con la interacción entre Jesús y Pedro. En vez de esperar que Pedro le preguntara a Jesús acerca de si Él era o no el Mesías, como hizo Juan, Jesús toma la iniciativa y pregunta a los discípulos: "Y vosotros, ¿quién decís que soy yo?", a lo cual Pedro responde: "Tú eres el Cristo [*Christos* es Mesías en griego], el Hijo del Dios viviente". A esto, Jesús responde: "Bienaventurado eres, Simón, hijo de Jonás, porque no te lo reveló carne ni sangre, sino mi Padre que está en los cielos" (Mt. 16:15-17).

Jesús reconoció en la respuesta de Pedro que había sucedido un milagro. Dios le había "revelado" algo a Pedro que va más allá de lo que "carne y sangre" podrían ver. Era más que un conocimiento factual que tanto hombres como demonios pueden alcanzar por sus propios medios. Es más que el solo hecho de que Jesús es el Hijo de Dios. El diablo sabe que Jesús es el Hijo de Dios. Por eso el espíritu inmundo dice a Jesús: "Sé quién eres, el Santo de Dios" (Mr. 1:24). Sin embargo, el conocimiento del diablo es un conocimiento de odio, no un conocimiento de amor. El diablo "sabe", pero "no sabe nada como debe saberlo" (1 Co. 8:2).

El diablo no veía a Jesús como gloriosamente precioso. Lo veía solo como una amenaza ofensiva. No veía la magnificencia de Jesús como la magnificencia de un tesoro. En cambio, el reconocimiento de Pedro acerca de Jesús iba más allá de lo que pueden ver los hombres naturales y los demonios. Su visión era "bienaventurada". La del diablo no lo era. "*Bienaventurado* eres, Simón". Él fue bienaventurado porque su visión fue una visión transformadora de Cristo, la cual recibió de Dios mismo. Había experimentado el milagro de 2 Corintios 4:6 mediante el cual Dios "resplandeció en [su corazón], para iluminación del conocimiento de la gloria de Dios en la faz de Jesucristo".

Ahora medita en lo que estos dos encuentros (con Juan el Bautista y con Pedro) nos enseñan acerca del conocimiento natural y del amor sobrenatural. Nos muestran que cuando nuestro objetivo es una experiencia sobrenatural de realidad objetiva, siempre hay dos pasos para llegar ahí: uno natural y otro sobrenatural. Tanto Juan como Pedro necesitaban tener conocimiento de los hechos acerca de Jesús. Necesitaban una presentación natural de la realidad para sus mentes. Pedro tenía ese conocimiento porque vivía con Jesús como su discípulo cercano. En el caso de Juan, Jesús se lo recordó: "Id, y haced saber a Juan las cosas que oís y veis". Y ambos necesitaban la intervención sobrenatural de Dios para iluminar el conocimiento natural con la clase de "luz" que les permite llegar a considerar a un hacedor de milagros un tesoro de valor infinito (Mt. 13:44).

¿Cuál es entonces la respuesta a la pregunta que planteamos al principio de este capítulo? Puesto que el objetivo de este libro es ayudarte a amar la segunda venida de Cristo, ¿cómo puede suceder esto? ¿Cómo puede el acto *natural* de escribir y leer un libro producir la experiencia *sobrenatural* de amor por Cristo y su venida? Ya hemos visto la respuesta. Puede suceder si yo comunico de manera precisa las "buenas nuevas" y "conocimiento" acerca de la gloria de Cristo en su venida, y si Dios ilumina tu corazón con la luz divina de esa gloria (2 Co. 4:6). Esto puede suceder si te hablo acertadamente acerca de las glorias de la segunda venida que están realmente en la Biblia, y si Dios revela a tu corazón lo valiosas y satisfactorias que son, lo cual no pueden lograr ni carne ni sangre (Mt. 11:1-6; 16:17). En otras palabras, puede suceder si yo imparto una verdad objetiva a través de mi escrito y si Dios imparte luz espiritual a través de tu lectura.

Fundamentos de verdad acerca de la segunda venida

Puedes ver el presupuesto implícito en lo que acabo de decir, el cual quiero explicar. Estoy dando por descontada la verdad de la enseñanza bíblica acerca de la segunda venida. No la estoy dando por descontada sin razón. No obstante, expongo ese razonamiento en otro libro titulado *Una gloria peculiar: Cómo las Escrituras revelan su completa veracidad*[1]. Aquí estoy dando por sentado que lo que la Biblia enseña acerca de la segunda venida es verdad. Si tienes preguntas al respecto, una opción es leer este libro con el propósito de "[examinarlo] todo; [retener] lo bueno" (1 Ts. 5:21). Examínalo para verificar si uso las Escrituras adecuadamente y lee orando para que Dios confirme a tu mente y a tu corazón lo que es verdad. En otras palabras, el libro mismo podría ser el medio que Dios use para hacer crecer tu confianza en las Escrituras.

Una de las razones por las que me detengo aquí para subrayar la verdad de las Escrituras es lo que el apóstol Pablo hace en su segunda

---

1. John Piper, *Una gloria peculiar: Cómo las Escrituras revelan su completa veracidad* (Grand Rapids: Portavoz, 2017).

carta cuando aborda la pregunta acerca de la segunda venida de Cristo. Pedro se propone responder a los escépticos que preguntan: "¿Dónde está la promesa de su advenimiento?" (2 P. 3:4). Sin embargo, antes de dar respuesta al escepticismo de ellos, establece las bases de su veracidad.

Pedro establece dos fundamentos: primero, su propia experiencia como testigo presencial de la transfiguración de Cristo en el monte y, segundo, la confirmación de las Escrituras del Antiguo Testamento, que fueron inspiradas por Dios. Hablaré acerca de la enseñanza de Pedro acerca de la segunda venida en el capítulo 20. Aquí solo señalaré que él está dispuesto a establecer las bases de la veracidad de sus enseñanzas, algo que también me propongo hacer.

En primer lugar, él dice: "Porque no os hemos dado a conocer el poder y la venida de nuestro Señor Jesucristo siguiendo fábulas artificiosas, sino como habiendo visto con nuestros propios ojos su majestad" (2 P. 1:16). Pedro es consciente de que la gente se deja arrastrar por mitos del fin de los tiempos, pero él no quiere nada que ver con eso. Pedro no es un inventor de mitos ni un seguidor de mitos. Sus declaraciones de verdad se basan en su propia experiencia como testigo presencial de las enseñanzas y las acciones de Jesús.

Cuando Pedro dice que vio la "majestad" de Cristo se refiere al hecho de que estuvo presente con Cristo en el monte de la transfiguración (Mt. 17:1-8). "Cuando… fue enviada desde la magnífica gloria una voz que decía: 'Este es mi Hijo amado, en el cual tengo complacencia' [Mt. 17:5], nosotros oímos esta voz enviada del cielo, cuando estábamos con él en el monte santo" (2 P. 1:17-18). En el capítulo 13 veremos por qué Pedro conecta la transfiguración con la segunda venida ("el poder y la venida de nuestro Señor Jesucristo", 2 P. 1:16), pero por ahora el punto es simplemente este: Pedro quiere distanciarse al máximo de los mitos especulativos. Él solo quiere enseñar vla erdad, la cual tiene razones de peso. Él quiere un fundamento racional que sustente todo lo que dice. Yo comparto ese objetivo.

Segundo, pasa del fundamento de su propia experiencia con Jesús como testigo presencial al fundamento de las Escrituras inspiradas, lo cual en su caso era el Antiguo Testamento (aunque en 3:16 se refiere a las cartas de Pablo como parte de las Escrituras). Pedro dice:

> Tenemos también la palabra profética [las Escrituras] más segura, a la cual hacéis bien en estar atentos… porque nunca la profecía fue traída por voluntad humana, sino que los santos hombres de Dios hablaron siendo inspirados por el Espíritu Santo (2 P. 1:19, 21).

Esta es una de las enseñanzas bíblicas más claras acerca de la inspiración divina de las Escrituras del Antiguo Testamento. Pedro creía, con razón (al igual que Jesús; ver Mt. 5:17-18, Jn. 10:35), que los autores del Antiguo Testamento no actuaron de manera independiente. Fueron guiados por el Espíritu Santo. Lo que escribieron no fue solo la palabra *de ellos*. Era la Palabra *de Dios*. Por tanto, Pedro estuvo dispuesto a establecer un fundamento doble para su enseñanza acerca de la segunda venida, a saber, los relatos de testimonios presenciales del ministerio de Jesús y las Escrituras inspiradas por Dios. Yo comparto el deseo de Pedro. También tengo la misma confianza en los testimonios acerca de Jesús y en las Escrituras inspiradas.

Palabras que nunca serán conmovidas

No puedo seguir adelante sin subrayar el interés de Jesús en asegurarse de que veamos su propia enseñanza como un terreno inconmovible para nuestro entendimiento de la segunda venida. En el tratado más extenso y detallado del fin de los tiempos que encontramos en los Evangelios del Nuevo Testamento, específicamente en Mateo 24, Jesús dice: "El cielo y la tierra pasarán, pero mis palabras no pasarán" (24:35). Jesús era consciente de que toda clase de falsos profetas y de falsos Cristos y falsas enseñanzas iban a atentar contra una comprensión correcta de la segunda venida (Mt. 24:10-11, 24). Por consiguiente, quiso resaltar que en medio de todas las sacudidas que habrá en el mundo, sus palabras nunca van a ser conmovidas ni se va a alterar su veracidad. Hay un buen fundamento para saber lo que necesitamos saber acerca de la segunda venida.

Saborear la verdad que vemos

Cuando digo que este libro podría ser un medio para que ames la venida de Cristo si imparto verdades objetivas por medio de mi escritura y si Dios imparte luz espiritual mediante tu lectura, la verdad objetiva que tengo en mente no es otra cosa que lo que enseña la Biblia. Yo no reclamo mi propia autoridad. Si soy fiel a lo que enseña la Biblia, espero, con razón, que Dios se agradará en hacer su obra milagrosa de alumbrar los corazones para que muchos vean no solamente los hechos de Cristo en su venida, sino que los vean gloriosos y preciosos, más preciosos que el mundo entero. Ese es mi objetivo, que tú saborees la verdad que ves y que todos nosotros seamos quienes aman la venida del Señor (2 Ti. 4:8).

3

La gloria de Cristo como la realidad principal de su venida

El corazón del asunto, primera parte

EL ARGUMENTO QUE HE SOSTENIDO es que el amor por la venida del Señor Jesús es un *afecto espiritual*, un afecto o sentimiento del corazón que se crea (en su origen) y se forma (en su naturaleza) gracias a la obra del Espíritu Santo. De ahí se desprende que existen diversos tipos de afecto o tipos de amor por su venida. Algunos *no* son espirituales y *no* son la clase de amor al que Pablo promete una corona de justicia (2 Ti. 4:8). Así pues, parte de mi objetivo con este libro es evitar el tipo de amor por la segunda venida que tiene efectos catastróficos.

Cómo prevenir efectos catastróficos en su venida

Cuando digo "efectos catastróficos" me refiero a las advertencias de Jesús en Mateo 7:21-23. Él dice que "en aquel día", el día de su venida para juzgar, algunos de los que parecían amar su venida quedarán espantados cuando sean apartados de la presencia de Cristo:

> No todo el que me dice: Señor, Señor, entrará en el reino de los cielos, sino el que hace la voluntad de mi Padre que está en los cielos. Muchos me dirán en aquel día: Señor, Señor, ¿no profetizamos en tu nombre, y en tu nombre echamos fuera demonios, y en tu nombre hicimos muchos milagros? Y entonces les declararé: Nunca os conocí; apartaos de mí, hacedores de maldad.

La razón por la cual digo que estos falsos discípulos parecían *amar* la venida del Señor es porque deseaban ser parte de "aquel día". *Querían* estar incluidos. Llamaban a Jesús "Señor". Puede que incluso entonaran alguna canción como la que yo cantaba en los años ochenta: "Te amo, *Señor*, y levanto mi voz de adoración a ti. Regocíjate, alma mía". Pero Jesús los hizo a un lado. A pesar de todas sus afirmaciones religiosas (acerca de su señorío) y de todos sus logros (hacer "muchas obras poderosas"), Jesús dice que sus obras son malas. Había en ellas un ánimo controlador de independencia. Con respecto a sus canciones de adoración, Jesús dijo: "Este pueblo de labios me honra; mas su corazón está lejos de mí. Pues en vano me honran" (Mt. 15:8-9). ¿Cómo debemos amar la venida del Señor Jesús de tal modo que evitemos este resultado catastrófico en el día de su venida?

El corazón del asunto en su venida

Una respuesta es cuestionarse con sinceridad acerca de lo que realmente amamos acerca de la venida del Señor y en seguida compararlo con lo que realmente traerá su venida. O, dicho de otra manera, ¿coincide tu *amor* por su venida con sus *propósitos* para su venida? En un sentido, todo este libro es un esfuerzo para responder esta pregunta. Sin embargo, en este capítulo quiero ahondar en el corazón del asunto, es decir, el corazón del propósito supremo de Cristo con su venida. Este propósito será la prueba que determine si tu amor por su venida coincide con sus propósitos para su venida.

El corazón del asunto tiene que ver, ante todo, con la realidad objetiva primordial de la venida del Señor, la cual radica en su *gloria*. Cuando digo "gloria" me refiero siempre a la manifestación de *Él mismo* como glorioso. Veremos que hay un enfoque asombroso en la gloria del Señor en su venida. Por eso lo llamo la realidad objetiva *primordial*. Sin embargo, el corazón del asunto al que me refiero no solo es la gloria objetiva de Cristo, sino también, en segundo lugar, nuestra *experiencia* de esa gloria en el día de su venida.

La relación entre estas dos, la gloria de Cristo y nuestra experiencia de la misma, es el corazón del asunto del que hablo. El corazón del asunto es la manera en que experimentamos la gloria de Cristo en su venida. Cristo viene no solo para manifestar su gloria, sino también para que su gloria se experimente de una manera particular. Comprender esta relación entre el propósito de Cristo de revelar su gloria y su propósito de que sea experimentada de una forma específica nos ayudará a discernir si nuestro amor por su venida es genuino o no. ¿Se conforma nuestro amor a sus propósitos para su venida?

¿Cómo reveló Jesús un amor equivocado por su primera venida?

Antes de mostrar esto a partir de los pasajes bíblicos acerca de la *segunda* venida de Cristo, veamos también cuál fue el corazón del asunto en su *primera* venida. Prácticamente todo Israel esperaba la primera venida del Mesías. Podría decirse que muchos *amaban* su venida. Sin embargo, muchos tropezaron con su manifestación. La forma en que esperaron o amaron no se conformaba al propósito de Cristo para su venida. Había algo equivocado en los corazones de muchos que se consideraban judíos fieles. Había algo equivocado en su amor por Dios y por la venida de su Mesías.

Esta es una manera en la que Jesús sacó a la luz el error. Lee el siguiente pasaje del Evangelio de Juan con esta pregunta en mente: ¿Revela algo este pasaje acerca de si vamos o no a alegrarnos en la segunda venida de Cristo?

Ni tenéis su palabra morando en vosotros; porque a quien él envió, vosotros no creéis. Escudriñad las Escrituras; porque a vosotros os parece que en ellas tenéis la vida eterna; y ellas son las que dan testimonio de mí; y no queréis venir a mí para que tengáis vida. Gloria de los hombres no recibo. Mas yo os conozco, que no tenéis amor de Dios en vosotros. Yo he venido en nombre de mi Padre, y no me recibís; si otro viniere en su propio nombre, a ese recibiréis. ¿Cómo podéis vosotros creer, pues recibís gloria los unos de los otros, y no buscáis la gloria que viene del Dios único? (Jn. 5:38-44).

Ellos decían que amaban a Dios, pero Jesús dice: "no tenéis amor de Dios en vosotros". Ellos habrían dicho que amaban la venida del Mesías de Dios. Sin embargo, ahí lo tienen en frente de ellos y Jesús dice: "no me recibís". ¿Cuál era el problema?

Jesús señala el corazón del asunto en el versículo 44: "¿Cómo podéis vosotros creer, pues recibís gloria los unos de los otros, y no buscáis la gloria que viene del Dios único?". Esta es una pregunta retórica cuyo objetivo es hacer una declaración. Cuando Él dice: "¿Cómo podéis?", quiere decir "no pueden". ¿No pueden qué? No pueden creer en Jesús. No pueden recibir a Jesús por quien es realmente. ¿Por qué no? La respuesta tiene que ver con la manera en que experimentan la gloria.

El Mesías que ellos querían no era el Mesías que veían. Los propósitos de Jesús para su venida no concordaban con sus deseos.

Jesús describe la disposición de sus corazones de la siguiente forma: "recibís gloria los unos de los otros, y no buscáis la gloria que viene del Dios único". ¿Qué significan estas palabras? Al menos significa esto: Ustedes aman más la adulación de los hombres que la aprobación de Dios. ¿Por qué? Porque aman más tener vínculos con la grandeza humana que con la grandeza de Dios. ¿Por qué? Porque detrás de ese desinterés en la aprobación divina y en el vínculo con Dios existe una desvalorización de Dios mismo como el tesoro supremo del universo. Por eso Jesús dice: "no tenéis amor de Dios en vosotros" (Jn. 5:42). No valoran la gloria de Dios por encima de todas las cosas.

Jesús dice: *Esa es la razón por la cual no pueden recibirme. Mientras tengan esa disposición en su corazón, ustedes no pueden recibirme por lo que soy realmente.* ¿Por qué sucede esto? Jesús da pistas para la respuesta cuando dice: "Si otro viniere en su *propio* nombre, a ese recibiréis" (Jn. 5:43). ¿Por qué? Porque él también se estaría exaltando a sí mismo, como ustedes, y su existencia no sería una denuncia constante de su autoexaltación. Cuando Jesús viene con humildad, obediencia y sacrificio en el nombre de su *Padre* (Jn. 5:43), su existencia misma constituye una denuncia contra los amantes de la gloria humana que se exaltan a sí mismos. Los tales no están preparados para atesorar juntamente con Jesús la gloria del Padre por encima de cualquier gloria humana.

El propósito por el cual examino Juan 5:38-44 es ilustrar cómo aun en la primera venida del Mesías hubo efectos catastróficos para muchos que "amaban su venida". Esto sucedió porque el Mesías que ellos querían no era el Mesías que veían. Los propósitos de Jesús para su venida no concordaban con sus deseos. Ellos "amaban su venida" de un modo que demostró ser falso. No era conforme a lo que Él era realmente. Ellos habrían quedado dichosos con la manifestación de un Mesías que confirmara sus amoríos con la gloria humana y su desprecio por la gloria de Dios. Pero ese no era el propósito de la venida de Jesús.

Esta experiencia de algunos judíos con la primera venida de Jesús deja en evidencia el corazón del asunto en su segunda venida, a saber, la manera en que su gloria será experimentada cuando Él venga. Veamos entonces estos pasajes que subrayan la gloria de Cristo en su venida y luego examinemos qué tipo de respuesta humana a esa gloria se conforma realmente al propósito de Cristo.

Pablo: ¡La gloria de Cristo es lo que aparece!

El apóstol Pablo, con un estilo más directo que todos los demás autores bíblicos, pone la gloria de Cristo en el lugar central de la segunda venida. Por ejemplo, dice: "aguardando la esperanza bienaventurada y *la manifestación gloriosa de nuestro gran Dios y Salvador Jesucristo*" (Tit. 2:13). Hay una gran variedad de declaraciones que pudo haber hecho Pablo acerca de por qué nuestra esperanza es una "esperanza *bienaventurada*" (μακαρίαν ἐλπίδα), una esperanza dichosa. Sin embargo, lo que dice aquí es que lo que la hace bienaventurada es la manifestación de la *gloria*, la gloria de nuestro gran Dios y Salvador Jesucristo. Jesús es nuestro Salvador. Él es nuestro Dios. Y Él es majestuoso. Y, por lo tanto, cuando Él aparezca, su grandeza se manifestará al mundo como gloria. Así pues, de todo lo que Pablo pudo decir acerca de lo que define la venida de Jesús como una esperanza dichosa, el apóstol eligió enfocarse en la gloria.

La preeminencia de esta gloria aparece no solo en la manera en que hará dichosos (μακάριος) a los creyentes, sino también en la manera en que perder esa gloria será nefasto para los incrédulos.

> El Señor Jesús [será manifestado] desde el cielo con los ángeles de su
> poder, en llama de fuego, para dar retribución a los que no conocie-
> ron a Dios, ni obedecen al evangelio de nuestro Señor Jesucristo; los
> cuales sufrirán pena de eterna perdición, excluidos de la presencia
> del Señor y *de la gloria de su poder*, cuando venga en aquel día para
> ser glorificado en sus santos y ser admirado en todos los que creye-
> ron (por cuanto nuestro testimonio ha sido creído entre vosotros)
> (2 Ts. 1:7b-10).

Los seres humanos están hechos a imagen de Dios (Gn. 1:27). Esto significa, por lo menos, que estamos hechos para reflejar la gloria de Dios,
para verla, amarla y ser transformados por ella y así reflejarla. Esta será
la dicha más profunda, sublime y duradera de la creación humana de
Dios. Por tanto, ser destituido de la gloria de Dios es perder por completo
la maravilla y el gozo para los cuales fuimos creados desde el principio.
Será el pesar subyacente de toda "destrucción eterna". Así pues, Pablo
asigna todo el protagonismo a la gloria en la segunda venida, que para
los creyentes constituye nuestra "esperanza bienaventurada" y para los
incrédulos su pérdida más grande.

Pedro: primero sufrimientos, luego glorias

El apóstol Pedro señaló la importancia suprema de la gloria centrando
nuestra atención en el plan milenial de Dios para llevar a Cristo del
sufrimiento (en su primera venida) a la gloria (en su segunda venida).
Lo hace en tres instancias.

> Los profetas que profetizaron de la gracia destinada a vosotros,
> inquirieron y diligentemente indagaron acerca de esta salvación, escu-
> driñando qué persona y qué tiempo indicaba el Espíritu de Cristo
> que estaba en ellos, el cual anunciaba de antemano *los sufrimientos
> de Cristo, y las glorias que vendrían tras ellos* (1 P. 1:10-11).

Los profetas vislumbraron la conexión que había entre los sufrimientos
y la gloria del Mesías. Ellos "inquirieron y diligentemente indagaron".
Sin duda habrían dicho que su gloria seguiría a su sufrimiento. Al final,
Él *saldrá* victorioso. Su reino no tendrá fin (Is. 9:7). Sin embargo, ellos

no podían ver claramente la conexión entre los sufrimientos y las glorias ni cuánto tiempo iba a transcurrir antes de que las glorias fueran reveladas después de los sufrimientos. Lo que ellos podían ver, y Pedro vio tan claramente como ellos, es que la realidad central de nuestra expectativa futura es la gloria de Cristo.

> Amados, no se sorprendan cuando les sobrevenga el fuego de prueba para probarlos, como si algo extraño les sucediera. Antes bien, alégrense al saber que son participantes de los sufrimientos de Cristo, para que también se alegren y gocen *en la revelación de su gloria*[1] (1 P. 4:12-13, traducción mía).

Del mismo modo que Pablo subraya "la manifestación gloriosa" de la segunda venida (Tit. 2:13), Pedro la pone de relieve cuando hace referencia a la esperanza de los creyentes en sus sufrimientos. Así como Cristo experimentó primero padecimientos poniendo la mira en las "glorias que vendrían", su pueblo va a experimentar lo mismo. "Alégrense al saber que son participantes de los *sufrimientos* de Cristo, para que también se alegren y gocen en la revelación de su *gloria*". De hecho, Pedro dice que nuestra respuesta frente a los sufrimientos determina desde ya la manera en que experimentaremos la gloria posterior. Alégrate en tus sufrimientos "para que también" te alegres en la gloria.

En tercer lugar, Pedro habla a partir de su propia experiencia en los sufrimientos de Cristo y una vez más subraya el lugar central que ocupa la gloria venidera:

> Ruego a los ancianos que están entre vosotros, yo anciano también con ellos, y testigo de los padecimientos de Cristo, que soy también participante de *la gloria que será revelada...* (1 P. 5:1).

---

1. "La revelación de su gloria" es claramente una referencia a la segunda venida, como podemos ver por la manera en que Pedro emplea el término *revelación*. Por ejemplo, en 1 Pedro 1:7: "para que sometida a prueba vuestra fe, mucho más preciosa que el oro, el cual aunque perecedero se prueba con fuego, sea hallada en alabanza, gloria y honra *cuando sea manifestado Jesucristo*". Ver también 1 Pedro 1:13: "Por tanto, ceñid los lomos de vuestro entendimiento, sed sobrios, y esperad por completo en la gracia que se os traerá *cuando Jesucristo sea manifestado*".

Así pues, Pedro provee un triple refuerzo al énfasis de Pablo en la importancia de la gloria de Cristo en su segunda venida. (1) Pedro resume el mensaje de los profetas con estas palabras: "sufrimientos" para la primera venida del Mesías y "glorias" para su segunda (1 P. 1:11). (2) Pedro describe la segunda venida de Cristo con la frase "la revelación de su gloria" (1 P. 4:13, traducción mía"). (3) Cuando Pedro describe su propia expectativa de la segunda venida, la expresa con la esperanzadora realidad de que él será "participante de la gloria" (1 P. 5:1). Los profetas esperan la gloria. Los cristianos que sufren esperan la gloria. Pedro espera la gloria. La gloria, es decir, Cristo en su gloria revelada, es la realidad central de la segunda venida.

La predicción de Jesús de una gloria triple en su venida

A la luz de la descripción que hizo Jesús mismo de su regreso, este enfoque en la primacía de la gloria divina en la segunda venida no es inesperado. Él habla repetidamente acerca de la gloria futura de su venida. Al final de su vida en la tierra, cuando ora por los discípulos (presente y futuro, Jn. 17:20), Jesús dice: "Padre, aquellos que me has dado, quiero que donde yo estoy, también ellos estén conmigo, *para que vean mi gloria*" (Jn. 17:24).

Esa gloria no se limita, pero ciertamente incluye, la gloria que será revelada en la segunda venida del Señor. Por ejemplo, en Lucas 9:23-27, Jesús hace reverencia a la triple gloria en su venida:

Si alguno quiere venir en pos de mí, niéguese a sí mismo, tome su cruz cada día, y sígame. Porque todo el que quiera salvar su vida, la perderá; y todo el que pierda su vida por causa de mí, este la salvará. Pues ¿qué aprovecha al hombre, si gana todo el mundo, y se destruye o se pierde a sí mismo? Porque el que se avergonzare de mí y de mis palabras, de este se avergonzará el Hijo del Hombre cuando venga en *su gloria*, y en *la del Padre*, y *de los santos ángeles*. Pero os digo en verdad, que hay algunos de los que están aquí, que no gustarán la muerte hasta que vean el reino de Dios[2].

---

2. En el capítulo 13 intentaré mostrar cómo el versículo 27 está conectado con la transfiguración posterior y la segunda venida.

Cuando digo "gloria triple" me refiero a estas tres glorias que cita el versículo 26: "De este se avergonzará el Hijo del Hombre cuando venga en [1] su gloria, y en [2] la del Padre, y [3] de los santos ángeles". ¿Por qué este triple tiro del fusil de la gloria? La razón radica en la función lógica de la frase, que está marcada por la palabra *porque*.

El versículo 26 constituye la base (*porque*, γὰρ) que explica por qué es absolutamente inútil tratar de salvar tu vida rehusándote a negarte a ti mismo por causa de Cristo (Lc. 9:23). Si tratas de salvar tu vida (Lc. 9:24) y ganar el mundo entero (9:25) avergonzándote de Jesús en este mundo y amando la gloria del hombre, estás cometiendo un terrible error. ¿Por qué? Responder esta pregunta es el objetivo de Lucas 9:26 porque (γὰρ) la gloria que pensaste que ibas a alcanzar evitando la vergüenza por Cristo y ganando el mundo entero es insignificante comparada con la gloria triple que se puede ver y disfrutar y de la que es posible ser participante en la segunda venida de Cristo.

En otras palabras, la gloria de Cristo y del Padre y de los ángeles, cuyo objetivo es magnificar la majestad de Cristo en su venida, es lo que Jesús destaca como la realidad primordial de su regreso. Y Él pone de relieve su gloria de una manera que tiene un efecto presente en lo que valoramos en esta vida. ¿Nos parece más valioso evitar la vergüenza y ganar la gloria del mundo o la gloria de Cristo y la promesa de ser partícipes de esa gran revelación en su venida?

Las predicciones de Cristo acerca de su venida con gran gloria

Otro ejemplo de cómo Jesús resalta la gloria de su venida aparece en el cuadro que presenta del juicio final en Mateo 25:31-46. El pasaje empieza con estas palabras:

> Cuando el Hijo del Hombre venga *en su gloria*, y todos los santos ángeles con él, entonces se sentará en *su trono de gloria*, y serán reunidas delante de él todas las naciones; y apartará los unos de los otros, como aparta el pastor las ovejas de los cabritos (Mt. 25:31-32, traducción mía).

Cuando Jesús venga en el día final y separe las ovejas de las cabras en el juicio, su venida será "en su *gloria*" y el trono donde se sienta será un trono de *gloria*. La gloria es la realidad principal en la descripción que hace Jesús de su segunda venida.

Voy a mencionar un par de pasajes más que muestran la primacía de la gloria de la venida del Señor en palabras de Jesús:

> Entonces habrá señales en el sol, en la luna y en las estrellas, y en la tierra angustia de las gentes, confundidas a causa del bramido del mar y de las olas; desfalleciendo los hombres por el temor y la expectación de las cosas que sobrevendrán en la tierra; porque las potencias de los cielos serán conmovidas. Entonces verán al Hijo del Hombre, que vendrá en una nube con poder y *gran gloria* (Lc. 21:25-27).

> Entonces aparecerá la señal del Hijo del Hombre en el cielo; y entonces lamentarán todas las tribus de la tierra, y verán al Hijo del Hombre viniendo sobre las nubes del cielo, con poder y *gran gloria* (Mt. 24:30).[3]

Ambos pasajes subrayan que Cristo viene con "gran gloria". Todo el sufrimiento y la vergüenza quedan atrás. El gran giro cuando la gloria reemplaza el sufrimiento se hará público frente al mundo entero en la segunda venida del Señor. No será una gloria transitoria que va a estropearse en otro revés posterior. Será una "gloria eterna" (2 Ti. 2:10; 1 P. 5:10).

[Jesús} pone de relieve su gloria de una manera que tiene un efecto presente en lo que valoramos en esta vida.

Este énfasis de Jesús en la *gloria* de su segunda venida es una explicación clara de por qué Pablo y Pedro consideran la gloria de Cristo la realidad principal de su venida. Eso es, en efecto, lo que hacen. Nuestra "esperanza bienaventurada" (μακαρίαν ἐλπίδα) se resume en las palabras de Pablo: "la esperanza bienaventurada y la manifestación *gloriosa*

---

3. En el capítulo 16 trataré la visión que busca limitar estos pasajes al cumplimiento histórico en la destrucción de Jerusalén en el año 70, sin referencia alguna a la venida final y global de Cristo al final del siglo. Con ello busco demostrar por qué creo que tal esfuerzo es erróneo.

de nuestro gran Dios y Salvador Jesucristo" (Tit. 2:13). Para Pedro, la síntesis de la venida de Cristo es la revelación de su *gloria* (1 P. 4:13, traducción mía).

Volvamos a la experiencia de su gloria del fin de los tiempos

Hemos visto el impresionante énfasis de Pablo y de Pedro en la *gloria* del Señor en su venida. El objetivo principal de la segunda venida es la gloria de Cristo, o Cristo revelado con gran gloria. Dicho esto, ya podemos enfocarnos en la *experiencia* de esa gloria en la vida de los creyentes cuando el Señor venga. Esto nos prepara para lo que he denominado el corazón del asunto: la relación entre la gloria de Cristo y nuestra experiencia de ella. Comprender esta relación nos permitirá evitar un amor por la venida de Cristo que no es auténtico. Nos ayudará a amar la venida de Cristo como debe ser. Ahora pasaremos al enfoque bíblico acerca de nuestra experiencia de la gloria de Cristo en su venida.

4

Experimentar la gloria de Cristo con asombro gozoso
El corazón del asunto, segunda parte

ESTE CAPÍTULO COMPLETA el esfuerzo de mostrar el corazón del asunto en la venida de Cristo. Mi razonamiento es que radica en la relación entre *la gloria de Cristo* como la realidad principal de la segunda venida y *la experiencia* de esa gloria en los corazones de los creyentes. En el capítulo 3 vimos que Pablo, Pedro y Jesús hablaron acerca de la gloria de Cristo como la realidad primordial de su venida. Su venida es la revelación de su *gloria* (1 P. 4:13). Es "la manifestación *gloriosa* de nuestro gran Dios y Salvador Jesucristo" (Tit. 2:13). Vendrá "en su *gloria*… [cuando] se sentará en el trono de su *gloria*" (Mt. 25:31, traducción mía).

En este capítulo vamos a pasar de la gloria como tal para enfocarnos en la experiencia de los creyentes en la venida del Señor cuando están frente a esa gloria. ¿Cómo responde el pueblo de Dios a la revelación de su gloria? ¿De qué manera esta relación entre la revelación y la respuesta frente a ella se revela como el corazón del asunto?

"Adórame y te daré todos los reinos"

De manera sorprendente, la tentación de Jesús por parte de Satanás en Mateo 4:8-10 arroja luz sobre la relación entre la gloria de Cristo en su venida y la experiencia de esa gloria en aquellos que la ven:

> Otra vez le llevó el diablo a un monte muy alto, y le mostró todos los reinos del mundo y la gloria de ellos, y le dijo: Todo esto te daré, si postrado me adorares. Entonces Jesús le dijo: Vete, Satanás, porque escrito está: Al Señor tu Dios adorarás, y a él sólo servirás.

A fin de demostrar la relación de esto con la gloria de Cristo en su venida y con nuestra experiencia de ella, debo hacer explícito algo que está implícito en el pasaje que examinamos en el capítulo 3. Por ejemplo, cuando Jesús dice que en su venida el Hijo del Hombre "se sentará en su *trono* de gloria" (Mt. 25:31), da a entender que su *reino* como Rey y Juez es parte de su gloria. Eso es lo que significa *trono*. En ello está implícito, al igual que en todas las otras referencias a la gloria de Cristo, que su reino rige sobre todos los reinos del mundo. Cristo no viene a compartir su reino con otros gobernantes rivales. Su gloria es la gloria de uno que se sienta en el trono del universo, en su "trono de gloria".

Ahora considera la manera en que Satanás le ofrece a Jesús precisamente ese reinado universal. "El diablo… le mostró todos los reinos del mundo y la gloria de ellos, y le dijo: Todo esto te daré, si postrado me adorares" (Mt. 4:8-10). El diablo intenta desviar a Jesús del camino de obediencia y sufrimiento que culmina precisamente en esa realidad: su reinado sobre "todos los reinos del mundo y la gloria de ellos". Como corresponde, ellos le pertenecen al Hijo de Dios perfectamente obediente. Precisamente, por cuenta de su sufrimiento, Él va a reinar. Él fue obediente hasta la muerte; "*por lo cual* Dios también le exaltó hasta lo sumo… para que en el nombre de Jesús se doble toda rodilla" (Fil. 2:8-10). Jesús sabía esto. Lo que Satanás le ofrece a Jesús será suyo si Él es obediente hasta la muerte. Eso es obvio para Él. Por consiguiente, no se deja influir.

Sin embargo, es menos evidente algo que está implícito en el razonamiento de Satanás, quien dice, en efecto, "si me adoras, te daré el reinado sobre todos los reinos del mundo y la gloria de ellos". Jesús no niega que Satanás pueda hacer tal cosa. No es una proposición irrisoria, como si Satanás no tuviera derecho sobre esos reinos. En tres ocasiones, Jesús llama a Satanás "el príncipe de este mundo" (Jn. 12:31; 14:30; 16:11). Pablo lo llama "el dios de este mundo" (2 Co. 4:4, NVI) y "el príncipe de la potestad del aire" (Ef. 2:2). Y Juan escribe que "el mundo entero está bajo el maligno" (1 Jn. 5:19). Ninguna de estas declaraciones contradice la providencia soberana y omnipresente de Dios, quien tiene sus razones para permitirle a Satanás tener esa esfera de poder en esta era[1]. La respuesta de Jesús a Satanás no fue cuestionar su poder sobre los reinos del mundo.

Por qué Satanás prefería ser adorado en vez de reinar sobre todo

Nos queda la desconcertante pregunta de por qué Satanás estaba dispuesto a entregar su poder sobre los reinos del mundo. ¿Por qué estaba dispuesto a ceder su poder y autoridad a Jesús? La primera parte de la respuesta es que, a cambio de ese poder y autoridad, él recibiría la adoración de Jesús. En otras palabras, en vez de tener poder y autoridad sobre los reinos del mundo, Satanás tendría la adoración del único que tenía poder y autoridad sobre los reinos.

Claro, hay que reconocer que Satanás fue un necio al pensar que lograría hacer flaquear al Hijo de Dios en su camino de obediencia y sufrimiento. No obstante, ¿fue necio de su parte proponer tal intercambio de poder universal para recibir adoración? No, no lo fue. Y entender por qué esto es así arroja luz sobre la relación entre la gloria de Cristo en su venida y la experiencia de esa gloria en quienes la ven.

Lo que Satanás ve, con razón, es que quien es adorado por encima de todos los demás es aquel por quien todo lo demás existe, sin importar quién ostente el gobierno inmediato de todo. Si yo adoro a alguien porque me entrega las naciones, reconozco que las naciones existen por causa suya. Permitirle Jesús tener el gobierno global no habría significado una pérdida para Satanás, porque Jesús gobernaría el mundo en pro de Satanás. Eso es lo que significa adorar. Significa que Jesús reconocería a Satanás como su mayor tesoro y como merecedor de toda su lealtad. Y no se trata únicamente de *reconocer* sino de reverenciar, admirar, respetar y valorar. Eso es lo que significa *adorar*. De lo contrario, es hipocresía, no adoración.

La implicación crucial de esto es que la entrega de poder o autoridad sobre las naciones no es el tributo supremo a Cristo. Satanás estaba

---

1. Ver capítulos 18 y 19 ("Satanás y los demonios" y "La existencia continuada de Satanás") en John Piper, *Providencia* (Medellín: Poiema Publicaciones, 2022).

dispuesto a entregarle el gobierno global a Jesús porque sabía que el tributo supremo no es reinar sobre todas las cosas, sino ser admirado y estimado por ello. El tributo supremo no es poseer todas las cosas, sino ser admirado y valorado por poseerlas. ¿Por qué? Porque aunque reinar y poseer son gloriosos en un sentido, ser adorado, reverenciado, admirado y estimado constituyen una gloria mayor. Alguien puede ser un gran potentado y poseedor de todo, pero ser odiado por sus súbditos. Eso no sería glorioso.

Satanás comprendió esto tal vez desde el momento en que fue creado. El Hijo de Dios demostraría que es glorioso no solo porque es el dueño y rey absoluto, sino porque un día millones de criaturas lo valorarán por encima de todas las cosas. El resplandor de su gloria no consistía solamente en ser reconocido como quien posee y reina sobre todos los tesoros, sino también en ser adorado como el tesoro supremo.

Lo que Satanás vio y nunca olvidó es que el objetivo final de Dios cuando creó el universo e inició la historia del mundo no fue la glorificación *parcial* de su Hijo en su posesión, poder, sabiduría y gracia absolutos, sino más bien en la glorificación *total* de su Hijo al ser rodeado por millones de adoradores que no solo reconocen su preeminencia en todo (Col. 1:18), sino que lo admiran, lo reverencian, lo aman y lo valoran como su porción más preciosa en la vida (Sal. 73:26; Lm. 3:24). Eso es lo que Satanás quería para sí. La posesión y el gobierno de los reinos eran nada sin esto.

La revelación de la gloria se completa en la adoración

Lo que busco al poner de relieve la tentación de Jesús por parte de Satanás ha sido indagar el corazón del asunto acerca de la relación entre la gloria de Cristo en su venida y la experiencia de esa gloria en quienes la ven. Esta es la inferencia: Es verdad que la gloria de Cristo es la realidad *objetiva* principal revelada en la segunda venida (como vimos a partir del capítulo 3), pero sin la realidad *subjetiva* de cómo *experimentan* los creyentes esa gloria perdemos el corazón del asunto. Si no hay adoración sincera, si no hay deleite, si no hay una gran estima de la gloria, el objetivo principal de Dios fracasa. Satanás sabía esto. Nosotros necesitamos saberlo. No basta con que la gloria de Cristo sea revelada. Un elemento absolutamente crucial del propósito supremo de Dios en la segunda venida es que sea amada. Amada como debe ser.

Jesús vino para ser glorificado y admirado

Ahora veremos un pasaje que combina las dos realidades, la gloria de Cristo en su venida y la experiencia de esa gloria en los corazones de los creyentes. Pablo escribió 2 Tesalonicenses con el objetivo principal de tratar asuntos relacionados con la segunda venida de Cristo. Buscaba ayudar a la iglesia a ver el propósito de Dios "en todas [sus] persecuciones y tribulaciones que [soportan]" (2 Ts. 1:4) y a relacionar ese propósito con la segunda venida. Además, Pablo buscaba ayudar a la iglesia a manejar casos de creyentes que habían renunciado a sus trabajos y vivían desordenadamente con el argumento de que "el día del Señor está cerca" (2 Ts. 2:2; 3:6).

> Alguien puede ser un gran potentado y poseedor de todo, pero ser odiado por sus súbditos. Eso no sería glorioso.

La parte de esta carta que nos atañe ahora es 2 Tesalonicenses 1:10. El siguiente es el contexto de los versículos 5-10:

> Esto [las persecuciones y tribulaciones que soportan] es demostración del justo juicio de Dios, para que seáis tenidos por dignos del reino de Dios, por el cual asimismo padecéis. Porque es justo delante de Dios pagar con tribulación a los que os atribulan, y a vosotros que sois atribulados, daros reposo con nosotros, cuando se manifieste el Señor Jesús desde el cielo con los ángeles de su poder, en llama de fuego, para dar retribución a los que no conocieron a Dios, ni obedecen al evangelio de nuestro Señor Jesucristo; los cuales sufrirán pena de eterna perdición, excluidos de la presencia del Señor y de la gloria de su poder, cuando venga en aquel día para ser glorificado en sus santos y ser admirado en todos los que creyeron (por cuanto nuestro testimonio ha sido creído entre vosotros).

Aunque retomaremos este pasaje en los capítulos 8 y 9 para examinar en detalle los múltiples componentes que son importantes, por ahora nos enfocaremos en el versículo 10: "cuando venga en aquel día

[Cristo] *para ser glorificado* [ἐνδοξασθῆναι[2]] en sus santos y *ser admirado* [θαυμασθῆναι] en todos los que creyeron".

Esta es una de las declaraciones más explícitas acerca de la segunda venida en toda la Biblia. Presenta el propósito de *Cristo*. Él viene, según dice Pablo, con un doble propósito: ser glorificado y ser admirado. Entre los múltiples propósitos que Dios se ha trazado para la segunda venida, esta declaración señala el propósito por excelencia, el propósito que no constituye un medio para otro fin, sino un fin en sí mismo.

¿Cuál es la relación entre ser glorificado y ser admirado?

La razón por la cual es de gran relevancia considerar este pasaje ahora es que las palabras "glorificado" y "admirado" revelan lo que yo he denominado el corazón del asunto, es decir, la relación entre la gloria de Cristo en su venida y la experiencia de esa gloria en los corazones de su pueblo. ¿Cuál es la relación entre la glorificación de Cristo en su venida y la admiración de Cristo en su venida?

Glorificar es hacer manifiesta la gloria del Señor. Es exhibirla. Hacerla visible por lo grandiosa que es. Es magnificarla como con un telescopio, no como un microscopio (no se trata de hacer que algo pequeño se vea grande, sino de hacer que algo increíblemente grande se vea más como es realmente). Esto puede hacerse con *palabras* de alabanza o con *acciones* que resaltan la grandeza, el valor y la belleza del Señor.

Por otro lado, admirar es un acto del corazón y la mente humanos. Es el despertar de lo que hemos denominado un afecto, un sentimiento de asombro, deslumbramiento o sobrecogimiento. La palabra en sí misma no supone una emoción positiva. Puede ser simplemente asombro sin una connotación gozosa, como cuando Jesús "estaba asombrado [ἐθαύμαζεν] de la incredulidad de ellos" (Mr. 6:6). Sin embargo, en

---

2. Solo aquí, en el versículo 12, Pablo usa la palabra compuesta ἐνδοξασθῆναι (*endoxazenai*) en lugar de la más común δοξάζω. En ambos casos, el verbo es seguido de una frase preposicional con *en* (v. 10, ἐν τοῖς ἁγίοις αὐτοῦ, "en sus santos"; y v. 12, ἐν ὑμῖν, "en vosotros"). Por consiguiente, la intención parece ser llamar la atención sobre el hecho de que este acto de glorificar es parte *inherente* de los santos. Aunque no es interno únicamente, sí se origina en ellos. No es simplemente un acto de glorificación independiente del corazón humano, como cuando se habla de "aun las piedras, las montañas y las estrellas glorifican a Dios". En efecto lo hacen, pero simplemente porque reflejan la gloria de Él como su Hacedor. Él no se glorifica "en ellos" como se glorifica "en sus santos".

2 Tesalonicenses 1:10 tiene un sentido positivo. Tiene una connotación extremadamente positiva. ¡Es la razón por la que Jesús regresa a la tierra! La esperanza de la segunda venida es *"bienaventurada"* (μακαρίαν ἐλπίδα, Tit. 2:13). Dice 1 Pedro 4:13: "Para que también en la revelación de su gloria *os gocéis con gran alegría"*. La admiración que Jesús viene a recibir es una admiración *gozosa.*

Cuando juntamos ambas acciones, la de ser glorificado y la de ser admirado, vemos que la *glorificación* es el fruto externo de la manifestación de la gloria del Señor, y la *admiración,* la raíz interna de asombro y sobrecogimiento ante esa gloria. Cuando a la glorificación se suma la admiración es más evidente que la glorificación supone no solo un reflejo externo, sino un afecto interno. La gloria de Cristo se refleja en su pueblo no como la luz del sol en la luna inerte, sino como la presencia del amado se refleja en el rostro radiante del ser amado.

He denominado esto el corazón del asunto. Cristo volverá no solo para ser visto y manifestado como glorioso, sino para ser admirado como glorioso. Él viene para una *presentación* objetiva de su persona gloriosa y viene para ser *experimentado* como la persona gloriosa que es. Él viene para ser *reconocido* por su gloria y para ser *admirado* por su gloria. Su objetivo es que su venida sea *conocida* universalmente y *amada* intensamente.

Sin embargo, no se trata de separar estos dos objetivos, como dos trofeos aparte sobre la repisa de Jesús. El corazón del asunto es que nuestra respuesta interior de asombro y admiración frente a la venida de Jesús constituye un componente esencial que autentica nuestra glorificación externa de su grandeza. Sin la admiración sería vana la glorificación. Esto es lo que Satanás vio. Aunque él ostentara toda la gloria de todos los reinos del mundo como dueño o gobernante, de nada le serviría si no era adorado. Es la adoración, la admiración, el asombro y el amor lo que hacen de la glorificación algo pleno en lugar de algo vacío.

¡De vuelta al hedonismo cristiano!

He consagrado los últimos cincuenta años de mi vida a exponer la verdad de que *Dios se glorifica más en nosotros cuanto más nos deleitamos en Él.* A esto lo he denominado "hedonismo cristiano". Ahora volvemos a encontrar esta verdad. Este es el corazón del asunto. De principio a fin, Dios hace todo para su gloria. Esta verdad recorre la Biblia entera[3].

> *Por amor de mi nombre* diferiré mi ira, y *para alabanza mía* la repri-miré para no destruirte. He aquí te he purificado, y no como a plata; te he escogido en horno de aflicción. *Por mí, por amor de mí mismo* lo haré, *para que no sea amancillado mi nombre, y mi honra no la daré a otro* (Is. 48:9-11).

Dios nos creó en el principio para su gloria (Is. 43:6-7); Él envió a su Hijo al mundo la primera vez para su gloria (Lc. 2:14; Jn. 12:27-28); y en la segunda venida de Cristo, la historia tal y como la conocemos llegará a su punto culminante para su gloria (2 Ts. 1:10). La creación de Dios es un universo centrado en Dios que exalta a Cristo. La historia del mundo es una historia centrada en Dios que exalta a Cristo. "Todo fue creado por medio de él y para él" (Col. 1:16). En última instancia, todo lo que sucede y todo lo que existe fue diseñado por Dios para comunicar el espectro completo de sus virtudes[4]. Él "hace todas las cosas según el designio de su voluntad" (Ef. 1:11).

Con todo, ese no es el corazón del asunto. El corazón del asunto es que este propósito supremo de la glorifi-cación de Dios en Jesucristo sucede de la manera más plena y espectacular

Cristo volverá no solo para ser visto y manifestado como glorioso, sino para ser admirado como glorioso.

cuando el pueblo de Dios *experimenta* su gloria como profundamente admirable. Digo *profundamente* porque los afectos moderados reflejan de manera deficiente al ser amado. Dios no nos ordenó amarlo con una fracción de nuestro corazón, sino "con *todo* [nuestro] corazón" (Mt. 22:37). "Que… le sirváis de todo vuestro corazón" (Jos. 22:5). "Fíate de Jehová de todo tu corazón" (Pr. 3:5). "Me buscaréis de todo vuestro

---

3. Para una recopilación de pasajes que muestran esto, ver John Piper, "Biblical Texts to Show God's Zeal for His Own Glory", Desiring God, 24 de noviembre de 2007, https://www. desiring god.org/.

4. El soporte y la explicación de esta declaración se encuentran en Piper, *Providencia*.

corazón" (Jer. 29:13). "Convertíos a mí con todo vuestro corazón" (Jl. 2:12). "Gózate y regocíjate de todo corazón" (Sof. 3:14). Aunque en esta vida nos quedemos cortos en ese objetivo, no será así en aquel día. Cristo no va a regresar para recibir una admiración a medias.

En aquel día, cuando lo veamos, seremos transformados de tal modo que sentiremos lo que debemos sentir (1 Jn. 3:2). Y ese sentimiento del corazón, esa admiración inspirada por la gloria, será el propósito supremo de todas las cosas. Dios en Cristo se glorificará más porque nos deleitaremos más en Él. El objetivo divino no es solo la revelación de la gloria. Tampoco lo es la admiración gozosa de los santos. Antes bien, el objetivo es doble: la gloria produce admiración gozosa; la admiración gozosa confirma el valor y la belleza y la grandeza de la gloria. Este es el corazón del asunto. Ese es el propósito divino de todas las cosas.

Cómo evitar los efectos catastróficos de un amor equivocado

Ahora estamos en una posición que nos permite retomar el objetivo práctico y personal de los capítulos 3 y 4: evitar la clase de amor por la segunda venida que produce efectos catastróficos. En Mateo 7:21-23 vimos estos resultados desastrosos en la segunda venida y los vimos también en la primera venida en Juan 5:38-44. En ambos casos se trató de un amor equivocado por la venida de Cristo. El amor de aquellas personas por el Mesías no se conformaba a los propósitos del Mesías en su venida.

De principio a fin, Dios hace todo para su gloria.

Se trataba de una cuestión de gloria: "¿Cómo podéis vosotros creer, pues recibís gloria los unos de los otros, y no buscáis la gloria que viene del Dios único?" (Jn. 5:44). Ellos amaban la gloria que viene del hombre, no la gloria que viene de Dios. Pero Cristo no vino para confirmar a hombres caídos en su idilio amoroso con la alabanza humana. Él vino para crear un pueblo que experimente la revolución copérnica de poner a Dios, no a sí mismos, en el centro del sistema solar de sus vidas. Cristo vino la primera vez a morir por los pecadores para que el amor suicida de la autoglorificación sea reemplazado por la experiencia de la glorificación de Dios que satisface plenamente. "Y por todos murió, para que los que viven, ya no vivan para sí, sino para aquel que murió y resucitó por ellos" (2 Co. 5:15).

Sin embargo, muchos en tiempos de Cristo amaron la venida del Mesías de un modo que hizo parecer el propósito de Cristo con su venida algo detestable. La venida de Cristo contrariaba el amor de ellos por la alabanza de los hombres. Contrariaba su visión de Dios como quien aprueba la exaltación de sí mismo en la propia justicia (Lc. 18:11-14). Hacía imposible creer en el verdadero Jesús (Jn. 5:44). El amor de ellos por la venida de Cristo entraba en conflicto con Cristo y demostró ser catastrófico.

El amor por la venida de Cristo que lo exalta a Él y presupone la humillación del yo

Ya que hemos expuesto el corazón del asunto en la segunda venida de Cristo, podemos examinarnos a nosotros mismos. ¿Se ajusta nuestro amor por la venida de Cristo con sus propósitos para regresar? El corazón del asunto es que Él viene para ser glorificado y admirado. El propósito de Cristo con su venida consiste en la absoluta exaltación de Cristo. Él ha dispuesto que su propia gloria sea lo primero y lo central. Él ha dispuesto que resplandezca desde un extremo del cielo hasta el otro y sea inconfundible (Lc. 17:24). Y Él ha dispuesto que esa gloria brille en todo su esplendor cuando su pueblo lo admire gozoso. Nosotros no seremos el centro de atención. Él sí. Y la gloria de su protagonismo será nuestro gozo. Nuestra admiración de su gloria suprema completará su glorificación y será la plenitud de nuestro júbilo.

La pregunta más apremiante que tenemos por delante es: ¿Nos ofende esto? ¿Choca con algún deseo en nuestro corazón que insiste en ser el centro de atención? ¿Nos parece egocéntrico que el propósito sea que Cristo sea exaltado? ¿O hemos experimentado aquello por lo cual Cristo murió, es decir, la transformación radical que nos hace amar la venida de Cristo para ser glorificado? Cuando Pablo dijo que el Señor daría la corona de justicia a "todos los que aman su venida" (2 Ti. 4:8), este es el amor que tenía en mente. Es un amor que se maravilla de gozo en la venida del Cristo todo glorioso que viene a recibir la admiración de su pueblo rebosante de gozo.

5

La gracia que recibes en la revelación de Cristo

Cuando Cristo venga otra vez en la gloria de su Padre y con millones de ángeles habrá un ajuste de cuentas a escala global. "Todo ojo le verá, y los que le traspasaron; y todos los linajes de la tierra harán lamentación por él" (Ap. 1:7). Será tan aterradoramente diferente a todos los acontecimientos de la historia del mundo que todos quedarán pasmados y apenas sí podrán creer lo que ven con sus ojos. Uno de los temores que podría surgir entonces e incluso ahora en nuestros corazones, y con razón, es este: ¿Habrá gracia en ese espanto? El objetivo de este capítulo es brindar una respuesta a esta pregunta, con lo cual espero se intensifique nuestro amor por la venida del Señor.

El mandato de esperar en la gracia

Las dos epístolas de Pedro incluyen muchas referencias a la segunda venida de Cristo (1 P. 1:5, 7, 13; 2:12; 4:7, 12-13; 5:1, 4; 2 P. 1:16-19; 2:9; 3:1-13). El apóstol lo consideraba un asunto de suprema importancia para los creyentes de su época, aun cuando contemplaba la posibilidad de que pudiera suceder en un futuro distante, puesto que "para con el Señor un día es como mil años, y mil años como un día" (2 P. 3:8). Una de sus declaraciones más extraordinarias, gozosas y esperanzadoras acerca de la segunda venida es 1 Pedro 1:13, donde ofrece uno de los fundamentos más profundos para basar nuestro amor por la venida de Cristo: "Esperad por completo en la *gracia* que se os traerá cuando Jesucristo sea manifestado".

El contexto de la espera; no ver y amar

Para poner el mandamiento en contexto, Pedro dice en el capítulo 1 versículo 5 de su primera epístola que los creyentes ahora son guardados "por el poder de Dios mediante la fe, para alcanzar la salvación que está preparada para ser manifestada en *el tiempo postrero*". El "tiempo postrero" es el tiempo de la venida de Jesús. Pedro deja esto claro dos versículos más adelante cuando explica a los creyentes que sus sufrimientos presentes son como un fuego purificador que los prepara para la venida de Jesús. Ellos están siendo probados para que "sometida a prueba vuestra fe, mucho más preciosa que el oro, el cual aunque perecedero se prueba con fuego, sea hallada en alabanza, gloria y honra *cuando sea manifestado Jesucristo*" (1 P. 1:7). Esa manifestación es la venida de Cristo, la que trae "la salvación que está preparada para ser manifestada en el tiempo postrero" (1 P. 1:5).

A Pedro le gusta describir la venida de Cristo como la manifestación de Jesucristo (1 P. 1:5, 13; 4:13; 5:1). Esto recuerda a sus lectores que aunque por ahora no pueden "ver" a Jesús, en el día de su venida Él será manifestado. Ellos lo verán. Pedro mismo había visto a Jesús y se propuso decírnoslo. El apóstol fue "testigo de los padecimientos de Cristo" (1 P. 5:1). No obstante, ahora es partícipe de la necesaria paciencia de los cristianos comunes que deben esperar a su amado. "A quien amáis sin haberle visto, en quien creyendo, aunque ahora no lo veáis, os alegráis con gozo inefable y glorioso" (1 P. 1:8).

En esta condición pasajera de no ver a Jesús, Pedro busca infundir esperanza en los creyentes para que su amor por Jesús sea también un amor por su venida. Asimismo habló de "los profetas que profetizaron de la gracia" de Dios destinada a los creyentes a través de "los sufrimientos de Cristo, y las glorias que vendrían tras ellos" (1 P. 1:10-11). La gracia había venido (en los sufrimientos de Cristo). La gracia iba a venir (en las glorias de Cristo). Incluso los ángeles anhelan ver las grandes obras de la gracia de Dios (1 P. 1:12).

Un fundamento profundo para el amor

A continuación, Pedro dice: "Por tanto, ceñid los lomos de vuestro entendimiento, sed sobrios, y esperad por completo en la *gracia* que se os traerá cuando Jesucristo sea manifestado" (1 P. 1:13). Esta es la declaración que, como he señalado, provee uno de los fundamentos más profundos para nuestro amor por la venida de Cristo. Ese fundamento profundo es la gracia de Dios. Cuando Cristo sea revelado desde el cielo, su pueblo experimentará el suceso como gracia. Todo lo que les suceda a ellos en aquel día descansará en ese fundamento: la gracia.

La gloria de la gracia

Esta palabra *gracia* está tan profundamente arraigada en la comprensión cristiana que Pedro no la define en sus cartas. Sin embargo, conviene que no la pasemos con demasiada prisa, como si la gloria de la gracia fuera conocida y experimentada por todos. En el Nuevo Testamento, el apóstol Pablo esclarece el término y lo reviste de gloria. De los 124 usos del término *gracia* en el Nuevo Testamento, 84 son de Pablo.

La gracia divina es, en esencia, la disposición y el acto de Dios de ofrecer la salvación a quienes merecen su juicio. En otras palabras, la gracia de Dios es hacer el bien no a quienes no lo merecen, sino a quienes merecen lo opuesto. Todos los seres humanos han pecado (Ro. 3:9, 23). Por consiguiente, somos indignos, pero no solo eso. También merecemos el castigo. Merecemos la ira de Dios. Somos "por naturaleza hijos de ira, lo mismo que los demás" (Ef. 2:3). Si el único atributo de Dios fuera la justicia estricta, todos pereceríamos. En nuestro pecado y en nuestra culpa, estamos expuestos al castigo eterno (Mt. 25:46; 2 Ts. 1:9). Cualquier sufrimiento inferior al infierno está por debajo de lo que merecemos.

No obstante, la justicia de Dios no es su único atributo. La esperanza de la raza humana es que "cuando el pecado abundó, sobreabundó la gracia; para que así como el pecado reinó para muerte, así también la gracia reine por la justicia para vida eterna mediante Jesucristo, Señor nuestro" (Ro. 5:20-21). "Porque la gracia de Dios se ha manifestado para salvación a todos los hombres" (Tit. 2:11). La gracia hace posible, de manera asombrosa, que la justicia de Dios sea satisfecha al tiempo que justifica a los pecadores culpables, en lugar de condenarlos. "Siendo justificados gratuitamente *por su gracia*, mediante la redención que es en Cristo Jesús" (Ro. 3:24). Reconciliarse con Dios es un don gratuito. Es obra de la gracia.

Esto es posible porque Cristo se hizo maldición por nosotros (Gá. 3:13). El acta de nuestras deudas fue clavada en la cruz (Col. 2:14). Dios "lo hizo pecado, para que nosotros fuésemos hechos justicia de Dios en él" (2 Co. 5:21). Ahora, "reinarán en vida por uno solo, Jesucristo, los que reciben la abundancia de la gracia y del don de la justicia" (Ro. 5:17). Ese acto de recibir se llama *fe*. "Justificados, pues, *por la fe*, tenemos paz para con Dios" (Ro. 5:1).

La gracia de Dios es un fundamento tan profundo para nuestra esperanza que sus raíces se remontan a la eternidad. "[Dios] nos salvó… no conforme a nuestras obras, sino según el propósito suyo y la *gracia* que nos fue dada en Cristo Jesús antes de los tiempos de los siglos" (2 Ti. 1:9). La gracia que nos salvó nos fue dada antes de la creación. Pablo describe esto en Efesios: "Él nos predestinó para ser adoptados hijos suyos por medio de Jesucristo, según el propósito de su voluntad, para alabanza de la gloria de su *gracia*" (1:5-6, traducción mía). En otras palabras, el propósito de Dios para los siglos antes del principio de los siglos fue la alabanza de la gloria de la gracia de Dios.

Puesto que los más profundos fundamentos de la gracia se remontan a la eternidad en el pasado, podemos estar seguros de que nos sostendrá gozosamente en la eternidad futura. "Dios… nos amó y nos dio consolación eterna y buena esperanza por *gracia*" (2 Ts. 2:16). Consolación eterna. Por medio de la gracia. La gracia garantiza que nuestra consolación y nuestra esperanza nunca fallen. "Para que justificados por su *gracia*, viniésemos a ser herederos conforme a la esperanza de la vida eterna" (Tit. 3:7). Esa vida traerá el despliegue ilimitado de nuevas dimensiones satisfactorias de la gracia: "Para mostrar en los siglos venideros las abundantes riquezas de su *gracia* en su bondad para con nosotros en Cristo Jesús" (Ef. 2:7). Se necesitarán siglos eternos para completar nuestro gozo porque las riquezas de la gracia *no tienen fin*. Así pues, la eternidad de nuestra vida en Cristo, la cual nunca aburre y es siempre novedosa, descansa en el don inagotable de la gracia de Dios. La gracia eterna. La gracia desde la eternidad pasada hasta la eternidad futura.

Da rienda suelta a tu imaginación

Ahora pasamos a 1 Pedro 1:13: "Pongan su esperanza completamente en la *gracia* que se les traerá en la revelación de Jesucristo" (NBLA). De las numerosas realidades que Pedro pudo haber mencionado que nos sobrevendrán en la revelación de Cristo, él dice: "la gracia que se les traerá". Estas son excelentes noticias para quienes, como nosotros, tropiezan, dudan y se afanan.

La gracia de Dios es un fundamento tan profundo para nuestra esperanza que sus raíces se remontan a la eternidad.

Por un momento, da rienda suelta a tu imaginación para pensar en lo que podría ser esa hora. No sabemos de forma detallada ni exacta cómo será el momento de su venida. Sin embargo, el mínimo esfuerzo para imaginarlo nos abruma. Va a desaparecer de repente toda duda acerca de su realidad. A cambio, tendremos certeza absoluta. No habrá nada, absolutamente nada imaginario acerca del suceso. Será pura realidad. Por primera vez en nuestra vida, la vista tomará el lugar de la fe en lo invisible. La magnitud del suceso será tal que nuestros corazones parecerán estallar. No tenemos la capacidad de concebir este suceso. Es algo que nos dejará pasmados.

El abismo infinito entre su perfección y santidad combinados con su poder galáctico, por un lado, y nuestra diminuta debilidad, maldad moral e insignificante vida banal por el otro, quedará en evidencia de manera abrumadora y aterradora. "Cuando se manifieste el Señor Jesús desde el cielo con los ángeles de su poder, en llama de fuego, para dar retribución a los que no conocieron a Dios, ni obedecen al evangelio de nuestro Señor Jesucristo" (2 Ts. 1:7-8). No hay nada acogedor ni tierno respecto a esas horas. Traerán absoluto terror y derramarán juicio sobre quienes están sin Cristo. Esas horas marcarán el fin de toda paciencia divina hacia quienes rechazaron el evangelio.

Si existe esperanza alguna será la gracia, la gracia personal

Para entonces solo tendremos una esperanza: la gracia. De nada servirá el mérito. De nada servirá merecer algo o ser mejor que los demás. Solo experimentaremos una sensación de vulnerabilidad absoluta y quedaremos estupefactos, como cuando nos atrapan en delito flagrante y creíamos haber eludido durante años las consecuencias. No habrá segundas oportunidades. No habrá escapatoria. No habrá apelación. Si hay alguna esperanza, será la *gracia*. Así que Pedro condensa en una palabra lo que traerá la revelación de Cristo para "ti": gracia.

¿A quién se dirige el versículo 13? A quienes Dios "hizo renacer para una esperanza viva, por la resurrección de Jesucristo de los muertos" (1 P. 1:3), quienes son "guardados por el poder de Dios mediante la fe, para alcanzar la salvación que está preparada para ser manifestada en el tiempo postrero" (1:5), cuya fe ha sido probada mediante el sufrimiento (1:7), y que aman y confían en Cristo sin haberlo visto (1:8).

Para ellos, el día de Cristo no será destructivo. Será un día lleno de gracia, de gracia personal. Digo *personal* por la inusual expresión de Pedro: "la gracia *que se les traerá*". El apóstol no dice que la gracia "viene", sino que "*se les traerá*" (τὴν φερομένην ὑμῖν χάριν). Alguien la trae. No es algo que aparece de forma impersonal como algún tipo de atmósfera o ambiente. Viene en las manos de Jesús. O, mejor aún, en el *corazón* de Jesús, quien viene con una voluntad de gracia para con su pueblo.

Ese día espectacular no será un suceso impersonal de sorpresa y asombro. Será intensamente personal. De formas que escapan a nuestra comprensión, el Dios hecho hombre, resucitado, nos tratará de manera personal. Él conoce nuestro nombre. Seremos tratados como seres muy amados. "No os dejaré huérfanos; vendré a vosotros" (Jn. 14:18). Si caemos en la trampa de pensar que Él viene con una espada para matarnos, las palabras de Pedro están ahí para corregir nuestro razonamiento: no. Para quienes anhelamos su venida, en la mano y en el corazón del Señor hay gracia. La gracia se nos traerá.

Ciñan sus lomos y sean sobrios

No es de sorprender que antes del mandamiento de "esperar por completo en la gracia", Pedro usa dos participios para mostrarnos lo que necesitamos para mantener esa esperanza viva en nuestra mente. Estas son sus palabras literales: "Habiendo ceñido los lomos de su entendimiento [ἀναζωσάμενοι τὰς ὀσφύας τῆς διανοίας ὑμῶν], manteniéndose sobrios[1], esperen por completo en la gracia". Con el primer participio, Pedro los describe como quienes llevan puestas vestiduras largas y, para poder correr y no enredarse, tienen que recoger su prenda, halar la parte trasera de la túnica, cruzarla entre las piernas y meterla entre el cinto al frente para que el manto forme una especie de calzón alrededor de sus caderas.

Según Pedro, eso es lo que debes hacer con tu mente. En otras palabras, haz todo lo que esté a tu alcance para mantener tu mente ágil, receptiva y activa en los asuntos de la realidad espiritual; es más, en todo tipo de realidad. La mente necesita estar ceñida para la acción si ha de tomar posesión de la realidad de la gracia, poner la mira en ella, degustar la gloria de ella como debe ser y sentir la plenitud de la esperanza, sin titubear cuando siente la cercanía del Hijo del Hombre.

El otro participio que refiere Pedro apunta, en esencia, a lo mismo: "sed sobrios" (νήφοντες). La embriaguez entorpece los sentidos, lo cual impide que la mente sea perceptiva o receptiva como debería. Es un estado que compromete nuestra visión clara y nuestro actuar con sabiduría. El énfasis es este: si hay una promesa gloriosa de que la gracia se nos traerá en la venida de Cristo, esa promesa no nos será de provecho si nuestra mente está embriagada con el mundo. Bajo esas circunstancias no vamos a verla y no vamos a creerla.

Pedro quiere que los creyentes tengan una esperanza viva, dispuesta y atenta de la venida del Señor. En el texto griego, la expresión verbal traducida "se les traerá" (φερομένην) denota realmente tiempo presente, no futuro. Dice que la gracia "se les *está siendo traída*", no que "*será traída*". Con ello se propone recordarnos que la gracia está en camino. Que la gracia llegue en unos meses o siglos es irrelevante. Pedro está dispuesto a aceptar cualquiera de las dos opciones (1 P. 4:7; 2 P. 3:8). Nuestro llamado no es a especular acerca de cuán próxima esté la venida de Cristo, sino a usar nuestro entendimiento con agilidad y sobriedad para "[esperar] por completo" en la gracia de la segunda venida.

En otras palabras, Pedro es muy consciente de que Dios llama a su pueblo a que use los medios que tiene a su disposición para prepararse

---

1. Esta es la traducción que sugiere Robert H. Gundry, *Commentary on the New Testament: Verse by-Verse Explanations with a Literal Translation* (Peabody, MA: Hendrickson, 2010), 939.

para la venida de Cristo. Cuando digo *prepararse*, me refiero en este caso a mantener la esperanza viva, fuerte y activa de modo que afecte la totalidad de tu vida. Cuando digo *medios*, me refiero a dos mandamientos: "ceñid los lomos de vuestro entendimiento" y "sed sobrios". Me pregunto si algunos lectores atentos identifican el origen de estos dos medios en las enseñanzas de Jesús.

Ceñir los lomos y ser sobrio en las enseñanzas de Jesús

Jesús usó ambas acciones, la de ceñir los lomos y la de ser sobrios, como instrucciones acerca de cómo estar preparado para la segunda venida. En Lucas 12:40, Jesús dice: "Vosotros, pues, también, estad preparados, porque a la hora que no penséis, el Hijo del Hombre vendrá". Para ilustrar esta preparación, Jesús compara su venida con un señor que regresa a casa de un banquete de bodas. ¿Estarán listos sus siervos para abrirle la puerta? Así que les dice:

> Cíñanse alrededor de sus lomos [ὑμῶν αἱ ὀσφύες περιεζωσμέναι] y mantengan encendidas sus lámparas, y actúen como quienes esperan el regreso de su señor del banquete de bodas, a fin de que puedan abrirle tan pronto Él llegue y toque a la puerta (Lc. 12:35-36, traducción mía).

Traduje la palabra griega como "ceñir *alrededor*" (περιεζωσμέναι) en lugar de "ceñir" (ἀναζωσάμενοι) como en 1 Pedro 1:13, porque hay una preposición diferente que antecede la palabra *ceñir* (ζώννυμι). Sin embargo, la palabra *caderas* (o *lomos*, ὀσφῦς) es la misma en ambos y la idea es evidentemente la misma. Si has de estar alerta, haciendo lo que tu señor espera de ti y listo para su venida, tu mente y tu corazón necesitan estar "dispuestos para la acción". Jesús enseña esto con una parábola (el señor que regresa a casa). Pedro lo hace con una metáfora (la mente o el entendimiento en buena forma, ágil y alerta).

Jesús, de modo similar a Pedro, usa la sobriedad como ilustración acerca de estar vigilantes para su venida. Él ilustra la segunda venida como un señor que regresa a su casa después de haberse ausentado por un tiempo (Lc. 12:45) y encuentra a sus siervos cumpliendo o no con su llamado. ¿Qué llevaría a un siervo a no cumplirlo? Embriagarse:

Y dijo el Señor: ¿Quién es el mayordomo fiel y prudente al cual su señor pondrá sobre su casa, para que a tiempo les dé su ración? Bienaventurado aquel siervo al cual, cuando su señor venga, le halle haciendo así. En verdad os digo que le pondrá sobre todos sus bienes. Mas si aquel siervo dijere en su corazón: Mi señor tarda en venir; y comenzare a golpear a los criados y a las criadas, y a comer y beber y *embriagarse*, vendrá el señor de aquel siervo en día que este no espera, y a la hora que no sabe, y le castigará duramente, y le pondrá con los infieles (Lc. 12:42-46).

El punto es este: es absolutamente insensato usar la "tardanza" de Jesús como excusa para desatender nuestra mente. La embriaguez es una imagen que ilustra la inconciencia. Si el siervo no hubiera estado ebrio, no lo habría tomado por sorpresa la venida de su señor. Ser sobrio ilustra la vitalidad mental en el servicio al señor de la casa. Es también la manera de permanecer siempre listo y entusiasmado para la venida del Señor. Porque Jesús "le pondrá sobre todos sus bienes" (Lc. 12:44). Poseeremos y administraremos juntamente con Jesús todas las cosas.

Jesús enciende una vez más la alarma acerca de la embriaguez en lo concerniente a la segunda venida. Después de decir que "el Hijo del Hombre... vendrá en una nube con poder y gran gloria" (Lc. 21:27), Jesús advierte a sus discípulos:

Mirad también por vosotros mismos, que vuestros corazones no se carguen de glotonería *y embriaguez* y de los afanes de esta vida, y venga de repente sobre vosotros aquel día. Porque como un lazo vendrá sobre todos los que habitan sobre la faz de toda la tierra. Velad, pues, en todo tiempo orando que seáis tenidos por dignos de escapar de todas estas cosas que vendrán, y de estar en pie delante del Hijo del Hombre (Lc. 21:34-36).

Una vez más oímos lo que he denominado los "medios" que Jesús y Pedro nos aconsejaron usar para prepararnos para la venida del Señor. "Mirad también por vosotros mismos... Velad, pues, en todo tiempo orando". Esto es lo opuesto a estar cargados de "glotonería *y embriaguez* y de los afanes de esta vida". Velar por sí mismo para vivir de manera sobria es prácticamente lo mismo que Pedro quiso decir cuando dijo "ceñid vuestros lomos y sed sobrios". Estamos llamados a estar vigilantes espiritualmente mientras esperamos al Señor.

Ceñir los lomos y ser sobrios por causa del escape

Estos *medios* están diseñados para ayudarnos a vivir la clase de vida que "escapa" la destrucción y recibe la aceptación del Hijo del Hombre. "Velad, pues, en todo tiempo orando que seáis tenidos por dignos de *escapar* de todas estas cosas que vendrán, y de *estar en pie* delante del Hijo del Hombre" (Lc. 21:36). Esta palabra *escapar* no se refiere a que no experimentaremos los juicios de Dios que sobrevienen al mundo al final del siglo. Antes bien, significa que aun en medio de ellos, al final seremos rescatados de sus efectos destructivos. La palabra *escapar* en Lucas 21:36 (ἐκφυγεῖν) aparece dos veces más en los escritos del apóstol, y en ambos casos significa escapar *en medio de* una crisis, no estar exento de entrar en la crisis (Hch. 16:27; 19:16).

El apóstol indica lo mismo en 1 Pedro 4:17-19:

Porque es tiempo de que el juicio comience por la casa de Dios; y si primero comienza por nosotros, ¿cuál será el fin de aquellos que no obedecen al evangelio de Dios? Y: Si el justo con dificultad se salva, ¿En dónde aparecerá el impío y el pecador? De modo que los que padecen según la voluntad de Dios, encomienden sus almas al fiel Creador, y hagan el bien.

Los cristianos no escapan de los juicios de Dios del fin de los tiempos en el sentido de nunca experimentar sufrimiento. Antes bien, escapan de los efectos destructivos del sufrimiento al experimentarlos como purificación, no como castigo. Ese es el punto que Pedro quiere señalar cuando se refiere a estos sufrimientos en el capítulo 1:

En lo cual vosotros os alegráis, aunque ahora por un poco de tiempo, si es necesario, tengáis que ser afligidos en diversas pruebas, para que sometida a prueba vuestra fe, mucho más preciosa que el oro, el cual aunque perecedero se prueba con fuego, sea hallada en alabanza, gloria y honra cuando sea manifestado Jesucristo (1 P. 1:6-7).

Asimismo, en el capítulo 5, Pedro consuela a los creyentes no con la perspectiva de escapar del sufrimiento como tal, sino de escapar de los efectos destructivos del sufrimiento:

> Mas el Dios de toda gracia, que nos llamó a su gloria eterna en Jesucristo, después que hayáis padecido un poco de tiempo, él mismo os perfeccione, afirme, fortalezca y establezca. A él sea la gloria y el imperio por los siglos de los siglos. Amén (1 P. 5:10-11).

En presencia del Hijo del Hombre por la gracia

Así pues, tanto Jesús como Pedro enseñan que los cristianos están llamados a usar los medios (vigor, agilidad y vigilancia mental) con miras a la esperanza plena en la gracia de Dios y, de ese modo, poder estar en la presencia del Hijo de Dios en su venida. Lo opuesto a estar en la presencia del Hijo del Hombre es ser apartado de los justos y ser expulsado para siempre de la presencia del Señor:

> Así será al fin del siglo: saldrán los ángeles, y apartarán a los malos de entre los justos, y los echarán en el horno de fuego; allí será el lloro y el crujir de dientes (Mt. 13:49-50; cf. 25:31-46).

Esta advertencia da qué pensar; de hecho, es aterrador imaginar que se nos abandone a nuestra suerte y dependamos de nuestras propias capacidades. Si somos dejados a nuestra suerte, la venida de Cristo en toda su santidad es aterradora. Nuestra mente estaría continuamente señalándonos a diario cada falta imaginable. Esto podría menoscabar nuestro amor por la venida del Señor. La respuesta de Pedro a ese peligro es un bello recordatorio en forma de mandato misericordioso: esperen por completo en la *gracia* que se les traerá en la revelación de Cristo (1 P. 1:13). Sí, en aquel día final cuando estemos cara a cara delante de Cristo tendremos faltas. La perfección aguarda nuestra transformación definitiva en ese encuentro

Estamos llamados a estar vigilantes espiritualmente mientras esperamos al Señor.

cara a cara (1 Co. 13:9-12; 1 Jn. 3:2). Hasta entonces, cada día necesitamos perdón (Mt. 6:12; Fil. 3:12; 1 Jn. 1:8-10).

Por consiguiente, la hermosa palabra de Pedro para ayudarnos a amar la venida del Señor es que Jesús nos trae gracia, no condenación. El perdón que Él compró de forma definitiva en la cruz estará tan disponible para nosotros en aquel día como lo está cada día de nuestra vida. La gracia triunfará sobre nuestro pecado en aquel día. Por eso amamos su venida.

6

¿Seremos irreprensibles en la venida de Cristo?

En el capítulo anterior, Pedro prometió que en la segunda venida al pueblo de Dios se le traerá la gracia (1 P. 1:13). Cristo mismo la administrará. Seremos salvos de la ira en aquel día (1 Ts. 1:10), no en virtud de nuestro mérito, sino por la gracia de Dios y, más específicamente, la gracia que necesitaremos para aquel día. No obstante, Pedro nos guía a usar los medios necesarios para que tengamos una esperanza completa y estemos preparados para ese día, en especial con una mente alerta y permaneciendo despiertos a Cristo y al valor supremo de sus promesas.

El apóstol Pablo revela con mayor claridad que los cristianos deben usar los medios a su disposición para prepararse para la segunda venida. De hecho, lo hace de tal modo que puede resultar inquietante. Sus palabras parecieran incluso poner en riesgo la salvación final por la gracia por medio de la fe. Pablo habla acerca de nuestra preparación para aquel día de un modo tal que puede hacer tambalear el amor de algunos por su venida a causa de la incertidumbre.

Puros e irreprensibles para el día de Cristo

De manera particular, tengo en mente los tres pasajes siguientes:

> Y esto pido en oración, que vuestro amor abunde aún más y más en ciencia y en todo conocimiento, para que aprobéis lo mejor, a fin de

que *seáis sinceros e irreprensibles* [εἰλικρινεῖς καὶ ἀπρόσκοποι] *para el día de Cristo*, llenos de frutos de justicia que son por medio de Jesucristo, para gloria y alabanza de Dios (Fil. 1:9-11).

Y el Señor os haga crecer y abundar en amor unos para con otros y para con todos, como también lo hacemos nosotros para con vosotros, *para que sean afirmados vuestros corazones, irreprensibles en santidad* [ἀμέμπτους ἐν ἁγιωσύνῃ] *delante de Dios nuestro Padre, en la venida de nuestro Señor Jesucristo* con todos sus santos (1 Ts. 3:12-13).

Y el mismo Dios de paz os santifique por completo; y todo vuestro ser, espíritu, alma y cuerpo, *sea guardado irreprensible* [ἀμέμπτως] *para la venida de nuestro Señor Jesucristo* (1 Ts. 5:23).

Aunque todos somos muy conscientes de que en el día de Cristo tendremos imperfecciones y fallas, Pablo nos describe irreprensibles en aquel día, como si en cierto sentido esto dependiera del cambio real en nuestra vida que ocurre aquí y ahora. Estos tres pasajes muestran que ser irreprensibles delante de Cristo es el objetivo de la obra *santificadora* de Dios en nuestra vida por medio de nuestro amor creciente por otras personas. Pablo ora pidiendo que Dios obre una transformación real en nuestra vida al final para que podamos ser hallados irreprensibles en la venida de Cristo. Esto pareciera desvirtuar nuestra paz y seguridad, puesto que nadie será transformado al punto de ser llamado *irreprensible* en aquel día.

Examinemos en detalle cada pasaje.

Filipenses 1:9-11

Filipenses 1:9-11 es una oración de Pablo, de ahí que vea a Dios como quien llevará a cabo aquello que él pide, a saber, hacernos "sinceros e irreprensibles para el día de Cristo". Estos pasajes revelan que nuestra condición irreprensible depende en cierto sentido de la obra santificadora de *Dios* en nuestra vida. Así que, según estos pasajes, por mucho que *nosotros* estemos involucrados en esa obra, *Dios* es quien lleva a cabo la obra decisiva. Pablo ora para que Dios obre. La oración es uno de los medios de preparación para la segunda venida.

Sin embargo, a fin de prepararnos para el día de Cristo, Dios estimula nuestro amor más y más en ciencia y en todo conocimiento (1:9). Luego, en el versículo 10, aparecen las palabras clave que conectan los cambios prácticos en nuestra vida con el objetivo de ser sinceros e irreprensibles en el día de Cristo. Estas frases clave son "para que… a fin de que". Pablo ora pidiendo que Dios haga que su amor abunde en ciencia y en conocimiento, "*para que* aprobéis [εἰς τὸ δοκιμάζειν] lo mejor, *a fin de que* [ἵνα] seáis sinceros e irreprensibles para el día de Cristo". Estas

Ser "irreprensibles en santidad" es el propósito de la obra santificadora de Dios para impulsarnos a amar con sinceridad a otros.

dos frases conectoras ("para que… a fin de que") muestran que nuestra condición irreprensible en el día de Cristo es el propósito de Dios para los cambios prácticos que Él obra en nuestra vida, a saber, que abundemos en amor con ciencia y conocimiento, y como resultado aprobemos lo mejor.

¿En qué se relaciona nuestra condición irreprensible en el día de Cristo con la realidad de la justificación por la fe? El Nuevo Testamento nos enseña que en virtud de nuestra unión con Cristo por la fe hemos sido liberados de la culpa, su justicia nos fue imputada (Ro. 4:4-12; 2 Co. 5:21; Fil. 3:8-9). Sin embargo, lo que Pablo subraya aquí pareciera discrepar con nuestra condición irreprensible que nos fue *imputada*. Pablo dice que los cristianos serán sinceros e irreprensibles para el día de Cristo porque Dios ha obrado con su amor transformador en nuestras mentes y en nuestros corazones. El apóstol conecta nuestra condición irreprensible delante de Cristo con nuestro amor que abunda más y más. ¿Qué relación tiene esto con nuestra justificación?

1 Tesalonicenses 3:11-13

El segundo pasaje que examinaremos en mayor detalle es 1 Tesalonicenses 3:11-13. La idea es casi idéntica a la de Filipenses 1:9-11. En este pasaje, Pablo también eleva una oración. Es una especie de oración bidireccional. Pablo se dirige a los cristianos ("os") y a la vez pide a Dios que obre ("*el Señor os* haga crecer…"). Y lo que pide a Dios para los creyentes es que los "haga crecer y abundar en amor unos para con otros y para con todos" (1 Ts. 3:12). En seguida aparecen las frases clave que establecen la conexión lógica entre el amor de los creyentes por los demás y su condición irreprensible en la venida de Cristo: "para que". Pablo ora que el Señor los haga crecer y abundar en amor unos para con otros, "*para que* sean afirmados vuestros corazones, irreprensibles en santidad delante de Dios nuestro Padre, en la venida de nuestro Señor Jesucristo" (1 Ts. 3:13).

Ser "irreprensibles en santidad" es el propósito de la obra santificadora de Dios para impulsarnos a amar con sinceridad a otros. A su vez, Dios usa ese amor de algún modo para establecernos irreprensibles en santidad para la segunda venida. Una vez más, debemos responder la pregunta acerca de cómo esta conexión entre los corazones transformados de amor y la condición irreprensible al final se relacionan con la justificación por la fe.

1 Tesalonicenses 5:23

El tercer pasaje que examinaremos es 1 Tesalonicenses 5:23. Por tercera vez se trata de una oración y una vez más va en dos direcciones. "Y el mismo *Dio*s de paz *os* santifique por completo". Pablo pide a Dios que obre en la transformación de los creyentes. En esta ocasión no menciona el amor. Pablo pasa directo de la obra de Dios a nuestra condición irreprensible. "Y el mismo Dios de paz os santifique por completo; y todo vuestro ser, espíritu, alma y cuerpo, sea guardado irreprensible para la venida de nuestro Señor Jesucristo". Aquí hay dos hechos significativos para nuestros propósitos. Uno es que la obra de Dios es una obra de *santificación*, no una obra de *justificación*: "el mismo Dios de paz os *santifique* por completo". El otro es que Pablo se refiere a nuestro ser como "*guardado* [τηρηθείη] irreprensible para la venida de nuestro Señor". A mi parecer, estos dos verbos, *santificar* y *ser guardado*, son paralelos en la mente de Pablo (el mismo tiempo verbal, aoristo; el mismo modo, optativo) y que el proceso de la santificación (*hacernos irreprensibles*) y de *ser guardados* irreprensibles van a ocurrir de manera simultánea, es decir, ahora mismo. ¿Significa esto que ya somos irreprensibles, en un sentido, y que Dios nos hace irreprensibles (en otro sentido), lo cual nos guarda para el día de Cristo?

Perplejos

A menos que esté equivocado, la clase de enseñanza bíblica que acabamos de ver en estos tres pasajes (Fil. 1:9-11; 1 Ts. 3:11-13; 5:23) deja perplejos a muchos cristianos serios. ¿Cómo puede Pablo enseñar que no alcanzamos la perfección en esta vida y aun así que seremos irreprensibles en pureza y santidad para la segunda venida de Cristo *porque* Dios nos hace amar a otros con un amor sincero? ¿Cómo puede afirmar "no que lo haya alcanzado ya [la resurrección], ni que sea perfecto; sino que prosigo, por ver si logro asir" (Fil. 3:12) y aún así decir que nuestro modo de vivir aquí y ahora nos hará irreprensibles en el día de Cristo?

Hay una solución a este desconcierto. Tiene que ver con la relación entre la justificación por la fe y la confirmación del fruto de la fe, que es el amor. Espero, como dice Pedro, que ciñan los lomos de su entendimiento y me acompañen ahora en un razonamiento exigente.

Reconciliados para ser irreprensibles

Hay un pasaje de Pablo que me ayuda a dar el primer paso, y se trata de Colosenses 1:21-23:

> Y a vosotros también, que erais en otro tiempo extraños y enemigos en vuestra mente, haciendo malas obras, ahora os ha reconciliado en su cuerpo de carne, por medio de la muerte, para presentaros *santos y sin mancha e irreprensibles delante de él* [ἁγίους καὶ ἀμώμους καὶ ἀνεγκλήτους]; si en verdad permanecéis fundados y firmes en la fe, y sin moveros de la esperanza del evangelio.

Aquí encontramos de nuevo la misma expectativa que hemos visto anteriormente acerca de ser irreprensibles. Es cierto que la segunda venida o el día de Cristo no se nombra explícitamente. Sin embargo, las palabras "presentaros… delante de él" y el hecho de que Pablo trata el mismo tema de ser irreprensibles, confirman casi con certeza que tiene en mente la misma idea en los tres pasajes que hemos citado: ser irreprensibles en el día de la venida del Señor.

No obstante, aquí hay una diferencia notable. Las palabras que permiten hacer la conexión lógica ("*para* presentaros santos y sin mancha e irreprensibles delante de él...", un infinitivo de propósito, παραστῆσαι) no conecta nuestra condición irreprensible con la obra *santificadora* de Dios que nos lleva a amar más, sino con la obra *reconciliadora* de Cristo en la cruz. La línea de pensamiento es la siguiente: Cristo nos reconcilió con Dios en la cruz y el efecto que Cristo se propone lograr por medio de la reconciliación es presentarnos en el día de Cristo santos y sin mancha e irreprensibles. Ser irreprensibles en aquel día es posible gracias a la obra reconciliadora de Cristo en la cruz. Podríamos decir también que se debe a la obra *justificadora* de Dios, porque esa es la manera en que los pecadores se reconcilian con Dios, siendo *contados* como justos, es decir, justificados.

En otras palabras, el enfoque de Colosenses 1:21-23 no es principalmente que Dios obre en nosotros para hacernos irreprensibles en el día de Cristo[1]. El punto es ante todo lo que Él ha obrado *en* nosotros a través de la muerte de Cristo para hacernos irreprensibles en el día de Cristo. Sea lo que sea que signifique ser irreprensibles, se debe al hecho de que *Cristo nos reconcilió con Dios por medio de su muerte*. Eso ya fue logrado. Ya fue consumado. La reconciliación no es un proceso como lo es la santificación. Tuvo lugar en la cruz. En su muerte, Jesús recibió la ira de Dios en nuestro lugar y ahora no hay condenación, sino reconciliación, aceptación, perdón y adopción para siempre (cf. Ro. 5:8-10; 8:1-3). Si alguien se presenta delante de Cristo irreprensible en su venida será gracias a la muerte de Jesús que nos reconcilió con Dios.

Reconciliados por la fe que persevera

El argumento prosigue. Observa que existe una condición para esta promesa en Colosenses 1:23. Seremos irreprensibles delante de Cristo en su venida, "si en verdad permanecéis fundados y firmes en la fe, y sin moveros de la esperanza del evangelio".

Esto es lo que Pablo y todos los apóstoles enseñaron: la verdadera fe que reconcilia, la fe que justifica y que salva, no es un instante en el momento de la conversión. Es una fe que persevera. "El que persevere

---

1. La razón por la cual digo "principalmente" es que no excluyo la idea de que la obra reconciliadora (y justificadora) de Dios en la cruz incluya la intención divina, mediante la reconciliación, de cumplir la promesa del nuevo pacto de hacernos irreprensibles en el sentido experiencial (Jer. 31:33; Ez. 36:27; Lc. 22:20).

hasta el fin, este será salvo" (Mt. 10:22). "Porque somos hechos participantes de Cristo, con tal que retengamos firme hasta el fin nuestra confianza del principio" (He. 3:14). Si a primera vista pareciera que una fe salvadora se deja de lado en algún momento, podemos concluir que esa fe era falsa y que no constituía una evidencia de nuevo nacimiento.

Vemos esto en el modo en que Juan habló a quienes parecían cristianos pero abandonaron la fe: "Salieron de nosotros, pero no eran de nosotros; porque si hubiesen sido de nosotros, habrían permanecido con nosotros; pero salieron para que se manifestase que no todos son de nosotros" (1 Jn. 2:19). "No eran de nosotros" significa que no nacieron verdaderamente de nuevo, porque "todo aquel que cree que Jesús es el Cristo, es nacido de Dios" (1 Jn. 5:1).

Así pues, cuando Pablo dice en Colosenses 1:22-23 que quienes han sido reconciliados con Dios van a presentarse delante de Cristo irreprensibles "*si* en verdad [permanecen] fundados y firmes en la fe", no quiere decir que alguien pueda tener una fe salvadora y luego la pierda. Antes bien, dice que la fe que persevera es, en efecto, necesaria para la salvación final, y que quienes abandonan la fe nunca fueron realmente nacidos de nuevo, nunca se reconciliaron verdaderamente con Dios.

La fe salvadora lleva el fruto del amor que la confirma

Ahora bien, ¿qué relación existe entre la necesidad de perseverar en la fe y el hecho de ser irreprensibles en el día de Cristo? La relación consiste en que la fe salvadora es la clase de fe que produce amor por el prójimo, ya sea amigo o enemigo. Y el amor, según ha demostrado Pablo, es la forma en que Dios nos hace irreprensibles para el día de Cristo: "Y el Señor os haga crecer y abundar en amor... *para que* sean afirmados vuestros corazones... en la venida de nuestro Señor Jesucristo" (1 Ts. 3:12-13).

Si la fe salvadora es real, nos transforma. Eso es lo que enseña todo el Nuevo Testamento. Y ese cambio es fundamentalmente la transformación de un corazón orgulloso y egoísta en un corazón amoroso y humilde. Pablo describe la fe como la raíz del amor en el cristiano: "En Cristo Jesús ni la circuncisión vale algo, ni la incircuncisión, sino *la fe que obra por el amor*" (Gá. 5:6). La fe que nos une a Cristo, que es nuestra justicia, muestra su realidad al "obrar por el amor". El fruto de los que aman no es el árbol de la confianza en Cristo. Sin embargo, el fruto sí demuestra que el árbol está vivo y es real.

El gran objetivo de Pablo para la conducta de los creyentes es el amor que nace de la fe en el corazón. "Pues el propósito de este mandamiento es el amor nacido de... fe no fingida" (1 Ti. 1:5). Santiago señala el mismo punto: "Así también la fe, si no tiene obras [de amor], es muerta en sí misma" (Stg. 2:17). Y el apóstol Juan señala el mismo punto, diciendo: "Nosotros sabemos que hemos pasado de muerte a vida, en que amamos a los hermanos. El que no ama a su hermano, permanece en muerte" (1 Jn. 3:14).

Así pues, el amor en la vida de un creyente es una evidencia no negociable de la fe salvadora. Por ello, cuando Pablo ora (en Fil. 1:9-11 y 1 Ts. 3:11-13) para que Dios produzca esa clase de amor en la vida de los creyentes, él pide que Dios confirme a los creyentes en su verdadera fe. Estando ausente ese amor que confirma la fe, sabemos que no toda "fe" es fe salvadora: "Si tuviese toda la fe, de tal manera que trasladase los montes, y no tengo amor, nada soy" (1 Co. 13:2).

El amor confirma que nuestra fe es fe verdadera y salvadora. La fe nos une verdaderamente a Cristo, que es nuestra justicia perfecta. Pedro presenta de manera explícita la idea de la "confirmación" en 2 Pedro 1:10: "Hermanos, tanto más procurad *hacer firme* vuestra vocación y elección; porque haciendo estas cosas, no caeréis jamás". Las "cualidades" a las que se refiere en el versículo 7 culminan en el amor. El amor es el fruto de la fe (Gá. 5:6; 1 Ti. 1:5) y por ende la confirmación de la fe y, de forma implícita, la confirmación de nuestro llamado y elección.

Sin embargo, el amor no es perfección. La epístola misma que hace el llamado más explícito al amor como prueba de nuestro nuevo nacimiento es también la que más insiste en que los creyentes no están exentos de pecar. En su primera epístola, Juan dice: "Nosotros sabemos que hemos pasado de muerte a vida, en que amamos a los hermanos. El que no ama a su hermano, permanece en muerte... El que no ama, no ha conocido a Dios" (1 Jn. 3:14; 4:8). No obstante, en la misma epístola Juan dice también: "Si decimos que no tenemos pecado, nos engañamos a nosotros mismos, y la verdad no está en nosotros. Si confesamos nuestros pecados, él es fiel y justo para perdonar nuestros pecados, y limpiarnos de toda maldad" (1 Jn. 1:8-9). Por consiguiente, la evidencia no negociable de la fe por la que Pablo ora no es un amor sin pecado. Antes bien, es un amor auténtico que revela la autenticidad de la fe salvadora, un amor imperfecto que confirma la fe en un Salvador perfecto cuya santidad es contada como nuestra.

Sin culpa por medio del amor imperfecto

Ahora podemos retomar los tres pasajes que crean inquietud (Fil. 1:9-11; 1 Ts. 3:11-13; 5:23) y me permito sugerir una solución al desconcierto. Sugiero que la condición irreprensible de los cristianos en el día de Cristo por la que Pablo ora se refiere a la perfección sin pecado que tenemos en virtud de la justificación por la fe. Se refiere a la condición irreprensible imputada de perfección en santidad, la cual tenemos en virtud de nuestra unión con Cristo por la fe. Sin embargo, esta condición irreprensible y sin pecado es real solo si está confirmada en la vida del creyente por una transformación genuina del egoísmo orgulloso al amor humilde. Esto significa que Pablo ora por amor en los corazones de los creyentes porque eso confirma su fe salvadora. Es lo que confirma que están unidos a Cristo y que, por lo tanto, son contados como irreprensibles mediante la imputación de sus perfecciones.

El amor confirma que nuestra fe es fe verdadera y salvadora.

¿Qué podemos decir de las palabras conectoras que subrayamos anteriormente? Amen, *para que* sean sinceros e irreprensibles en el día de Cristo (Fil. 1:9-10). Amen, *para que* sus corazones sean afirmados irreprensibles en santidad en la venida del Señor (1 Ts. 3:12-13). Que Dios los santifique *para que* (implícitamente) sean guardados irreprensibles para la venida de Cristo (1 Ts. 5:23).

Mi planteamiento es el siguiente: estos conectores demuestran que el amor real, práctico y manifestado es un requisito no negociable para ser hallados irreprensibles en el día de Cristo. Sin embargo, esto es así *no* porque ser irreprensibles defina ese amor. Nuestro amor no *constituye* nuestra condición irreprensible. Nuestro amor *confirma* que somos irreprensibles porque nuestra fe nos une a Cristo, quien nos reconcilia con Dios y es irreprensible. La verdadera fe obra por el amor (Gá. 5:6). Por lo tanto, el amor es la confirmación necesaria de la fe. Y la fe nos une a Cristo, que es nuestra justicia perfecta. Por lo tanto, el amor confirma nuestra condición irreprensible. No hay tal sin amor. Por consiguiente, Pablo no está orando por algo opcional o secundario. Está orando por lo que es necesario si hemos de presentarnos ante el Hijo del Hombre. Debe haber en nosotros un amor real, aunque imperfecto, que confirme que somos verdadera y perfectamente irreprensibles en Cristo.

Una ilustración del rey Salomón acerca de esta confirmación

A los lectores que tienen dificultades para comprender la diferencia entre una salvación confirmada y una salvación causada, me permito citar una ilustración de la vida del rey Salomón. Recordemos la historia de las dos mujeres rameras que se presentaron ante el rey Salomón con un bebé, cada una afirmando que era suyo (1 R. 3:16-27). Ellos pidieron al rey que mediara como juez. Salomón mandó que le trajeran una espada y que dividieran al niño en dos para dar una mitad a cada mujer. La verdadera madre exclamó: "¡Ah, señor mío! Dad a esta el niño vivo, y no lo matéis" (1 R. 3:26). Salomón dijo: "Dad a aquella el hijo vivo… ella es su madre" (1 R. 3:27).

¿Qué buscó Salomón en ese "día de juicio"? No estaba buscando obras que *produjeran* o *causaran* la maternidad, sino obras que la *confirmaran*. Cuando esas mujeres se presentaron delante del rey, su maternidad ya era un hecho. No se trató de poner en duda ese hecho. El juicio no produjo la maternidad. Tampoco las mujeres podían hacer nada en absoluto para crear la maternidad.

El día en que los cristianos sean juzgados, Dios no busca obras que hayan comprado nuestro perdón en el tribunal del juicio. Él busca obras que demuestren que ya disfrutamos de nuestro perdón. La compra de nuestro perdón fue la sangre de Jesús, que es suficiente una vez y para siempre para cubrir nuestros pecados. Y el medio para asir esto es la fe y solo la fe. Las obras resultantes confirman la fe porque "la fe sin obras está muerta" (Stg. 2:26).

¿Por qué no *irreprensibles* como los ancianos?

Una pregunta crucial que alguien podría hacerme es: ¿Por qué lo complicas tanto? ¿Acaso no ves que la palabra *irreprensible* en el Nuevo Testamento se aplica a personas imperfectas en este mundo incluso antes de la segunda venida? ¿Por qué no tomar el término *irreprensibles* en la segunda venida como referencia en otros pasajes a los cristianos (imperfectos) en el presente? ¿Por qué insiste en que ser *irreprensibles* antes de Cristo en su venida se refiere a la condición irreprensible imputada que tenemos en virtud de nuestra unión con Cristo?

Esta es una muy buena pregunta porque la premisa es cierta. *Irreprensible* y sus términos afines *aluden* a cristianos imperfectos en la vida presente. Por ejemplo, la santidad es algo que debemos tener ahora o no veremos al Señor (He. 12:14). Los cristianos deben ser "irreprensibles y sencillos [ἄμεμπτοι καὶ ἀκέραιοι], hijos de Dios sin mancha [ἄμωμα] en medio de una generación maligna y perversa" (Fil. 2:15). Solo pueden servir como diáconos los que "también sean sometidos a prueba primero... si son irreprensibles [ἀνέγκλητοι]" (1 Ti. 3:10). "Es necesario que el obispo sea irreprensible [ἀνέγκλητον]" (Tit. 1:7)[2]. Pablo siempre se esforzó por mantener su conciencia limpia (o "sin ofensa", ἀπρόσκοπον, Hch. 24:16). Zacarías y Elisabet anduvieron irreprensibles (ἄμεμπτοι) en los mandamientos (Lc. 1:6). Pablo dijo a los Tesalonicenses: "Vosotros sois testigos... de cuán... irreprensiblemente [ἀμέμπτως] nos comportamos con vosotros los creyentes" (1 Ts. 2:10).

De modo que la pregunta que se me plantea, ¿por qué crees que *irreprensibles* en la venida de Cristo se refiere a ser irreprensibles en la *imperfección* en lugar de la *perfección* que tenemos gracias a nuestra unión con Cristo? Es evidente que en el párrafo anterior el término *irreprensibles* no supone perfección, sino ser "libres de reproche en el mundo, con un hábito relativamente maduro de mantener las cuentas cortas por medio de la confesión de pecado y de una vida mayormente victoriosa sobre la tentación". ¿Por qué no dar por hecho *que* es esto lo que Pablo pide cuando ora para que seamos "irreprensibles" en el día de Cristo (Fil. 1:10; 1 Ts. 3:13; 5:23)?

---

2. La palabra se traduce "irreprensibles" también en 1 Timoteo 3:10, en 1 Corintios 1:8, a la par con ἄμωμος, "sin mancha", en Colosenses 1:22.

La respuesta tiene dos partes. En primer lugar, no todos los cristianos son, de hecho, "imperfectamente irreprensibles" en el sentido de lo que se requiere, por ejemplo, de los diáconos y los obispos. Segundo, Pablo promete que Dios se asegurará de que todos los cristianos, no solo uno, estarán delante de Cristo irreprensibles en su venida.

1. Cuando Cristo venga no todos los cristianos cumplirán con los requisitos de ser irreprensibles al nivel que lo están los diáconos

Es improbable que Pablo haya dicho que los diáconos (1 Ti. 3:10) y los obispos (Tit. 1:7) deben ser "irreprensibles" para poder oficiar en la iglesia si *todos* los creyentes son irreprensibles. Además, Pablo describe a algunos maestros que llegan al día del juicio de Cristo y sufren pérdida porque edificaron sobre el fundamento de Cristo con artilugios y doctrinas humanas, que no son material genuino para edificar una iglesia santa y saludable. Pablo dice que estos cristianos serán salvados "como por fuego", pero lo que ellos edifiquen será quemado. Sufrirán pérdida:

> Y si sobre este fundamento [de Cristo] alguno edificare oro, plata, piedras preciosas, madera, heno, hojarasca, la obra de cada uno se hará manifiesta; porque el día [de la venida de Cristo] la declarará, pues por el fuego será revelada; y la obra de cada uno cuál sea, el fuego la probará. Si permaneciere la obra de alguno que sobreedificó, recibirá recompensa. Si la obra de alguno se quemare, él sufrirá pérdida, si bien él mismo será salvo, aunque así como por fuego (1 Co. 3:12-15).

Hablaremos más acerca de esto en el capítulo 11, pero el punto que nos ocupa ahora es que yo no creo que Pablo describa a estos maestros como "irreprensibles" en el día de Cristo *porque cumplan con los requisitos para el diaconado y anden en madurez.* Sin embargo, puesto que son "salvos", sabemos que están delante de Cristo "irreprensibles" en el sentido de ser contados como justos por causa de Cristo. Ellos verdaderamente nacieron de nuevo. Tenían una fe auténtica. El amor por el prójimo caracterizaba sus vidas de servicio. No obstante, sus ministerios eran defectuosos y algunos aspectos de su corazón imperfecto los cegó para no ver la insensatez de edificar con madera, heno y hojarasca.

2. Las promesas gloriosas nos ayudan a amar la venida del Señor

Esta es la segunda parte de mi respuesta acerca de por qué creo que ser "irreprensibles" en el día de Cristo se refiere a ser perfectamente irreprensibles en Cristo, la cual se confirma por el amor imperfecto en nosotros. Pablo promete que Dios producirá en todos los cristianos esa condición irreprensible. La misma fidelidad de Dios lo garantiza. Esto constituye una gran motivación para amar la venida del Señor.

Después de pedir en oración que Dios santifique a los creyentes y los guarde irreprensibles por completo, en todo su ser (espíritu, alma y cuerpo), Pablo nos anima poderosamente afirmando que la fidelidad de Dios hará todo esto:

> Y el mismo Dios de paz os santifique por completo; y todo vuestro ser, espíritu, alma y cuerpo, sea guardado irreprensible para la venida de nuestro Señor Jesucristo. *Fiel es el que os llama, el cual también lo hará* (1 Ts. 5:23-24).

Esta es una promesa gloriosa que nos ayuda a amar la venida del Señor. ¡Dios nos guardará irreprensibles![3] Esto *va a* cumplirse. Vas a ser guardado. Vas a estar delante de Cristo en su venida sin culpa ni falta alguna. No porque seas perfecto en ti mismo o lo sean tus ministerios, sino porque eres guardado en Cristo Jesús con sus perfecciones que cuentan como tuyas. Tu santificación confirma tu fe. Y tu fe es el instrumento por medio del cual estás en Cristo. Eso está asegurado. Dios lo hará.

---

3. Sí, la palabra en griego es un adverbio, no un adjetivo (*irreprensibles*). La mayoría de las traducciones optan por un adjetivo, como la versión citada, porque el significado adverbial parece tan extraño. Como adverbio modificaría un adjetivo o un verbo. El adjetivo que podría modificar es "todo" ("todo vuestro ser, espíritu, alma y cuerpo") y el verbo que podría modificar es "sea guardado". La segunda opción sugiere que Dios obra de manera irreprochable. La primera, que el conjunto de espíritu, alma y cuerpo ha de considerarse en relación con su irreprochabilidad, un tipo de integridad irreprochable. No estoy seguro acerca del modo en que funciona el adverbio en este caso. Una de las particularidades que revisten de extrañeza este pasaje es la referencia al "cuerpo" como "irreprensible". Sin embargo, el hecho de que ἀμέμπτως (irreprensible) es un adverbio puede ayudarnos a no confundirnos con dicha extrañeza. Pablo no aplica la cualidad de irreprensible en forma de adjetivo para "cuerpo", como dan a entender la mayoría de las traducciones. Por tanto, concluyo que en general el punto es que Dios obrará para que, de la manera más completa (ὁλόκληρον), no se nos pueda inculpar de ningún modo.

La confianza de los llamados en la venida de Cristo

Pablo nos presenta la misma promesa inconmovible con más vehemencia aún, en 1 Corintios 1:7-9:

> Esperando la manifestación de nuestro Señor Jesucristo; el cual también os confirmará hasta el fin, para que seáis irreprensibles en el día de nuestro Señor Jesucristo. *Fiel es Dios, por el cual fuisteis llamados a la comunión con su Hijo Jesucristo nuestro Señor.*

En otras palabras, ¡las oraciones de Pablo pidiendo que nuestro amor abunde *para que* seamos hallados irreprensibles en el día de Cristo (Fil. 1:10; 1 Ts. 3:13) serán contestadas! Dios nos llevará irreprensibles hasta el día de Cristo. Esa es una promesa para todos los cristianos verdaderos, no para algunos nada más (como los que han alcanzado la madurez o cumplen los requisitos para el diaconado). Esta promesa es aún más poderosa que la de 1 Tesalonicenses 5:24 porque Pablo no solo la fundamenta en la fidelidad de Dios, sino que también la conecta con nuestro llamamiento. Sabemos la forma de razonar de Pablo: "Y a los que [Dios] predestinó, a estos también llamó; y a los que llamó, a estos también justificó; y a los que justificó, a estos también glorificó" (Ro. 8:30). En otras palabras, al conectar esta promesa con nuestro llamamiento, Pablo declara que es absolutamente segura. Podemos añadir a la cadena de certidumbre: "A los que llamó, a estos también sustentó irreprensibles en el día de Cristo".

Él perfeccionará la obra que comenzó

Pablo vuelve a hacer la misma promesa en Filipenses 1:6: "Estando persuadido de esto, que el que comenzó en vosotros la buena obra, la perfeccionará hasta el día de Jesucristo". La obra que Dios comenzó en cada creyente es la obra de fe, amor y santidad. Él continuará sin falta esa obra en todos sus elegidos. Él terminará la obra de santificación al punto que todos los creyentes darán evidencia en el día de Cristo de que su fe es real y que en Jesucristo ellos están completos.

La majestad del Guardador

Añadiré una promesa más de Dios que también fortalece nuestra esperanza, que se encuentra en la carta de Judas:

> Y a aquel que es poderoso para guardaros sin caída, *y presentaros sin mancha* [ἀμώμους] *delante de su gloria con gran alegría*, al único y sabio Dios, nuestro Salvador, sea gloria y majestad, imperio y potencia, ahora y por todos los siglos. Amén (Jud. 24-25).

Aunque es una doxología en vez de una promesa directa, tiene la fuerza de una promesa. Judas celebra la gloria de Dios en guardarnos y presentarnos sin mancha, que es la manera en que él identifica a los cristianos al principio de su epístola: "Judas, siervo de Jesucristo, y hermano de Jacobo, a los llamados, santificados en Dios Padre, y *guardados en Jesucristo*" (Jud. 1). Esto es, guardados *por Dios*. Esta es nuestra identidad: somos llamados y somos guardados. A quienes Dios llama, Él guarda.

La doxología final de Judas se eleva con la "gloria y majestad, imperio y potencia" de Dios al celebrar su obra en dos direcciones: *guardarnos* sin caída y *presentarnos* sin mancha delante de su gloria con gran alegría. Él lo hará. Pablo basa la promesa en la fidelidad de Dios. Judas la basa en su gloria, majestad, imperio y potencia. La gloria de Dios garantiza la protección de los que ha llamado. ¿Para qué? Para que sean irreprensibles y tengan gozo en la venida de Cristo.

Una conciencia limpia y un amor más intenso por la venida de Cristo

Mi respuesta a la pregunta de por qué creo que la oración de Pablo para que seamos irreprensibles en la venida de Cristo se refiere a la perfección de Cristo que es contada como nuestra, y no a una condición irreprensible imperfecta requerida, por ejemplo, de los obispos y diáconos, es: (1) no todos los verdaderos cristianos serán irreprensibles en ese grado cuando Cristo venga, y aun así (2) a todos los cristianos verdaderos se les promete que Dios los presentará irreprensibles en aquel día.

Por consiguiente, los pasajes que he denominado inquietantes y desconcertantes (Fil. 1:9-11; 1 Ts. 3:11-13; 5:23) no deberían inquietarnos ni desconcertarnos, sino más bien intensificar nuestro amor por la venida de Cristo. Estos pasajes nos muestran cómo deberíamos orar (con Pablo) para que Dios haga la obra de hacer crecer el amor en nuestros corazones, lo cual confirmará el hecho de que Cristo nos ha llamado a su reino. Los pasajes también nos señalan las múltiples promesas según las cuales Dios confirmará sin falta a sus llamados como irreprensibles en el día de Cristo.

"Fiel es el que os llama, el cual también lo hará" (1 Ts. 5:24). "El que comenzó en vosotros la buena obra, la perfeccionará hasta el día de Jesucristo" (Fil. 1:6). La gloria, la majestad, el imperio y la potencia de Dios garantizan que sus llamados serán guardados de caer en incredulidad y serán presentados irreprensibles delante de la presencia gloriosa de Cristo con gran alegría (Jud. 24).

Es mi oración que creamos estas promesas, que anhelemos esa alegría venidera y que amemos la venida del Señor.

7

Seremos perfeccionados en mente, corazón y cuerpo

En los capítulos 3 y 4, sostuve que el corazón del asunto en la segunda venida será la gloria de Cristo magnificada en la admiración de su pueblo. "Cuando venga en aquel día para ser glorificado en sus santos y ser admirado en todos los que creyeron" (2 Ts. 1:10). En otras palabras, aunque la gloria de Cristo es la realidad objetiva suprema de ese gran suceso, sin la respuesta del pueblo de Dios de admiración, adoración, amor y asombro, el propósito final de Dios en la historia y la redención quedaría incompleto.

Esto obedece a que el propósito final de Dios es la gloria de Cristo engrandecida plenamente cuando el pueblo de Dios encuentra su máxima satisfacción en Él. Su propósito no es simplemente que la glorificación de su Hijo *concurra* con la felicidad de su pueblo, sino que la felicidad de su pueblo se encuentra *en* la gloria de Cristo, de modo que la glorificación de Cristo brille con mayor resplandor en la dicha que experimenta su pueblo en Él. Dios ha dispuesto la redención de tal modo que la felicidad del hombre y la glorificación de Cristo alcanzan su plenitud precisamente porque la felicidad del hombre se encuentra *en* la gloria de Cristo. Cristo será glorificado plenamente porque su pueblo se deleitará plenamente en Él.

¿Cómo podemos los santos, emocionalmente incapacitados, admirar como deberíamos?

Hasta ahora no hemos abordado la imposibilidad de que, a la luz de nuestra condición presente y caída en la que nuestras capacidades emocionales son escasas y están contaminadas por el pecado, la respuesta de admiración, adoración y amor del pueblo de Cristo sea lo que debería cuando nos encontremos con el Señor. Esto incluye nuestra condición presente que es redimida, justificada y parcialmente santificada. Dada nuestra limitada visión espiritual, nuestras deterioradas capacidades emocionales y la corrupción restante de nuestros corazones caídos, es imposible que Cristo reciba de nosotros a su regreso una apropiada bienvenida de admiración, adoración y amor. Ese es el problema que abordaré en este capítulo.

Sin embargo, antes de abordarlo debemos comprender que el mismo problema existe respecto a la imperfección que traté en los capítulos 5 y 6. El punto de esos capítulos fue que habrá gracia para los creyentes en la segunda venida. "Esperad por completo en la *gracia* que se os traerá cuando Jesucristo sea manifestado" (1 P. 1:13). Los verdaderos cristianos serán hallados irreprensibles en aquel día. La obra santificadora de Dios en nuestra vida, la cual transforma nuestro ser orgulloso y egoísta para ser humildes y amorosos (aunque imperfectos), confirmará la autenticidad de nuestra fe en Cristo y nuestra unión con Él. Esa unión será el fundamento de gracia que sustenta nuestra condición irreprensible en su venida.

La felicidad del hombre y la glorificación de Cristo alcanzan su plenitud porque la felicidad del hombre se encuentra *en* la gloria de Cristo.

No obstante, el problema, como en los capítulos 3 y 4, es que ningún seguidor de Cristo se contentará con ser irreprensible solo en virtud de la condición sin mancha de Cristo que le es *contada* como suya, sino que además debemos ser *transformados* en mente, corazón y cuerpo para ser irreprensibles sin pecado, sin mancha y libres de cualquier impedimento para adorar.

Cabe aclarar que la condición irreprensible que nos es imputada en virtud de la justificación por la fe es gloriosa y preciosa. Sin ella no hay esperanza. Sin embargo, el objetivo de Dios no es tener un pueblo eternamente pecador que se goza en ser perdonado y en ser contado como irreprensible. El objetivo de Dios es que pasemos de ser pecadores perdonados a ser perdonados y sin pecado. Si esto no ocurre, nunca podremos gozar, adorar y glorificar a Dios como deberíamos. Esto es así porque la esencia misma del pecado es preferir otras cosas antes que a Dios. Si hemos de deleitarnos y glorificar a Dios como deberíamos y deseamos, no solo debemos ser *contados* como perfectos en Cristo, sino que Él debe *hacernos* perfectos en mente, corazón y cuerpo. Ese cambio ocurrirá en la venida de Cristo y de eso se trata este capítulo.

Los misterios entretejidos de alma y cuerpo serán redimidos

Una de las razones asombrosas por las que amamos la venida de Cristo es que todo cristiano que ha fallecido va a resucitar con su nuevo cuerpo resucitado (1 Co. 15:23, 43), y que todos los cristianos que están vivos en el momento de su venida serán transformados para tener un cuerpo como el glorioso cuerpo resucitado de Cristo (Fil. 3:21). No solo eso, sino que, juntamente con ese prodigio físico de resurrección y transformación corporal, tendrá también lugar una transformación moral y espiritual para aquellos que están vivos en su venida (1 Jn. 3:2), de tal modo que nunca volverán a pecar. Para los creyentes (y santos del Antiguo Testamento) que han muerto antes de la venida de Cristo, esa transformación espiritual ocurre en la presencia de Cristo antes de la segunda venida (He. 12:23).

Tanto la resurrección física como la transformación espiritual son esenciales para el cumplimiento de los propósitos finales de Dios. Su pueblo debe experimentar tanto el perfeccionamiento moral como el corporal. Si en la segunda venida la gloria de Cristo ha de ser magnificada como conviene en la admiración de su pueblo (2 Ts. 1:10), esa admiración debe quedar libre de toda limitación y corrupción pecaminosa. Debe ser transformada y perfeccionada. Cristo merece nada menos que eso. Claro, la gloria de la gracia de Dios resplandece bellamente cuando los creyentes imperfectos son contados como justos. Sin embargo, hay más gracia en Cristo que la gracia justificadora. También está el grandioso poder de la gracia santificadora y purificadora (1 Co. 15:10; 2 Co. 9:8; 2 Ts. 1:11-12). A fin de que Cristo sea glorificado en nuestra admiración en su venida, esa gracia también debe ser victoriosa en nuestra completa transformación. De lo contrario, nuestra admiración estaría viciada por el pecado.

No solo eso, sino que si Cristo ha de glorificarse en su pueblo como conviene en la segunda venida, los cuerpos de ellos deben ser glorificados de un modo que refleje la gloria de Cristo. Los cuerpos que llevan los defectos de la vanidad y la corrupción de la caída (Ro. 8:20-21) nunca podrían engrandecer a Cristo como es debido. Así es, y no solo porque la resurrección y perfeccionamiento de nuestro cuerpo glorificará "el poder con el cual puede también sujetar a sí mismo todas las cosas" (Fil. 3:21). También porque nuestro cuerpo es el instrumento que Dios ha diseñado para albergar nuestra mente y nuestro corazón, con los cuales podemos hacer audible nuestra alabanza y hacer visible la obediencia de nuestro amor. La unidad de alma y el cuerpo que están entretejidos por diseño divino (cuyos misterios, la ciencia con dificultad comprende) exige cuerpos redimidos, al igual que almas redimidas, si la alabanza y obediencia de nuestras almas han de hallar la expresión corporal que es digna de Cristo.

Siempre han existido falsos maestros que denigran de la existencia corporal como intrínsecamente defectuosa y un estorbo para el espíritu humano. El concepto bíblico del cuerpo es muy diferente. El cuerpo no solo es parte de la creación que fue catalogada de "buena en gran manera" antes de la caída (Gn. 1:31), sino que su destino es ser resucitado, perfeccionado y parte de un plan eterno de adoración y obediencia. Al igual que Cristo, el pueblo de Dios tendrá cuerpos transformados para siempre. Si nuestra idea de eternidad es un futuro con espíritus sin cuerpo en el cielo, debemos ponerla a prueba a la luz de la enseñanza bíblica según la cual el cielo desciende a una nueva tierra donde personas con cuerpo adoran y personifican a un Cristo en forma corporal (Ap. 21:1-2, 10). Por lo tanto, la transformación física y espiritual que ocurre en la segunda venida es esencial para el cumplimiento pleno del propósito final de Dios para la creación.

Veamos primero la resurrección corporal y luego la transformación moral de nuestros corazones y nuestras mentes, ambas consumadas en la segunda venida de Cristo[1].

Cristo resucitó su propio cuerpo y resucitará el nuestro

Jesús confrontó a los saduceos que no creían en la resurrección. "Vinieron a él los saduceos, que dicen que no hay resurrección" (Mr. 12:18). Su respuesta para ellos fue clara y contundente: "¿No erráis por esto, porque ignoráis las Escrituras, y el poder de Dios?" (12:24). Jesús no solo creía en la resurrección de los muertos, sino que sabía que Dios Padre le había dado autoridad para resucitar. "Porque como el Padre tiene vida en sí mismo, así también ha dado al Hijo el tener vida en sí mismo; y también le dio autoridad de hacer juicio, por cuanto es el Hijo del Hombre" (Jn. 5:26-27). Así que Jesús puede decir: "Yo soy la resurrección" (Jn. 11:25). Y Él promete que resucitará a su pueblo de entre los muertos en el día final:

> Todo lo que el Padre me da, vendrá a mí; y al que a mí viene, no le echo fuera. Porque he descendido del cielo, no para hacer mi voluntad, sino la voluntad del que me envió. Y esta es la voluntad del Padre, el que me envió: Que de todo lo que me diere, no pierda yo nada, sino que *lo resucite en el día postrero*. Y esta es la voluntad del que me ha enviado: Que todo aquel que ve al Hijo, y cree en él, tenga vida eterna; y *yo le resucitaré en el día postrero* (Jn. 6:37-40; cf. v. 54).

Jesús dijo que Él mismo será quien resucite a su pueblo, tal y como dijo que Él resucitaría su propio cuerpo del sepulcro. "Nadie me la quita [mi vida], sino que yo de mí mismo la pongo. Tengo poder para ponerla, y tengo poder para volverla a tomar. Este mandamiento recibí de mi Padre" (Jn. 10:18). "Destruid este templo, y en tres días lo levantaré" (Jn. 2:19). Esto no contradice la repetida declaración de Jesús acerca de que Dios lo "resucitará" (Mt. 16:21; 17:23; 20:19). Toda la trinidad participó en la resurrección de Jesús, incluso el Espíritu Santo: "Y si el

---

1. Al final del capítulo quedará claro lo que quiero decir cuando hablo de *consumación* de nuestra transformación moral en la segunda venida, aunque los espíritus de quienes han muerto en el Señor son "hechos perfectos" en el cielo cuando mueren (He. 12:23).

Espíritu de aquel que levantó de los muertos a Jesús mora en vosotros, el que levantó de los muertos a Cristo Jesús vivificará también vuestros cuerpos mortales por su Espíritu que mora en vosotros" (Ro. 8:11). Lo que esto implica naturalmente es que Dios nos resucitará "por su Espíritu" del mismo modo que resucitó a Jesús "por su Espíritu".

Resucitado por la Trinidad para tener un cuerpo como el del Hijo

Por lo anterior, vemos que los cristianos son resucitados no solo por medio del Espíritu (Ro. 8:11), sino por Dios (Padre) y por Cristo (el Hijo):

> Pero el cuerpo no es para la fornicación, sino para el Señor, y el Señor para el cuerpo. Y *Dios, que levantó al Señor, también a nosotros nos levantará con su poder* (1 Co. 6:13-14).

> Mas nuestra ciudadanía está en los cielos, de donde también esperamos *al Salvador, al Señor Jesucristo; el cual transformará el cuerpo de la humillación nuestra, para que sea semejante al cuerpo de la gloria suya*, por el poder con el cual puede también sujetar a sí mismo todas las cosas (Fil. 3:20-21).

En ambos pasajes, la resurrección de *Cristo* y *nuestra* resurrección están conectadas. Están conectadas en 1 Corintios 6:14 porque Dios lleva a cabo ambas resurrecciones. Están conectadas en Filipenses 3:20-21 para dejar claro que nuestro cuerpo resucitado será como el cuerpo resucitado de Cristo. La *causa* de ambas resurrecciones será la misma: Dios. Y el efecto de ambas resurrecciones será el mismo: "un cuerpo como el cuerpo de su gloria" (σύμμορφον τῷ σώματι τῆς δόξης αὐτοῦ). Nuestra resurrección y la resurrección de Cristo, conforme enseña Pablo, son parte de una gran cosecha. "Cristo ha resucitado de los muertos; *primicias de los que durmieron es hecho*" (1 Co. 15:20). Las primicias definen y aseguran la cosecha entera.

El cuerpo resucitado de Cristo era un cuerpo físico real y era lo bastante parecido a su cuerpo antes de resucitar para que otros pudieran reconocerlo y tocarlo, y era un cuerpo que le permitía comer pescado. "Mirad mis manos y mis pies, que yo mismo soy; palpad, y ved; porque un espíritu no tiene carne ni huesos, como veis que yo tengo… Entonces le dieron parte de un pez asado, y un panal de miel. Y él lo tomó, y comió delante de ellos" (Lc. 24:39, 42-43). Así serán nuestros cuerpos resucitados.

Resucitaremos en su venida

¿Cuándo sucede esto? Sucede en la segunda venida de Cristo. Podemos ver esto en tres pasajes. En 1 Corintios 15:22-23, Pablo dice: "Porque así como en Adán todos mueren, también en Cristo todos serán vivificados. Pero cada uno en su debido orden: Cristo, las primicias; luego *los que son de Cristo, en su venida*". "En su venida". Es entonces que quienes le pertenecen serán resucitados. Esta no es la resurrección general de todos los seres humanos, sino solo de los cristianos[2].

Un segundo pasaje que ubica nuestra resurrección en la segunda venida es Filipenses 3:20-21: "Mas nuestra ciudadanía está en los cielos, de donde también esperamos al Salvador, al Señor Jesucristo; el cual transformará el cuerpo de la humillación nuestra, para que sea semejante al cuerpo de la gloria suya, por el poder con el cual puede también sujetar a sí mismo todas las cosas". Cuando el Salvador venga, los cuerpos de los cristianos serán transformados. Pablo no hace distinción aquí entre los cuerpos de los cristianos que están vivos en el momento de regresar el Señor y los cuerpos de los cristianos que han muerto. Ambos recibirán cuerpos nuevos como el cuerpo glorioso de Cristo.

El tercer pasaje que ubica nuestra resurrección en la segunda venida muestra el especial interés de Pablo en los cristianos que habían muerto:

Por lo cual os decimos esto en palabra del Señor: que nosotros que vivimos, que habremos quedado hasta *la venida del Señor*[3], no pre-

---

2. A veces, las Escrituras hablan de la resurrección sin hacer explícita la distinción temporal entre el momento en que resucitarán los creyentes y los incrédulos o cuándo serán juzgados. Por ejemplo, Jesús dice en Juan 5:28-29: "No os maravilléis de esto; porque vendrá hora cuando todos los que están en los sepulcros oirán su voz; y los que hicieron lo bueno, saldrán a resurrección de vida; mas los que hicieron lo malo, a resurrección de condenación". Creo que este pasaje, entre muchos otros, da una idea general de sucesos futuros que están separados en el tiempo, del mismo modo que una cadena montañosa parece una sola montaña desde lejos. Esta perspectiva profética es común en las Escrituras y nos ayuda a explicar sucesos lejanos y distantes que a veces se presentan como una sola visión. Ver el capítulo 8, nota 1.

3. Cuando Pablo alude a "nosotros que vivimos" no enseña que él sepa con certeza que la segunda venida sucederá estando él en vida. Sabemos esto por el capítulo siguiente donde dice:

cederemos a los que durmieron. Porque *el Señor mismo* con voz de mando, con voz de arcángel, y con trompeta de Dios, *descenderá del cielo*; y los muertos en Cristo resucitarán primero. Luego nosotros los que vivimos, los que hayamos quedado, seremos arrebatados juntamente con ellos en las nubes *para recibir al Señor en el aire*, y así estaremos siempre con el Señor (1 Ts. 4:15-17).

El objetivo pastoral inmediato de Pablo aquí es animar a quienes habían perdido a seres queridos cristianos que habían fallecido. La perspectiva y la alegría de la segunda venida eran una esperanza tan importante para los creyentes que surgió la pregunta: ¿Se perderán los creyentes fallecidos la gloriosa manifestación de Cristo en el día de su venida? Cabe anotar que Pablo no optó por consolarlos con la verdad de Filipenses 1:23, diciendo que "partir y estar con Cristo… es muchísimo mejor". Tampoco los consoló con la verdad de 2 Corintios 5:8, acerca de que "más quisiéramos estar ausentes del cuerpo, y presentes al Señor". Esa no era la cuestión que inquietaba a los familiares de creyentes que habían fallecido.

Ellos se preguntaban: ¿Qué pasa en la segunda venida? ¿Qué sucede en la gloriosa manifestación del Señor cuando desciende en las nubes con gran majestad y voz de mando, con la voz de arcángel, la trompeta de Dios, y el Señor mismo en persona, presente y visible, viene a confirmar en un instante cada acto valeroso de fe? ¿Qué sucede entonces? ¿Participarán nuestros seres queridos de ese día? Uno de los motivos que me impulsaron a escribir este libro es que muchos cristianos hoy perciben esta enseñanza pastoral de Pablo como ajena a su manera de pensar. Ellos no tendrían las mismas inquietudes de los tesalonicenses acerca de la participación en la venida del Señor. Ellos se contentarían con saber que "estar ausentes del cuerpo [es estar] presentes al Señor" (2 Co. 5:8).

Sin embargo, Pablo se esmera en explicar que los muertos no estarán en desventaja en la experiencia de la gloria plena de aquel gran día. El apóstol niega que quienes están vivos en la venida de Cristo tengan

---

"[Cristo] murió por nosotros para que ya sea que *velemos* [estemos vivos], o que *durmamos* [hayamos muerto], vivamos juntamente con él" (1 Ts. 5:10). En ambos pasajes, él se considera a sí mismo como uno de los que viven. Sin embargo, él sabe que podría no estarlo, como dice en 1 Tesalonicenses 5:10.

ventaja alguna sobre los muertos. Para dejarlo claro, él se enfoca en la resurrección de los cuerpos de quienes han muerto. En la segunda venida de Cristo ocurre lo siguiente:

> Nosotros que vivimos, que habremos quedado hasta *la venida del Señor*, no precederemos a los que durmieron… los muertos en Cristo resucitarán primero. Luego nosotros los que vivimos, los que hayamos quedado, seremos arrebatados juntamente con ellos en las nubes para recibir al Señor en el aire (1 Ts. 4:15-17).

Esta espectacular bienvenida de millones de miembros del pueblo de Dios de todas las épocas de la historia es una experiencia que gozarán todos los creyentes de forma plena. Esa es la finalidad de resucitar a todos los muertos en su venida.

Completar el progreso de la tierra y las perfecciones del cielo

Sin embargo, en este capítulo no nos enfocamos tanto en los *sucesos* de la venida del Señor como en los *efectos* de los sucesos en la transformación de los creyentes. Nos interesa glorificar a Cristo en su venida de un modo que esté a la altura de su grandeza, de su belleza y de su dignidad. Esto no puede suceder si nuestro cuerpo y nuestra alma no son transformados. Nuestra visión espiritual borrosa, nuestros afectos débiles y la corrupción que persiste en nuestros corazones caídos deben ser transformados si Cristo ha de glorificarse en nuestra admiración como conviene (2 Ts. 1:10). El cuerpo y el alma se echaron a perder en la caída. Precisan redención. La redención empieza en esta vida por medio de la muerte y la resurrección de Jesús. Empieza en nosotros con un nuevo nacimiento, con el perdón de pecados y la justificación, y con la santificación progresiva. Sin embargo, se completa en la venida de Cristo.

La experiencia de nunca volver a pecar estando con Cristo en el cielo será muchísimo mejor que cualquier experiencia sobre la tierra.

Incluso las alegrías que experimentan los creyentes que han fallecido en la presencia de Cristo, aunque superiores a todo lo hayan conocido en esta vida (Fil. 1:23), son incompletas. Esas alegrías están diseñadas para rebosar en una expresión física mediante nuestro cuerpo glorioso en alabanza ardiente y obediencia gozosa. Aunque la esencia de nuestra alabanza y obediencia es *interna*, su plenitud es *externa*. Aunque las virtudes *espirituales* de Cristo son la fuente suprema de nuestra alegría, aun así las manifestaciones *físicas* de esas virtudes a través de la creación material, incluso su cuerpo glorioso y el nuevo mundo, son parte del plan de Dios para la glorificación plena de su Hijo.

Cabe aclarar que el perfeccionamiento de nuestro espíritu en el cielo después de la muerte y antes de la segunda venida de Cristo es una experiencia grandiosa, gloriosa y gozosa que excede cualquier dicha en este mundo. El libro de Hebreos describe a los santos en el cielo como "los espíritus de los justos *hechos perfectos*" (He. 12:23). Después de la muerte, los creyentes en Jesús nunca volverán a pecar. Serán perfeccionados espiritual y moralmente. Por lo tanto, Pablo no se equivocó cuando dijo: "Teniendo deseo de partir y estar con Cristo, lo cual es muchísimo mejor" (Fil. 1:23), ni cuando afirmó: "Más quisiéramos estar ausentes del cuerpo, y presentes al Señor" (2 Co. 5:8).

Con todo, ese no fue su mayor anhelo (estar ausente del cuerpo, sin pecado y en espíritu en el cielo con Cristo). La experiencia de nunca volver a pecar estando con Cristo en el cielo será muchísimo mejor que cualquier experiencia sobre la tierra. Gloriosamente mejor. Aun así, no es el objetivo. No es la idea suprema de Dios. No es la consumación de la redención. Cuando Pablo gimió frente a las miserias de esta era caída, no soñaba principalmente con *escapar* de un cuerpo sufriente. Soñaba ante todo con un cuerpo redimido: "Y no solo ella [la creación], sino que también nosotros mismos, que tenemos las primicias del Espíritu, nosotros también gemimos dentro de nosotros mismos, *esperando la adopción, la redención de nuestro cuerpo*" (Ro. 8:23). Esta espera anhelante era por la segunda venida.

Predestinados para ser hechos conformes al Hijo de Dios, en forma corpórea

Desde la eternidad, el plan de Dios ha sido que la gloria de su gracia sea alabada (Ef. 1:4-6) a través de los corazones y los cuerpos de un pueblo redimido. Él planeó que esta alabanza sincera expresada de forma corpórea fuera digna de la grandeza de su Hijo. Él garantizó esta alabanza digna al predestinar a su pueblo para que sea hecho conforme a Cristo, para que refleje y sea partícipe de la gloria de su Hijo: "Porque a los que [Dios] antes conoció, también los predestinó para que fuesen hechos conformes a la imagen de su Hijo, para que él sea el primogénito entre muchos hermanos" (Ro. 8:29). Esta conformidad a la imagen del Hijo hace posible que los cristianos reflejemos y alabemos la gloria de Cristo como deberíamos.

Esta palabra "conformes" (σνμμόρφονς) solo se emplea en otro pasaje del Nuevo Testamento. "Esperamos al Salvador, al Señor Jesucristo; el cual transformará el cuerpo de la humillación nuestra, para que *se conforme* [σύμμορφον] *al cuerpo de su gloria*, por el poder con el cual puede también sujetar a sí mismo todas las cosas" (Fil. 3:20-21, traducción mía). Esto significa, pues, que la conformidad predestinada a la imagen del Hijo en Romanos 8:29 incluye la conformidad al *cuerpo* de Cristo. Esto fue parte del gran plan eterno, porque sin cuerpos gloriosos como el cuerpo de Cristo no podríamos reflejar ni expresar la gloria de Cristo como deberíamos.

Resplandeceremos como el sol en la venida de Cristo

En la venida de Cristo, el cuerpo del creyente más humilde, más modesto, más desfigurado, más discapacitado, más despreciado y rechazado será como el cuerpo glorioso de Cristo. ¿Cómo se verá? Esta es una descripción del Cristo resucitado que nos presenta el apóstol Juan:

> Vi... a uno semejante al Hijo del Hombre, vestido de una ropa que llegaba hasta los pies, y ceñido por el pecho con un cinto de oro. Su cabeza y sus cabellos eran blancos como blanca lana, como nieve; sus ojos como llama de fuego; y sus pies semejantes al bronce bruñido, refulgente como en un horno; y su voz como estruendo de muchas aguas. Tenía en su diestra siete estrellas; de su boca salía una espada aguda de dos filos; y su rostro era como el sol cuando resplandece en su fuerza (Ap. 1:12-16).

Cuando Pablo dice que seremos hechos conformes a la imagen del Hijo (Ro. 8:29) y que seremos transformados para tener un cuerpo como el cuerpo glorioso de Cristo (Fil. 3:21), quiere decir, al menos, lo que Jesús quiso decir cuando dijo: "Entonces los justos resplandecerán como el sol en el reino de su Padre" (Mt. 13:43). Imagina a los cristianos promedio que conoces y ahora imagínalos resplandeciendo como el sol, tan brillantes que no puedes mirarlos sin los nuevos ojos resucitados. C. S. Lewis nos invita a imaginar esto, tanto acerca de creyentes como de incrédulos, y a meditar en el efecto que esto podría tener en nuestra vida:

> Es algo serio… recordar que la persona más aburrida y menos interesante con la que puedas hablar quizá un día sea una criatura a la cual, si la vieras ahora, te sentirías fuertemente tentado a adorar; o, por otro lado, sería un horror y una corrupción tal que ahora solo te la encontrarías, en todo caso, en una pesadilla. Todos los días, en algún grado, nos ayudamos los unos a los otros a encaminarnos hacia uno u otro de estos destinos. Es a la luz de estas sobrecogedoras posibilidades, con el asombro y la circunspección adecuados, como deberíamos conducirnos en todas nuestras relaciones con los demás, en todas las amistades, amores, juegos y actitudes políticas. No existe gente *corriente*. Nunca has hablado con un simple mortal. Las naciones, culturas, artes, civilizaciones… ellas sí son mortales, y su vida es a la nuestra como la vida de un mosquito. Son inmortales aquellos con los que bromeamos, con los que trabajamos, nos casamos, nos desairamos y de quienes nos aprovechamos: horrores inmortales o esplendores eternos.[4]

Como Cristo: vivos para siempre

Nuestros cuerpos no solo serán increíblemente gloriosos, sino que también serán inmortales. Lo serán porque Cristo es inmortal. "Y el que vivo, y estuve muerto; mas he aquí que vivo por los siglos de los siglos, amén. Y tengo las llaves de la muerte y del Hades" (Ap. 1:18). "Sabiendo que Cristo, habiendo resucitado de los muertos, ya no muere; la muerte no se enseñorea más de él" (Ro. 6:9). Y estamos destinados a ser como Él. De modo que Jesús dice: "Y todo aquel que vive y cree en mí, no

---

4. C. S. Lewis, "The Weight of Glory", en *C. S. Lewis: Essay Collection and Other Short Pieces* (Londres: HarperCollins, 2000), 105.

morirá eternamente" (Jn. 11:26). "Dios nos ha dado vida eterna; y esta vida está en su Hijo" (1 Jn. 5:11).

Los cuerpos de los vivos deben cambiar radicalmente

Este nuevo cuerpo resucitado inmortal será radicalmente diferente del cuerpo que es sepultado en la tierra o del cuerpo que estará vivo cuando Jesús venga. Ya sea que estemos vivos o que hayamos fallecido cuando Jesús venga, es preciso que experimentemos un cambio profundo. Pablo asegura, con vehemencia, a quienes estén vivos en la venida del Señor que su transformación no será menor a la que experimentarán quienes han muerto. Por eso dice: "He aquí, os digo un misterio: *No todos dormiremos* [es decir, moriremos]; *pero todos seremos transformados*" (1 Co. 15:51). En otras palabras, los vivos también serán transformados. No solo los muertos necesitan transformación (dada la evidente descomposición que sufren), sino que todos los creyentes necesitan un cambio radical.

Los cuerpos que tenemos ahora no son glorificados, pero lo serán. Deben serlo o de lo contrario no seríamos aptos para la gloria de los nuevos cielos y la nueva tierra. Pablo expone la novedad radical del cuerpo "transformado", el cuerpo resucitado, que conforme él declara recibirán también los que están vivos:

> Así también es la resurrección de los muertos. Se siembra en corrupción, resucitará en incorrupción. Se siembra en deshonra, resucitará en gloria; se siembra en debilidad, resucitará en poder. Se siembra cuerpo animal, resucitará cuerpo espiritual. Hay cuerpo animal, y hay cuerpo espiritual (1 Co. 15:42-44).

Incorruptible. Glorioso. Poderoso. Espiritual. La frase "cuerpo espiritual" es un contrasentido. Cuando Jesús resucitó, ya había dicho claramente que Él no era un simple "espíritu": "un espíritu no tiene carne ni huesos, como veis que yo tengo" (Lc. 24:39). *Espiritual* no significa etéreo ni incorpóreo. Significa que está misteriosamente adaptado a un nuevo nivel de existencia donde el Espíritu Santo ha transformado toda la realidad física para que sea su hábitat perfecto, con poderes que escapan nuestra imaginación. Después de resucitar, Jesús, al parecer, se transportaba de modos que desafiaban cualquier explicación (Lc. 24:31;

Jn. 20:26). De igual modo, nuestro "cuerpo espiritual" será inexplicable en nuestro modo de pensar actual.

Ser hechos conformes a Cristo tanto en lo moral como en lo físico

Aunque Filipenses 3:20-21 y 1 Corintios 15:50-53 se enfocan en la transformación de nuestros *cuerpos* en la venida de Cristo, esta transformación también incluirá nuestros *corazones* y nuestras *mentes*. Es indudable que eso está implícito en Romanos 8:29: "Porque a los que [Dios] antes conoció, también los predestinó para que fuesen hechos conformes a la imagen de su Hijo, para que él sea el primogénito entre muchos hermanos". Dios no busca que todos seamos iguales físicamente. Él quiere que tengamos visiones comunes de la realidad y apreciaciones comunes de verdad, belleza, grandeza y valor, y en especial una visión común y un amor por Dios. En otras palabras, el objetivo de Dios de cambiarnos para hacernos conformes a Cristo, sin pecado, abarca tanto la esfera física como la espiritual.

Esta transformación espiritual alcanza su punto culminante en la segunda venida, cuando somos perfeccionados completamente. El cambio empieza en esta vida. "Por tanto, nosotros todos, mirando a cara descubierta como en un espejo la gloria del Señor, somos transformados de gloria en gloria en la misma imagen, como por el Espíritu del Señor" (2 Co. 3:18). Luego, si morimos, nuestros espíritus son perfeccionados en el cielo en la presencia de Cristo (He. 12:23). Más adelante, en la venida de Cristo, la transformación se completa. Él perfecciona nuestros cuerpos y restaura nuestro espíritu perfeccionado en su cuerpo resucitado donde encuentra su propósito completo de expresión visible, audible y palpable.

En 1 Juan 3:1-3 y en Colosenses 3:3-5 vemos la consumación de la transformación de nuestras almas en la venida de Cristo.

Cuando Él se manifieste seremos como Él

Veamos, en primer lugar, lo que dice 1 Juan 3:1-3:

> Mirad cuál amor nos ha dado el Padre, para que seamos llamados hijos de Dios; por esto el mundo no nos conoce, porque no le

conoció a él. Amados, ahora somos hijos de Dios, y aún no se ha manifestado lo que hemos de ser; pero sabemos que *cuando él se manifieste, seremos semejantes a él, porque le veremos tal como él es*. Y todo aquel que tiene esta esperanza en él, se purifica a sí mismo, así como él es puro.

De forma admirable, así como la transformación *progresiva* ocurre en esta vida "mirando a cara descubierta como en un espejo la gloria del Señor" (2 Co. 3:18; 4:4-6), también la transformación *instantánea* sucederá cuando miremos a Dios en la venida de su Hijo Jesucristo. Es cierto que en este pasaje "cuando él se *manifieste*" se refiere de manera más natural a "Dios", no a Cristo en primera instancia. Sin embargo, Juan nos ha confirmado lo que Jesús dijo: "El que me ha visto a mí, ha visto al Padre" (Jn. 14:9). Y sabemos que Juan hizo referencia a la segunda venida *de Jesús,* en 1 Juan 2:28, en los mismos términos en los que habló acerca de la manifestación *de Dios* en 1 Juan 3:2 ("cuando él se manifieste" ἐὰν φανερωθῇ). Por lo tanto, es probable que en 1 Juan 3:2 el apóstol se refiera a la segunda venida como una manifestación del Cristo resucitado y de Dios en Él.

Cuando lo veamos cara a cara, "seremos semejantes a él". La transformación será completa cuando la visión de la gloria de Cristo sea completa. La razón por la que pienso que esta transformación incluye la transformación moral y espiritual de nuestros corazones y mentes es la relación que establece Juan entre los versículos 2 y 3. Después de referirse a nuestra esperanza de que veremos a Cristo en su venida y seremos transformados en su semejanza, Juan dice: "Y todo aquel que tiene esta esperanza en él, se purifica a sí mismo, así como él es puro" (1 Jn. 3:3). La lógica es la siguiente: Si esperamos ser transformados para ser semejantes a Él en su venida, entonces desde ya estaremos procurando ese cambio. Y el cambio que refiere es *pureza*. Por consiguiente, yo infiero que el cambio que será completado en la segunda venida es moral y también físico. Seremos liberados de todo defecto corporal, moral y espiritual.

Seremos manifestados con Él en gloria

Pablo expresa la misma lógica en Colosenses 3:3-5:

> Porque habéis muerto, y vuestra vida está escondida con Cristo en Dios. Cuando Cristo, vuestra vida, se manifieste, entonces vosotros también seréis manifestados con él en gloria. Haced morir, pues, lo terrenal en vosotros: fornicación, impureza, pasiones desordenadas, malos deseos y avaricia, que es idolatría.

Cuando Cristo venga, los creyentes nos veremos como somos realmente. Pablo dice que la creación entera está esperando que esto suceda: "Porque el anhelo ardiente de la creación es el aguardar la manifestación de los hijos de Dios" (Ro. 8:19). En aquel día seremos glorificados como Él es glorioso. Así pues, en la conexión entre los versículos 4 y 5 de Colosenses 3 encontramos la misma lógica de 1 Juan 3:2-3: Así *pues*, ya que seremos glorificados perfectamente en la venida de Cristo, hagan morir la impureza (Col. 3:5). En otras palabras, ya que están destinados a ser perfeccionados en la pureza en la venida de Cristo, procuren poner fin a toda impureza ahora. Esto significa que el regreso de Cristo en gloria traerá no solo la perfección física, sino también la perfección moral de su pueblo. Lo que ha sido progresivo en esta vida será completo en la venida del Señor.

Todo obstáculo para la admiración de Cristo será quitado

Para concluir, retomo la inquietud planteada al principio de este capítulo. Si el corazón del asunto en la venida de Cristo es la gloria de Cristo magnificada en la admiración de su pueblo (2 Ts. 1:10), ¿cómo será esta admiración digna de la grandeza de Cristo si nuestras capacidades para admirar están limitadas por nuestra visión espiritual borrosa, nuestros débiles afectos y la corrupción restante en nuestros corazones caídos? ¿Cómo nos asombraremos frente a la gloria de la gracia justificadora *y santificadora* si nuestro pecado solo ha sido perdonado y no eliminado?

La respuesta es que "todos *seremos transformados*, en un momento, en un abrir y cerrar de ojos, a la final trompeta; porque se tocará la trompeta, y los muertos serán resucitados incorruptibles, y *nosotros seremos transformados*" (1 Co. 15:51-52). Seremos hechos conformes a Cristo por completo. Eso incluirá corazones libres de pecado y cuerpos sin defecto. Ninguna de nuestras facultades para asombrarnos estará frenada por la torpeza, la debilidad, el pecado o los impedimentos físicos. No existirá restricción alguna en el gozo de la adoración. No existirá restricción alguna en la expresión corporal de esa adoración. La gloria de Cristo será la realidad suprema en aquel día y Él será glorificado en el júbilo ilimitado de nuestra admiración.

Por lo tanto, no debemos preocuparnos acerca de las deficiencias que nos plagan ahora, como si pudieran frustrar nuestro gozo y alabanza en aquel día. No podrán. Esta es una promesa gloriosa. Y es otra razón para amar la venida de Cristo, el Señor.

8

Jesús nos librará de la ira de Jesús

El Nuevo Testamento no habla acerca del día del juicio venidero como si los cristianos no necesitaran ser librados en aquel día. Antes bien, promete ira aterradora y protección preciosa. La segunda venida de Cristo traerá juicio y también liberación. Por temible que sea aquel día, no consumirá a quienes están en Cristo. Los cristianos son los que se han convertido "de los ídolos a Dios, para servir al Dios vivo y verdadero, y esperar de los cielos a su Hijo, al cual resucitó de los muertos, *a Jesús, quien nos libra de la ira venidera*" (1 Ts. 1:9-10). Servimos al Dios vivo. Sabemos que la ira viene. Esperamos con ansias a nuestro libertador, Jesucristo. Y, con temblor, amamos su venida.

El día del juicio

Por lo general, cuando el Nuevo Testamento habla del "día del juicio" se refiere a un período no especificado de tiempo en el que Dios ajustará cuentas de manera completa y justa con quienes han suprimido la verdad de su gloria y han rechazado sus ofrecimientos de misericordia. El término "día" no limita el tiempo de juicio a un período de 24 horas. Podemos ver esto más claramente en la impresionante frase en la doxología de 2 Pedro 3:18: "A él sea la gloria ahora y hasta *el día de la eternidad*". Tal vez Pedro se inclinó a usar esa frase ("el día de la eternidad") porque, diez versículos antes, había dicho: "para con el Señor un día es como mil años, y mil años como un día" (2 P. 3:8). De modo que ese "día" dura, al parecer, para siempre o es atemporal.

Por lo tanto, cuando hablo de nuestra "liberación de la ira venidera" o de nuestra salvación en el "día del juicio", en ese tiempo de ira y en ese "día" de juicio caben todos los actos de Dios que conforme a la Biblia caen en la categoría de juicios finales, sin importar cuánto tiempo los separe. Por lo general, los autores bíblicos hablan de varios sucesos futuros separados como un conjunto, sin un tiempo específico entre ellos, como cuando vemos varias hileras de montañas como si fuera una sola cadena montañosa.[1] No me propongo distinguir entre todos esos diferentes actos de juicio porque el Nuevo Testamento habla con mucha frecuencia acerca del juicio venidero en lugar de detenerse a hacer la distinción entre los aspectos del juicio que podrían estar separados por el tiempo.

Piensa, por ejemplo, en los diversos sucesos asociados con el día del juicio en el Nuevo Testamento:

> Y si alguno no os recibiere, ni oyere vuestras palabras, salid de aquella casa o ciudad, y sacudid el polvo de vuestros pies. De cierto os digo que en *el día del juicio*, será más tolerable el castigo para la tierra de Sodoma y de Gomorra, que para aquella ciudad (Mt. 10:14-15).

---

1. Por ejemplo, cuando Isaías dio voz a las palabras del Mesías que citó Jesús en Lucas 4:18-19, no hizo la distinción entre "el año agradable del Señor" y "el día de la venganza de nuestro Dios". Isaías escribió: "El Espíritu de Jehová el Señor está sobre mí, porque me ungió Jehová; me ha enviado a predicar buenas nuevas a los abatidos, a vendar a los quebrantados de corazón, a publicar libertad a los cautivos, y a los presos apertura de la cárcel; *a proclamar el año de la buena voluntad de Jehová, y el día de venganza del Dios nuestro*" (Is. 61:1-2). Cuando Jesús citó estas palabras como cumplidas en su ministerio, se detuvo justo antes de decir "y el día de venganza del Dios nuestro". Ese "día de venganza" era parte de la venida del Mesías, pero no de su primera venida. Lo que Isaías vio como un conjunto de sucesos en realidad incluía una separación de varios siglos. De igual modo, cuando Isaías predijo la venida de Cristo, vio el nacimiento del niño y el reinado del rey como vislumbrando una sola montaña: "Porque un niño nos es nacido, hijo nos es dado, y el principado sobre su hombro; y se llamará su nombre Admirable, Consejero, Dios Fuerte, Padre Eterno, Príncipe de Paz. Lo dilatado de su imperio y la paz no tendrán límite, sobre el trono de David y sobre su reino, disponiéndolo y confirmándolo en juicio y en justicia desde ahora y para siempre. El celo de Jehová de los ejércitos hará esto" (Is. 9:6-7). Esta "perspectiva profética", como la llamó Ladd, es útil para entender la manera en que los escritores del Nuevo Testamento vieron la relación entre los sucesos cercanos y distantes en el futuro. George Eldon Ladd, *A Theology of the New Testament* (Grand Rapids, MI: Eerdmans, 1974), 198. Para saber más acerca de la "perspectiva profética", ver el capítulo 7, nota 2.

¡Ay de ti, Corazín! ¡Ay de ti, Betsaida! Porque si en Tiro y en Sidón se hubieran hecho los milagros que han sido hechos en vosotras, tiempo ha que se hubieran arrepentido en cilicio y en ceniza. Por tanto os digo que en *el día del juicio*, será más tolerable el castigo para Tiro y para Sidón, que para vosotras (Mt 11:21-22).

Pero al disertar Pablo acerca de la justicia, del dominio propio y *del juicio venidero*, Félix se espantó, y dijo: Ahora vete; pero cuando tenga oportunidad te llamaré (Hch. 24:25).

¿O menosprecias las riquezas de su benignidad, paciencia y longanimidad, ignorando que su benignidad te guía al arrepentimiento? Pero por tu dureza y por tu corazón no arrepentido, atesoras para ti mismo ira para *el día de la ira y de la revelación del justo juicio de Dios* (Ro. 2:4-5).

Sabe el Señor librar de tentación a los piadosos, y reservar a los injustos para ser castigados en *el día del juicio* (2 P. 2:9).

Pero los cielos y la tierra que existen ahora, están reservados por la misma palabra, guardados para el fuego en *el día del juicio* y de la perdición de los hombres impíos (2 P. 3:7).

En esto se ha perfeccionado el amor en nosotros, para que tengamos confianza en *el día del juicio*; pues como él es, así somos nosotros en este mundo (1 Jn. 4:17).

[Ellos] decían a los montes y a las peñas: Caed sobre nosotros, y escondednos del rostro de aquel que está sentado sobre el trono, y de la ira del Cordero; porque *el gran día de su ira ha llegado*; ¿y quién podrá sostenerse en pie? (Ap. 6:16-17).

Él nos librará de la ira venidera

En el trasfondo del juicio venidero, la segunda venida de Cristo es considerada un rescate de su pueblo. Él viene para salvarnos de la ira de Dios. "Y esperar de los cielos a su Hijo, al cual resucitó de los muertos, a Jesús, *quien nos libra de la ira venidera*" (1 Ts. 1:10). Las predicciones del día del juicio anuncian un peligro inminente. Pablo dice que es ira divina y que Cristo viene a librarnos de ese peligro. Pedro dice que los creyentes son "guardados por el poder de Dios mediante la fe, para alcanzar *la salvación* que está preparada para ser manifestada en el tiempo postrero" (1 P. 1:5). Hebreos 9:28 dice: "Cristo fue ofrecido una sola vez para llevar los pecados de muchos; y aparecerá por segunda vez, sin relación con el pecado, *para salvar a los que le esperan*". Romanos 5:9-10 presenta la muerte de Cristo no solo como la consumación de nuestra justificación pasada, sino también como la garantía de este rescate futuro de la ira de Dios:

> Pues mucho más, estando ya justificados en su sangre, por él *seremos salvos de la ira*. Porque si siendo enemigos, fuimos reconciliados con Dios por la muerte de su Hijo, mucho más, *estando reconciliados, seremos salvos por su vida*.

Pablo deja claro en 1 Tesalonicenses 5 que este peligro de la ira de Dios viene en "el día del Señor", en la venida de Cristo:

> Porque vosotros sabéis perfectamente que *el día del Señor* vendrá así como ladrón en la noche; que cuando digan: Paz y seguridad, entonces *vendrá sobre ellos destrucción repentina*, como los dolores a la mujer encinta, y no escaparán. Mas vosotros, hermanos, no estáis en tinieblas, para que aquel día os sorprenda como ladrón. Porque todos vosotros sois hijos de luz… *Porque no nos ha puesto Dios para ira*, sino para alcanzar salvación por medio de nuestro Señor Jesucristo, quien murió por nosotros para que ya sea que velemos, o que durmamos, vivamos juntamente con él (5:2-5, 9-10).

El versículo 9 aclara que la "destrucción repentina" del versículo 3 es la ira divina. Sin embargo, esta no vendrá sobre los "hijos de luz" para destrucción (como ladrón en la noche). "Porque no nos ha puesto Dios para ira". Nosotros esperamos con ansias "de los cielos a su Hijo… quien nos libra de la ira venidera" (1 Ts. 1:10).

Jesús nos libra de la ira de Jesús

A pesar de lo anterior, si no somos cuidadosos podemos formarnos una idea distorsionada de nuestra liberación de la ira en la segunda venida. Sería desacertado pensar que Dios derrama ira y su Hijo, en su misericordia, nos guarda de la ira del Padre. Tal concepción de la misericordia del Hijo contra la ira del Padre sería un terrible error, como si Dios fuera el vengador justo, y Cristo, el rescatador misericordioso.

Se trata de algo muy diferente. No es que el juicio divino está en camino y Jesús interviene. Es Jesús mismo quien desencadena y ejecuta el juicio. Jesús trae el juicio. Lo que esto implica, sorpresivamente, es que cuando Pablo dice: "Jesús, quien nos libra de la ira venidera" (1 Ts. 1:10), quiere decir: "Jesús nos libra de la ira de Jesús". Esto queda en evidencia cuando examinamos varios pasajes bíblicos.

"Su ira"

En el libro de Apocalipsis, Juan habla no solo de la ira de Dios en la venida de Cristo, sino también de la ira del Cordero:

> Y los reyes de la tierra, y los grandes, los ricos, los capitanes, los poderosos, y todo siervo y todo libre, se escondieron en las cuevas y entre las peñas de los montes; y decían a los montes y a las peñas: Caed sobre nosotros, y escondednos del rostro de aquel que está sentado sobre el trono, y de *la ira del Cordero*; porque el gran día de *su ira* ha llegado; ¿y quién podrá sostenerse en pie? (Ap. 6:15-17).

No tiene sentido que Dios manifieste ira, y el Hijo, debilidad. Claro, este Cordero ha sido inmolado. Pero ahora tiene "siete cuernos" (Ap. 5:6). Con Él no se juega. Su venida será aterradora para todos los que no han aceptado su primera obra en sacrificio, como Cordero (Ap. 5:9-10). La ira que describe Apocalipsis 6:17 es la ira de ellos, tanto del Padre como del Hijo.

El Padre ha dado juicio al Hijo

Es la ira *de ellos* y el juicio *de ellos* porque el Hijo encarnado, el Hijo del Hombre, obra conforme a la autoridad del Padre:

> Porque el Padre a nadie juzga, sino que todo el juicio dio al Hijo, para que todos honren al Hijo como honran al Padre. El que no honra al Hijo, no honra al Padre que le envió… Porque como el Padre tiene vida en sí mismo, así también ha dado al Hijo el tener vida en sí mismo; y también le dio autoridad de hacer juicio, por cuanto es el Hijo del Hombre (Jn. 5:22-23, 26-27).

Jesús está especialmente calificado para ser el juez del mundo. Él es quien vino al mundo, amó al mundo y se entregó a sí mismo para la salvación del mundo. Conviene que quien fue juzgado por el mundo y ejecutado por el mundo juzgue al mundo.

El mundo será juzgado por un hombre

Al parecer, Pablo tiene en mente esta singular idoneidad de Jesús cuando dice que un hombre ha sido designado juez del mundo habiendo sido levantado de los muertos:

> Pero Dios, habiendo pasado por alto los tiempos de esta ignorancia, ahora manda a todos los hombres en todo lugar, que se arrepientan; por cuanto ha establecido un día en el cual juzgará al mundo con justicia, por aquel varón a quien designó, dando fe a todos con haberle levantado de los muertos (Hch. 17:30-31).

Pedro, en su predicación en la casa de Cornelio, dice lo mismo: "Y nos mandó [Cristo] que predicásemos al pueblo, y testificásemos que *él es el que Dios ha puesto por Juez de vivos y muertos*" (Hch. 10:42). Pablo reitera la misma convicción en 2 Timoteo 4:1-2: "Te encarezco delante de Dios y del Señor Jesucristo, *que juzgará a los vivos y a los muertos* en su manifestación y en su reino, que prediques la palabra; que instes a tiempo y fuera de tiempo; redarguye, reprende, exhorta con toda paciencia y doctrina". Asimismo, Santiago vio la venida de Cristo como el juez que ha de venir: "Tened también

Nos deleitamos en que este no es un universo donde el mal prevalece, sino donde toda injusticia será rectificada.

vosotros paciencia, y afirmad vuestros corazones; porque la venida del Señor se acerca… he aquí, el juez está delante de la puerta" (Stg. 5:8-9).

Jesús, el Señor, lo castigará duramente

Quizás entre las ilustraciones más impresionantes de la venida de Cristo en ira como juez son las que describió Jesús mismo en sus parábolas. Por ejemplo, Él se compara a un "señor" que deja a cargo a su siervo del cuidado de su casa. Luego describe su regreso después de ausentarse por un tiempo:

> Pero si aquel siervo malo dijere en su corazón: Mi señor tarda en venir; y comenzare a golpear a sus consiervos, y aun a comer y a beber con los borrachos, vendrá el señor de aquel siervo en día que este no espera, y a la hora que no sabe, *y lo castigará duramente, y pondrá su parte con los hipócritas*; allí será el lloro y el crujir de dientes (Mt. 24:48-51).

Esta es una parábola. Sin embargo, la imagen del duro castigo que aplica Jesús al siervo infiel constituye una imagen temible de juicio. Y Jesús mismo es el juez.

Jesús ordena la decapitación

De igual modo, en la parábola de las diez minas, Jesús se compara a un hombre noble que regresa de un país lejano después que ha recibido un reino (Lc. 19:12-15). Antes de irse, un grupo de "diez siervos suyos" habían dicho: "No queremos que este reine sobre nosotros" (Lc. 19:14). Cuando regresa y pide cuentas a todos sus siervos, se dirige a este grupo rebelde y dice: "A aquellos mis enemigos que no querían que yo reinase sobre ellos, traedlos acá, y decapitadlos delante de mí" (Lc. 19:27). Tal es la ira del Cordero.

Jesús envía los ángeles de la destrucción

En esta parábola, Jesús aparece también como juez y Cordero de la ira. La parábola de la cizaña describe a un hombre que siembra buena semilla en su campo, mientras que un enemigo siembra mala semilla en la noche. El trigo y la cizaña crecen juntos. El señor de la cosecha dice: "Dejad crecer juntamente lo uno y lo otro hasta la siega; y al tiempo de la siega yo diré a los segadores: Recoged primero la cizaña, y atadla en manojos para quemarla; pero recoged el trigo en mi granero" (Mt. 13:30).

A continuación, Jesús da la interpretación (Mt. 13:36-43). La buena semilla es la que siembra el Hijo del Hombre. La mala semilla es la que siembra el diablo. Así describe Jesús la cosecha:

> Enviará el Hijo del Hombre a sus ángeles, y recogerán de su reino a todos los que sirven de tropiezo, y a los que hacen iniquidad, y los echarán en el horno de fuego; allí será el lloro y el crujir de dientes. Entonces los justos resplandecerán como el sol en el reino de su Padre. El que tiene oídos para oír, oiga (Mt. 13:41-43).

El Hijo del Hombre envía a los ángeles a ejecutar juicio e ira. A los justos, en cambio, los hará resplandecer como el sol.

La paradoja de una venida en misericordia y en ira

Ninguna de estas parábolas sorprendió a los discípulos. Es lo que se esperaba que el Mesías hiciera con los enemigos de Israel. Juan el Bautista expresa esta expectativa judía común que tenían todos los discípulos en un principio:

> Respondió Juan, diciendo a todos: Yo a la verdad os bautizo en agua; pero viene uno más poderoso que yo, de quien no soy digno de desatar la correa de su calzado; él os bautizará en Espíritu Santo y fuego. Su aventador está en su mano, y limpiará su era, y recogerá el trigo en su granero, y quemará la paja en fuego que nunca se apagará (Lc. 3:16-17).

Esta imagen de la salvación del Mesías (en su granero) y de juicio (en fuego) no difería de lo que Jesús había descrito ya. Sin embargo, lo que sorprendía, y resultó al principio incomprensible para Juan y los discípulos, era que esta ira y el juicio del Mesías no sucedieran aquí y ahora. Que existiera un intervalo significativo entre la primera y la segunda venida no era lo que ellos esperaban y fue casi incomprensible hasta que empezaron a captar algunas pistas que Jesús les revelaba.

¿Qué pistas? Jesús describe al siervo malo como quien justifica el maltrato de sus consiervos aduciendo que "mi señor *tarda* en venir" (Mt. 24:48). En la parábola de las diez vírgenes, Jesús dice: "Y *tardándose* el esposo, cabecearon todas y se durmieron" (Mt. 25:5). En la parábola de los talentos, Jesús dice: "*Después de mucho tiempo* vino el señor de aquellos siervos, y arregló cuentas con ellos" (Mt. 25:19). En la parábola de las diez minas, Jesús dice que el hombre noble "se fue a un país *lejano*, para recibir un reino y volver" (Lc. 19:12). Él dice: "ellos pensaban que el reino de Dios se manifestaría inmediatamente" (Lc. 19:11). Y cuando describe algunos acontecimientos previos a su segunda venida, dice: "Y oiréis de guerras y rumores de guerras; mirad que no os turbéis, porque es necesario que todo esto acontezca; *pero aún no es el fin*" (Mt. 24:6).

Cómo descifrar la perspectiva profética de la venida de Jesús

Jesús había presentado señales claves revelando que aquello que Juan el Bautista y los discípulos esperaban que sucediera en una sola venida del Mesías, en realidad, iba a suceder en dos. Y la segunda venida iba a "tardar" indefinidamente, a fin de que nadie supiera el día y la hora, a excepción de Dios Padre (Mt. 24:36). Jesús les estaba revelando, hasta cierto grado, la "perspectiva profética" que referí anteriormente, la cual habla de varios sucesos futuros separados como un conjunto, sin señalar un tiempo de separación específico entre ellos, como cuando vemos varias cadenas de montañas a lo lejos como una sola montaña[2].

Jesús, el juez y el libertador del juicio

Lo que hemos visto es que el "día del juicio" o "día de la ira" será el día en que el juicio *de Jesús* y la ira *de Jesús* se manifestarán por designio de Dios Padre. Por tanto, cuando Jesús dice que Jesús "nos libra de la ira venidera" (1 Ts. 1:10), no debemos pensar que el Hijo nos rescata de la ira del Padre, sino que sabemos que Jesús nos rescata de su propia ira, que es también la ira del Padre. Él y el Padre

---

2. Ver el capítulo 8, nota 1.

son uno (Jn. 10:30). La ira venidera es la ira del Padre y la ira del Hijo (Ap. 6:17). Y Jesús, actuando en nombre del Padre, es quien la ejecuta en su segunda venida.

Amemos la venida del Señor como juez

Podríamos preguntarnos: "¿Debemos amar la venida del Señor como libertador *y también* como juez?". Es maravillosa la idea de que seremos librados de la ira. Somos conscientes de que merecemos la ira. Somos "hijos de ira, lo mismo que los demás" (Ef. 2:3). Es por pura gracia que cuando se manifieste la ira de Dios no seamos consumidos. Sin embargo, cuando pensamos que Dios juzga "a los que no conocieron a Dios, ni obedecen al evangelio de nuestro Señor Jesucristo" (2 Ts. 1:8), ¿qué deberíamos sentir? Deberíamos oír el llamado de David en el Salmo 31 y dejar que nuestro corazón se guíe por sus palabras:

> Amad a Jehová, todos vosotros sus santos;
> A los fieles guarda Jehová,
> Y paga abundantemente al que procede con soberbia (31:23).

Nosotros no nos deleitamos en el dolor de los que son castigados. Nos deleitamos en la justicia de Dios y en la rectitud de Cristo. Nos deleitamos en que este no es un universo donde el mal prevalece, sino donde toda injusticia será rectificada, ya sea por la condenación de la cruz de Cristo o por la justa recompensa en el infierno.

Nos animamos desde ya y nos gozamos en el hecho de que no tenemos que sobrellevar la carga final de tener que vengarnos. Nos alegramos de poder ceder a otro el peso imposible de ajustar cuentas. El juicio justo venidero de Dios trae al alma, incluso desde ahora, una liberación de todo resentimiento y de la nociva carga de la venganza. Así describe Pablo el dichoso efecto del juicio futuro de Dios:

> No os venguéis vosotros mismos, amados míos, sino dejad lugar a
> la ira de Dios; porque escrito está: Mía es la venganza, yo pagaré,
> dice el Señor. Así que, si tu enemigo tuviere hambre, dale de comer;
> si tuviere sed, dale de beber; pues haciendo esto, ascuas de fuego

amontonarás sobre su cabeza. No seas vencido de lo malo, sino vence con el bien el mal (Ro. 12:19-21).

De modo que sí, debemos amar la venida del Señor, incluso cuando pensamos en Él como juez que viene. La absoluta certeza de que Él conoce todo lo que hay por conocer y que Él no muestra favoritismo alguno por los malvados nos libera para amar a nuestros enemigos y dejar en manos del Señor la retribución que merecen.

¿Cómo será entonces la venida de Jesús en ira y cómo nos librará de la ira? Esa es la pregunta que trataremos en el capítulo siguiente.

9

Con fuego consumidor, venganza y alivio

¿DE QUÉ MANERA ES Jesús a la vez juez y libertador? ¿Cómo es, a la vez, el que castiga y el que rescata? La imagen más clara de este doble papel de Jesús en su venida se encuentra en 2 Tesalonicenses 1:5-10. En el versículo 4, Pablo elogia a la iglesia por su "paciencia y fe en todas vuestras persecuciones y tribulaciones que soportáis". Ahora, en el versículo 5, él interpreta esas aflicciones como el medio que Dios usa para hacer a los creyentes "dignos del reino de Dios". Luego, en los versículos 6-10, Pablo justifica esa estrategia divina señalando que Dios invertirá la suerte de ellos en la segunda venida:

> Esto es demostración del justo juicio de Dios, para que seáis tenidos por dignos del reino de Dios, por el cual asimismo padecéis. Porque es justo delante de Dios pagar con tribulación a los que os atribulan, y a vosotros que sois atribulados, daros reposo con nosotros, cuando se manifieste el Señor Jesús desde el cielo con los ángeles de su poder, en llama de fuego, para dar retribución a los que no conocieron a Dios, ni obedecen al evangelio de nuestro Señor Jesucristo; los cuales sufrirán pena de eterna perdición, excluidos de la presencia del Señor y de la gloria de su poder, cuando venga en aquel día para ser glorificado en sus santos y ser admirado en todos los que creyeron (por cuanto nuestro testimonio ha sido creído entre vosotros).

Pablo no sabe cuándo será que "se manifieste el Señor Jesús desde el cielo" (2 Ts. 1:7). No sabe si esto sucederá estando él en vida y ya ha señalado, en 1 Tesalonicenses 5:10, la posibilidad de estar vivo o no para entonces: "[Cristo] murió por nosotros para que *ya sea que velemos, o que durmamos*, vivamos juntamente con él". Por ende, cuando Pablo describe la venida del Señor Jesús como una posibilidad estando en vida los creyentes tesalonicenses, felizmente se incluye entre ellos. Dios es justo para, "a vosotros que sois atribulados, daros reposo *con nosotros*".

Ira y rescate simultáneos

Pablo muestra en 2 Tesalonicenses 1:6-10 que el juicio y la liberación ocurren de forma simultánea en la segunda venida de Cristo. Vienen "cuando se manifieste el Señor Jesús desde el cielo con los ángeles de su poder, en llama de fuego" (2 Ts. 1:7-8). O, dicho de otra manera, suceden "cuando venga en aquel día para ser glorificado en sus santos y ser admirado en todos los que creyeron" (2 Ts. 1:10).

Primero, considera el juicio en estos versículos como algo que procede de Dios y de Jesús. El versículo 6 dice: "es justo delante de *Dios* pagar con tribulación a los que os atribulan". Esta es una decisión *de Dios*. La ira de Dios. Sin embargo, la experiencia como tal de esa ira divina tiene lugar "cuando se manifieste *el Señor Jesús* desde el cielo… en llama de fuego, para dar retribución" (2 Ts. 1:7-8). Jesús es quien "[da] retribución". El pasaje describe a Dios como quien "[paga] con tribulación" mediante la retribución que Jesús ejecuta. Luego, el versículo 9 habla de "pagar con tribulación" y "dar retribución" en términos de "eterna perdición, excluidos de la presencia del Señor y de la gloria de su poder". Esa es la descripción de "la ira venidera" de la cual esperamos ser librados por Jesús (2 Ts. 1:10). Esa es la ira de Jesús y la ira de Dios.

Ahora reflexionemos en la liberación conforme la presentan estos versículos. La ira viene acompañada de liberación. Dicho rescate se describe en el versículo 7. Después de afirmar que Dios considera justo pagar con tribulación a los que atribulan, Pablo dice que Dios también considera justo "a vosotros que sois atribulados, daros reposo con nosotros". Esto también, juntamente con la ira, ocurre cuando el Señor Jesús se manifiesta desde del cielo con sus ángeles poderosos en llama de fuego. Es crucial señalar que *ambos*, la retribución divina con aflicción y el rescate divino con reposo suceden al mismo tiempo, a saber, "cuando se manifieste el Señor Jesús desde el cielo... en llama de fuego".

Cómo encaja el rapto

Es fundamental ver esta venganza y alivio simultáneos, a fin de que no cometamos el error de dividir la *segunda* venida en dos etapas: una etapa (a veces denominada "rapto") que lleva a la iglesia al cielo durante un período de tribulación, y otra que ejecuta juicio en el mundo.[1] Este pasaje describe claramente el rescate y el juicio como sucesos simultáneos. Hay en efecto un rapto, pero se refiere a que seremos arrebatados para encontrarnos con el Señor en el aire cuando Él venga a juzgar y a rescatar (1 Ts. 4:17). Es una gran bienvenida del Señor a la tierra para establecer su reino. No hay regreso al cielo mientras el mundo está vigente. El "reposo" que promete 2 Tesalonicenses 1:7 "cuando se manifieste el Señor Jesús" incluye ese mismo rapto. Robert Gundry resalta el punto que acabo de señalar:

> En 2 Tesalonicenses 1:3-10 se ubica el "reposo" de los cristianos de su persecución en la misma venida de Cristo en la que los malvados son juzgados "en llama de fuego". Y en Apocalipsis 19:1-21, la venida de Cristo inspira cuatro "aleluyas" en el instante mismo en que "de su boca sale una espada, para herir con ella a las naciones". Lo que es bendición para unos, es juicio para otros. No hace falta poner aquí una separación entre diferentes venidas de Jesús.[2]

Pago y alivio en una venida

Lo que he querido señalar hasta aquí es que, en su segunda venida, Jesús es a la vez quien trae ira y quien rescata de la ira. Hay retribución justa y hay reposo misericordioso en una misma venida gloriosa, "cuando se manifieste el Señor Jesús desde el cielo con los ángeles de su poder, en llama de fuego" (2 Ts. 1:7-8). Jesús ejecuta venganza y como resultado los incrédulos "sufrirán pena de eterna perdición" (2 Ts. 1:8-9). Y Jesús

---

1. Para comprender mejor mi posición acerca de por qué es un error el rapto antes de la tribulación, ver John Piper, "Definitions and Observations of the Second Coming of Christ", Desiring God, 30 de agosto de 1987, https://www.desiringgod.org/.

2. Bob Gundry, *First the Antichrist: Why Christ Won't Come before the Antichrist Does* (Grand Rapids, MI: Baker, 1996), loc. 1719-24, Kindle.

concede reposo con el resultado de que los creyentes se maravillan de la gloria de Cristo en su venida (2 Ts. 1:7, 10). Hay mucho de lo que necesitan ser guardados y mucho para lo cual deben ser guardados.

¿Se perdieron las generaciones pasadas esta admiración?

La pregunta inevitable que surge es: Ya que Pablo y todos sus contemporáneos en Tesalónica fallecieron, al igual que muchas generaciones de creyentes fieles después de ellos, ¿es 2 Tesalonicenses 1:5-10 relevante para ellos? La respuesta es sí. Por supuesto, siempre va a ser relevante de manera más completa e inmediata para cada generación viva de creyentes, llenándonos de amor y expectativa por la manifestación del Señor Jesús. Sin embargo, es profundamente relevante también para los que han muerto en Cristo. Digo esto porque Pablo aborda esta pregunta y su respuesta es inequívoca: La ira de Jesús y el rescate de Jesús en la segunda venida son relevantes para todos "los que durmieron" (1 Ts. 4:15).

En 1 Tesalonicenses 4:13-18, Pablo explica por qué. La pregunta aquí trata directamente la cuestión de los creyentes que han fallecido. "Tampoco queremos, hermanos, que ignoréis acerca de los que duermen, para que no os entristezcáis como los otros que no tienen esperanza" (1 Ts. 4:13). Ya hemos hablado sobre esto brevemente en el capítulo 7. Algo asombroso acerca de este pasaje es que, en ese momento, Pablo no consuela a los familiares vivos de algunos creyentes que han muerto diciendo que ahora están con el Señor, como podría haberlo hecho usando las palabras de Filipenses 1:23 y de 2 Corintios 5:8.

A todas luces, eso no era lo que inquietaba a los cristianos vivos. Su inquietud era: "¿Cuál va a ser la participación de nuestros seres queridos en la segunda venida? Nos has enseñado que será el suceso más glorioso que podamos imaginar y que la experiencia será extraordinaria, con el Señor bajando del cielo, la voz de mando, la voz del arcángel, la trompeta de Dios, los ángeles poderosos, la llama de fuego, alivio de sufrimientos, venganza contra los adversarios, la majestad del Señor y los corazones llenos de admiración ante su gloria. Has descrito el suceso como algo que sucede a los *vivos*, y nuestros amados ya han muerto". Esa era la preocupación. ¿Se han perdido todo eso?

La respuesta de Pablo fue: "No solo no se lo han perdido, sino que, de algún modo, estarán en primera fila y recibirán primero sus cuerpos resucitados". Esta es una paráfrasis libre de 1 Tesalonicenses 4:16-17: "Los muertos en Cristo resucitarán primero. Luego nosotros los que vivimos, los que hayamos quedado, seremos arrebatados juntamente con ellos en las nubes para recibir al Señor en el aire". Es una manera de decir: "¡No! *No* van a perdérselo. No estarán en desventaja".

Esto tiene repercusiones en cada generación de creyentes que mueren en el Señor sin haber experimentado la venida del Señor. Ningún cristiano debería enfrentar su propia muerte pensando: "Hubiera querido ver la venida del Señor estando en vida; ahora voy a perderme aquel gran día. Recibiré mi cuerpo resucitado después que los vivos admiren la gloriosa venida del Señor". No será así. Tanto quienes murieron como quienes estén vivos en su regreso disfrutarán plenamente la experiencia de admirar y glorificar a Cristo en su venida (2 Ts. 1:10). Por lo tanto, nuestro amor por la venida del Señor debería sostenernos tanto en la muerte, cuando llegamos a la presencia de Cristo, como hoy y cada día en que anhelamos su venida. Aun en el cielo, después de morir y antes de la segunda venida, oraremos "Maranata", porque "el Señor viene" (1 Co. 16:22). En aquel día, estando en el cielo con Cristo, amaremos la venida del Señor más que nunca.

El día del Señor aún no ha venido

Lo que Pablo hace a continuación, en el segundo capítulo de 2 Tesalonicenses, es tan único que podemos fácilmente pasar por alto el toque personal de su descripción de los últimos tiempos, cuyo propósito es intensificar nuestro amor por la venida del Señor. Pablo no se limita a convencer a otros acerca de que el día del Señor aún no ha venido para que no abandonen sus trabajos y vuelvan a ocuparse. Claro, lo hace. Pero, como veremos, hace algo adicional y más profundo en lo que respecta a nuestro amor por la venida de Jesús.

> Pero con respecto a la venida de nuestro Señor Jesucristo, y nuestra reunión con él, os rogamos, hermanos, que no os dejéis mover fácilmente de vuestro modo de pensar, ni os conturbéis, ni por espíritu, ni por palabra, ni por carta como si fuera nuestra, en el sentido de que el día del Señor está cerca. Nadie os engañe en ninguna manera; porque no vendrá sin que antes venga la apostasía, y se manifieste el hombre de pecado, el hijo de perdición (2 Ts. 2:1-3).

El error que Pablo busca corregir es la creencia de que aquel día ya vino. Él sostiene que no es así.

Vuelvan a trabajar

En 2 Tesalonicenses 3 vemos el efecto práctico del error que el apóstol se propone rectificar: algunos creyentes habían abandonado sus trabajos y vivían de forma ociosa. Así que, además de corregir el error acerca de la venida del Señor, le indica a la iglesia cómo responder a los ociosos: "os ordenamos… que os apartéis de todo hermano que ande desordenadamente" (2 Ts. 3:6). Antes bien, los anima a ser imitadores (2 Ts. 3:7) de ellos, es decir, de Pablo, Silvano y Timoteo (2 Ts. 1:1). "Nosotros no anduvimos desordenadamente entre vosotros" (2 Ts. 3:7). "Ni comimos de balde el pan de nadie" (2 Ts. 3:8). "Trabajamos con afán y fatiga día y noche, para no ser gravosos a ninguno de vosotros" (2 Ts. 3:8). Aunque podríamos haber exigido un derecho apostólico (el obrero es digno de su salario), preferimos dar ejemplo en lugar de exigir (2 Ts. 3:9).

Luego habla de forma específica y firme: "Si alguno no quiere trabajar, tampoco coma" (2 Ts. 3:10). [Trabajen] "sosegadamente, coman su propio pan" (2 Ts. 3:12). Sin importar cuánto se prolongue la aflicción y cuánto tarde la venida del Señor, "no os canséis de hacer bien" (2 Ts. 3:13). Ocupen su vida, ya sea corta o larga, con trabajos rentables o voluntarios. No estén ociosos.

La mala escatología lleva al mal comportamiento. Los tesalonicenses se habían equivocado acerca de la segunda venida y habían confundido los deberes de la vida cotidiana. Una especie de histeria se había infiltrado en la iglesia, de modo que Pablo dice: "no os dejéis mover fácilmente de vuestro modo de pensar" (2 Ts. 2:2). No pierdan contacto con la realidad.

La razón de fondo de por qué la gente es engañada

A pesar de lo anterior, lo impresionante acerca de lo que hace Pablo en seguida es la cantidad de espacio y de detalle que dedica a la "apostasía" y al "hombre de pecado". Si su propósito fuera únicamente decirles que el día del Señor no había venido, podría haberse detenido en 2 Tesalonicenses 2:3: "Nadie os engañe en ninguna manera; porque no vendrá sin que antes venga la apostasía, y se manifieste el hombre de pecado, el hijo de perdición". Punto final. Caso cerrado. ¡Volvamos al trabajo! Esto es especialmente cierto a la luz de lo que dice el versículo 5: "¿No os acordáis que cuando yo estaba todavía con vosotros, os decía esto?". En otras palabras, él no necesita repetir el asunto de la "apostasía" y del "hombre de pecado". Ellos ya saben acerca de eso. Habiéndoles ya recordado el hecho clave en el versículo 3, ¿por qué no es suficiente con eso? ¿Qué propósito tienen los versículos 4 al 12?

La mala escatología lleva al mal comportamiento.

Mi respuesta es que Pablo quiere mostrar a los creyentes la clave para evitar ser engañados por "el misterio de la iniquidad" (2 Ts. 2:7), por el "engaño de iniquidad" (2:10) y por la "obra de Satanás, con gran poder y señales y prodigios mentirosos" (2:9). El apóstol quiere dejar claro que el problema radica en no lograr "cultivar un amor de la verdad" (2 Ts. 2:10, traducción mía). Dicho de otra manera, el problema de raíz es reemplazar el amor de la verdad con la complacencia "en la injusticia" (2 Ts. 2:12).

En otras palabras, estos versículos acerca de "la apostasía" y del "hombre de pecado" se enfocan en el engaño malicioso que traen y en cómo evitarlo. Al final, queda claro que el factor decisivo no es solamente lo que *sabemos*, sino lo que *amamos*. Las personas son arrastradas por el engaño del fin de los tiempos no solo porque no *tienen* verdad, sino porque no *aman* la verdad (2 Ts. 2:10). Esto, como veremos, está directamente relacionado con nuestro *amor* por la venida del Señor.

Una venida de Cristo en 1 y 2 de Tesalonicenses

El argumento de Pablo empieza en 2 Tesalonicenses con una referencia a "la venida [παρουσίας] de nuestro Señor Jesucristo" (2:1). Pablo usa seis veces esta palabra griega para "venida" [παρουσίας] en las cartas a los tesalonicenses para referirse a la segunda venida de Cristo (1 Ts. 2:19; 3:13; 4:15; 5:23; 2 Ts. 2:1, 8). Es la palabra que se emplea comúnmente en el Nuevo Testamento para su segunda venida. En las epístolas de Pablo no es una referencia a la venida de Cristo en un sentido espiritual y general en el transcurso de la historia. Es la venida que trae la resurrección de los muertos. "Nosotros que vivimos, que habremos quedado hasta la *venida* [παρουσίαν] del Señor, no precederemos a los que durmieron… nosotros… seremos arrebatados juntamente con ellos en las nubes para recibir al Señor en el aire" (1 Ts. 4:15, 17).

Esta referencia a ser "arrebatados juntamente con ellos" es lo que Pablo tiene en mente en 2 Tesalonicenses 2:1 cuando habla de "nuestra reunión con él". Así pues, la "venida" de 2 Tesalonicenses 2:1 y la "venida" de 1 Tesalonicenses 4:13-18 son la misma venida. Otro vínculo entre la reunión con Él en 2 Tesalonicenses 2:1 y la venida de Cristo en 1 Tesalonicenses 4:15-17 es el hecho de que la palabra empleada en "nuestra *reunión* (ἐπισυναγωγῆς) con él" es una forma del término que usa Jesús en Mateo 24:31 para referirse a su segunda venida, donde dice que el Hijo del Hombre "enviará sus ángeles con gran voz de trompeta, y *juntarán* [ἐπισυνάξουσιν] a sus escogidos, de los cuatro vientos, desde un extremo del cielo hasta el otro". Esta "reunión" convocada con sonido de trompeta es similar al sonido de la "trompeta de Dios" en 1 Tesalonicenses 4:16 que resucita a los muertos y reúne a los vivos y a los muertos para encontrarse con Cristo.

Por lo tanto, la "venida del Señor" que según Pablo sucede en "el día del Señor" (2 Ts. 1:1-2) es la venida que Pablo tiene en mente a todo lo largo de 1 y 2 de Tesalonicenses. Por consiguiente, cuando dice en 2 Tesalonicenses 2:8: "Y entonces se manifestará aquel inicuo, a quien el Señor matará con el espíritu de su boca, y destruirá con el resplandor de su venida [παρουσίας]", se trata de una referencia a la misma venida en la que los muertos resucitan (1 Ts. 4:17) y en la que Jesús se manifiesta "desde el cielo con los ángeles de su poder, en llama de fuego" (2 Ts. 1:7-8).

¿Qué es la apostasía?

Antes de todo esto, Pablo dice que deben suceder dos cosas: "porque no vendrá sin que antes venga la apostasía, y se manifieste el hombre de pecado, el hijo de perdición" (2 Ts. 2:3). ¿Qué es la "apostasía" (ἀποστασία)? La palabra se refiere a apartarse de algo en lo que se creía anteriormente. Se usa en otra instancia en el Nuevo Testamento donde habla acerca de judíos que son enseñados a "apostatar de Moisés" (ἀποστασίαν διδάσκεις ἀπὸ Μωϋσέως, Hch. 21:21). Por ende, la apostasía que Pablo tiene en mente se refiere a los cristianos profesantes que se apartan de Cristo.

Pablo se refiere a un acontecimiento crucial. Es algo decisivo e histórico, algo que se reconoce como absolutamente catastrófico y arrollador en la iglesia y en el mundo. Digo esto porque la apostasía ya era parte habitual de la experiencia cristiana. Jesús había dicho que lo sería. Él describió la apostasía como un fenómeno frecuente en la expansión del evangelio:

> Estos son asimismo los que fueron sembrados en pedregales: los que cuando han oído la palabra, al momento la reciben con gozo; pero no tienen raíz en sí, sino que son de corta duración, porque cuando viene la tribulación o la persecución por causa de la palabra, luego tropiezan (Mr. 4:16-17).

Si una apostasía tan común fuera lo que Pablo tiene en mente, su argumento no funcionaría. Para que su argumento tenga sentido, la "apostasía" debe referirse a un suceso culminante, algo que se reconoce como históricamente inusual.

La predicción de Jesús de que muchos se apartarán

La enseñanza de Jesús nos da una pista acerca de esta apostasía. Ya hemos visto los paralelos entre el lenguaje de Pablo acerca de la segunda venida y el lenguaje de Jesús (παρουσία, Mt. 24:3, 27, 37, 39; 2 Ts. 2:1; 1 Ts. 4:15; ἐπισυναγωγῆς, 2 Ts. 2:1; cf. Mt. 24:31). Existen otros paralelos en torno a la idea de apostasía e impiedad. Veamos, por ejemplo, Mateo 24:9-13:

> Entonces [después del principio de dolores de parto a nivel mundial y que han ocurrido a lo largo de la historia, v. 8; cf. Rom. 8:22] os entregarán a tribulación, y os matarán, y seréis aborrecidos de todas las gentes por causa de mi nombre. *Muchos tropezarán* entonces, y se entregarán unos a otros, y unos a otros se aborrecerán. [Por supuesto, esto sucede a lo largo de toda la historia, pero la palabra *entonces* parece mostrar que Jesús se refiere a un cúmulo culminante y tormentoso que se avecina]. Y muchos falsos profetas se levantarán, y engañarán a muchos; y por haberse multiplicado la *maldad*,

el amor de muchos se enfriará. Mas el que persevere hasta el fin, este será salvo.

Es importante reconocer que estos fenómenos (tribulación, martirio, odio hacia los creyentes, falsos profetas, maldad y falta de amor) ocurren a lo largo de la historia. Sin embargo, es difícil pasar por alto que Jesús da a entender que se trata de una experiencia culminante de todos ellos.[3] La palabra *entonces* en los versículos 9 y 10 señala un crescendo. De igual modo, la referencia a la maldad aumentada (o "multiplicada") no tendría sentido como una simple referencia a las fluctuaciones de maldad que han tenido lugar a lo largo de la historia. Por consiguiente, la referencia a "muchos tropezarán" (Mt. 24:10, σκανδαλισθήσονται; cf. Mt. 13:21) parece un crescendo de apostasía y rebelión, como el que menciona Pablo en 2 Tesalonicenses 2:3.

Lo anterior se confirma en el vínculo significativo entre las referencias a maldad en 2 Tesalonicenses 2:3, 7, 8, 9 y en Mateo 24:12. Jesús dice que "por haberse multiplicado la *maldad*, el amor de muchos se enfriará". Esta alusión a "muchos" que son contaminados con la maldad, sin duda

---

3. Creo que es un error limitar el enfoque de Mateo 24 a los sucesos históricos que culminan e incluyen la destrucción de Jerusalén en el año 70 d.C. Al respecto, ver el capítulo 16. El problema no radica en ver estas referencias como relativas a dichos sucesos del primer siglo. El problema es *limitar* las ideas de Jesús a dichos acontecimientos. Estoy de acuerdo con Ladd cuando escribe: "Hay algo que queda claro en toda la enseñanza de [Jesús]: Jesús habló tanto de la caída de Jerusalén como de su propia parusía escatológica. Cranfield había sugerido que desde el punto de vista de Jesús lo histórico y lo escatológico se entretejen, y que el suceso escatológico final es visto a través de la 'transparencia' del hecho histórico inmediato. Este autor ha aplicado dicha tesis a los profetas del Antiguo Testamento y ha constatado esta visión representativa del futuro como uno de los elementos esenciales en la perspectiva profética. En Amós, el día del Señor es un suceso a la vez histórico (Am. 5:18-20) y escatológico (Am. 7:4; 8:8-9; 9:5). Isaías describe el día histórico de la visitación en Babilonia como si fuera el día escatológico del Señor (Is. 13). Sofonías describe el día del Señor (Sof. 1:7, 14) como un desastre histórico por cuenta de un enemigo sin nombre (Sof. 1:10-12, 16-17; 2:5-15); sin embargo, también lo describe en términos de una catástrofe global en la que todas las criaturas son arrasadas de la faz de la tierra (Sof. 1:2-3) al punto que nada queda (Sof. 1:18). Esta manera de ver el futuro expresa la visión de que [en palabras de Cranfield], 'en las crisis de la historia se anuncia lo escatológico. Los juicios divinos en la historia, por así decirlo, prefiguran el juicio final y las encarnaciones sucesivas del anticristo y presagian la concentración suprema y final de la rebelión del diablo antes del fin'" [C. E. B. Cranfield, *The Gospel according to St Mark: An Introduction and Commentary* (Cambridge, UK: Cambridge University Press, 1959), 404]. George Eldon Ladd, *A Theology of the New Testament*, rev. ed., ed. D. A. Hagner (Grand Rapids, MI: Eerdmans, 1993), 199.

coincide con los "muchos" que tropiezan (Mt. 24:10) y con los "muchos" que serán engañados (24:11; cf. 24:5). Esta es una imagen de una apostasía de gran envergadura. Pablo retoma esta idea de maldad y alude a un "misterio de iniquidad" que "ya está en acción" (2 Ts. 2:7), preparando el terreno para el último "hijo de perdición" (2:3; cf. el "inicuo", 2:8, 9). Otro punto en el que coinciden Jesús y Pablo es atribuir la "apostasía" o "rebelión" al engaño y la mentira (Mt. 24:24; 2 Ts. 2:9).

Así pues, concluyo que cuando Pablo dice "sin que antes venga la apostasía", antes de la venida de Cristo, se refiere a una apostasía contra Dios, contra Cristo y contra su pueblo que es culminante, decisiva, catastrófica y sin precedente histórico. Es algo que sucederá desde el interior y desde el exterior de la iglesia visible cuando externamente todas las naciones odiarán a la iglesia (Mt. 24:9) e internamente el amor se enfriará (24:12). Desde la perspectiva de Pablo esta es una temporada limitada y discernible de apostasía extrema, un período que todavía no ha venido.

El hombre de pecado

El otro suceso que según Pablo debe ocurrir antes de la venida de Cristo es la manifestación del hombre de pecado. "Nadie os engañe en ninguna manera; porque no vendrá sin que antes venga la apostasía, y *se manifieste el hombre de pecado, el hijo de perdición*" (2 Ts. 2:3). Pablo revela al menos siete características del hombre de pecado, el inicuo.

1. Es un "hombre", un ser humano (2 Ts. 2:3). No es un ángel. Tampoco es un demonio.

2. Es absolutamente inicuo. Es llamado "el hombre de pecado" (2 Ts. 2:3). Cree que está por encima de toda ley aparte de sí mismo.

3. Puesto que hay un solo ser que está por encima de toda ley en ese sentido, es decir, Dios, eso es precisamente lo que este hombre de pecado declara ser: Dios. "El cual se opone y se levanta contra todo lo que se llama Dios o es objeto de culto; tanto que se sienta en el templo de Dios como Dios, *haciéndose pasar por Dios*" (2 Ts. 2:4). Este es el anticristo final y culminante, es decir, el usurpador de Cristo y el opositor a Cristo. Pablo nunca emplea el término *anticristo*, solo Juan lo hace (1 Jn. 2:18, 22; 4:3; 2 Jn. 7). Sin embargo, el concepto de Pablo del hombre de pecado es el mismo del anticristo.

Así como Juan dice que en los últimos tiempos "el anticristo viene" (1 Jn. 2:18), él es consciente de que en la época que vive muchos que ya han venido tienen "el espíritu del anticristo" (4:3). Podría decirse, en ese sentido, que "han surgido muchos anticristos" (1 Jn. 2:18). Asimismo, Pablo dice que aunque "el hombre de pecado" viene, "ya está en acción el misterio de la iniquidad" (2 Ts. 2:7). Pablo quiere que comprendamos que, aunque las señales del fin de los tiempos estarán operando antes en la historia, la crisis final con la apostasía y el hombre de pecado serán claramente identificables. Llegará un momento, como dice Jesús, en que debemos erguirnos y levantar nuestra cabeza, porque nuestra redención está cerca (ver Lc. 21:28).

4. El hombre de pecado nace para destrucción. Pablo lo llama "el hijo de perdición" (2 Ts. 2:3). Su ADN espiritual, por así decirlo, marca su destino de destrucción. El hombre de pecado no tiene futuro, sino que está absolutamente perdido y condenado. De modo que no existe el mínimo riesgo para Cristo o su reino. El hombre de pecado ya tiene la batalla perdida antes de empezar.

5. Como hombre viene, aún así, con el poder de Satanás. "[Aquel] inicuo cuyo advenimiento es por obra de Satanás" (2 Ts. 2:9). Detrás de este conflicto entre el inicuo y Cristo está el archienemigo de Dios.

6. Por lo anterior, aunque es un hombre, tendrá poder sobrenatural. Pablo lo denomina "gran poder" (2 Ts. 2:9). Con este hará señales y prodigios. El hecho de que algunas versiones los llamen "señales y pro-digios mentirosos" no quiere decir que no sucedan en realidad. Significa que en realidad suceden para servir a la mentira. Son milagros reales cuya finalidad es engañar (cf. Dt. 13:1-3; Mt. 24:24).

7. Por lo anterior, el hombre de pecado tendrá una capacidad sin precedentes para engañar. "[El inicuo] cuyo advenimiento es... con todo engaño de iniquidad para los que se pierden" (2 Ts. 2:9-10), porque, como veremos más adelante, él engaña haciendo parecer la maldad como algo placentero (2 Ts. 2:11)

Los sucesos serán más claros cuando ocurran

No necesitamos saber con exactitud a qué se refiere Pablo cuando dice en 1 Tesalonicenses 2:4 que el hombre de pecado "se sienta en el templo de Dios". Podemos estar seguros de que no es una referencia que se limita a la profanación del templo judío en el año 70 d.C. Podemos tener esa certeza por lo que dice Pablo en el versículo 8: "Y entonces [cuando ya no esté sujetado] se manifestará aquel inicuo, a quien el Señor matará con el espíritu de su boca, y destruirá *con el resplandor de su venida*". Esta venida (παρουσίας) es la venida del versículo 1, cuando Cristo junta a sus escogidos de los cuatro vientos (ver Mt. 24:31). Es la venida de 2 Tesalonicenses 1:7-8 cuando Él viene "con los ángeles de su poder, en llama de fuego". Es la venida de 1 Tesalonicenses 2:19, de 3:13 y de 4:15,

Un amor inquebrantable por la venida del Señor constituye una estrategia clave para protegernos a nosotros mismos y nuestras iglesias del misterio de la iniquidad.

cuando los santos resucitarán y nos encontraremos con el Señor en el aire. Esta apostasía y este hombre de pecado son sucesos del final de los tiempos. La manifestación del Señor (τῇ ἐπιφανείᾳ τῆς παρουσίας αὐτοῦ) les pone fin y los derrota (ἀνελεῖ... καὶ καταργήσει).

El lugar donde se sienta el hombre de pecado, ya sea Jerusalén, el Vaticano, Ginebra, Salt Lake City o Colorado Springs, es irrelevante. Será en el lugar de atención global donde ocurre falsa adoración. Y se sentará proclamando que está por encima de toda ley, que es Dios. Los que tienen ojos para ver pueden discernir más claramente las señales en aquel día cuando suceda que en el presente. "Mas vosotros, hermanos, no estáis en tinieblas, para que aquel día os sorprenda como ladrón. Porque todos vosotros sois hijos de luz e hijos del día; no somos de la noche ni de las tinieblas" (1 Ts. 5:4-5).

Advertencias y ánimo

Hemos visto que, en los capítulos 1 y 2 de 2 Tesalonicenses, Pablo ofrece a la vez advertencias y ánimo. Pablo advierte en el capítulo 1 que el Señor viene "desde el cielo con los ángeles de su poder, en llama de fuego, para dar retribución a los que no conocieron a Dios, ni obedecen al evangelio de nuestro Señor Jesucristo" (2 Ts. 1:7-8). Ten cuidado. No desearás estar del lado que recibirá fuego. Pablo anima en el capítulo 1 diciendo que con esa llama de fuego el Señor "dará reposo" a quienes padecen por su fidelidad a Cristo (2 Ts. 1:7) y manifestará su gloria para ser admirado por todos aquellos que han creído (2 Ts. 1:10).

En el capítulo 2, Pablo advierte que las semillas de la apostasía del fin de los tiempos ya han sido sembradas por "el misterio de la iniquidad" (2 Ts. 2:7). Dicha apostasía vendrá por obra de Satanás con gran poder (2 Ts. 2:9) y Dios mismo enviará un "poder engañoso" contra los que no aman la verdad (2:10-11). Prepárate de todas las formas posibles para no ser parte de esa "apostasía". En el capítulo 2, Pablo anima declarando que la personificación de esta apostasía movida por Satanás por medio del hombre inicuo será destruida por la manifestación de la venida del Señor Jesús (2 Ts. 2:8). No hay que temer que Satanás tenga siquiera la mínima posibilidad de trastornar los planes del Hijo de Dios.

Los corazones que no reciben el amor de la verdad

¿Qué efecto deberían tener estas advertencias y ánimo cuando meditamos en "el resplandor de su venida" [τῇ ἐπιφανείᾳ τῆς παρουσίας αὐτοῦ]? Una respuesta es: amar más la venida del Señor. Pablo no lo dice en términos tan sencillos. Sin embargo, examinemos los versículos finales del párrafo de Pablo acerca de la apostasía, el hombre de pecado y el misterio de la iniquidad:

> La venida del inicuo… con todo engaño de iniquidad para los que se pierden, por cuanto no recibieron el amor de la verdad para ser salvos. Por esto Dios les envía un poder engañoso, para que crean lo que es falso, a fin de que sean condenados todos los que no creyeron a la verdad, sino que se complacieron en la injusticia (2 Ts. 2:9-12, traducción mía).

Este es un pasaje extremadamente importante para llegar a la raíz de la cuestión de por qué la gente va a ser arrastrada a la apostasía. ¿Por qué va a ser engañada? La respuesta es el versículo 10: "por cuanto no recibieron el amor de la verdad [τὴν ἀγάπην τῆς ἀληθείας οὐκ ἐδέξαντο]". Esta es una expresión poco usual: "Recibir el amor". La idea es que ellos no solo fallaron en amar la verdad, sino que, en el fondo, no *quieren* amarla. La verdad no era bienvenida en sus corazones. En otras palabras, esos corazones ya eran partícipes del misterio de la iniquidad porque en ello consiste precisamente la iniquidad: "Yo soy mi propia verdad y no tolero la idea de recibir verdad de una fuente externa".

A continuación, los versículos 11 al 12 nos permiten ver mejor lo que realmente amaban en lugar de la verdad. "Por esto Dios les envía un poder engañoso, para que crean la mentira, a fin de que sean condenados todos los que *no creyeron a la verdad, sino que se complacieron en la injusticia*". De acuerdo, Dios entrega a quienes rechazan la verdad a un poder engañoso, pero ¿por qué, al final, ellos rechazan la verdad? La respuesta es: "Se complacieron en la injusticia" (2 Ts. 2:12). Es una cuestión de placer. Es lo mismo que decir que se trata, en cierta medida, de un asunto de amor. Es decir, ¿en qué te complaces más, en la verdad o en la injusticia? ¿A cuál amas? El versículo 10 dice que el engaño del inicuo es un "engaño de iniquidad". En otras palabras, él engaña llevando a las personas a complacerse más "en la injusticia" que en la verdad.

Es difícil no ver una conexión entre el razonamiento de Pablo aquí y las predicciones que hace Jesús del fin del siglo: "Y por haberse multiplicado la maldad, el amor de muchos se enfriará" (Mt. 24:12). Los corazones inicuos no recibirán el amor de la verdad. El amor de la verdad (y el amor por el prójimo) desaparece de los corazones que se complacen en ser su propio dios, corazones que se vuelven su propia ley y que, por ende, aman la injusticia.

Una estrategia clave contra el misterio de la iniquidad

Mi conclusión es que el amor por la venida del Señor Jesús (2 Ti. 4:8) es un componente esencial del amor de la verdad que Pablo tenía en mente en 2 Tesalonicenses 2:10, 12. Por consiguiente, un amor inquebrantable por la venida del Señor constituye una estrategia clave para protegernos a nosotros mismos y nuestras iglesias del misterio de la iniquidad, que "ya está en acción" (2 Ts. 2:7). Las *advertencias* de 2 Tesalonicenses 1 y 2 deberían tener como efecto que demos todos los pasos posibles para mantener nuestro amor frente al enfriamiento respecto a la venida del Señor. Y el efecto del ánimo de 2 Tesalonicenses 1 y 2 debe ser que veamos la temible y refulgente llegada de Jesús como la victoria sobre todos nuestros adversarios. Admiremos desde ahora la venida de este Cristo triunfante y deleitémonos aún más en Él, más que en cualquier cosa que este mundo pueda ofrecernos. Amemos su venida.

10

Pagará a cada uno
lo que ha hecho

EN ESTE CAPÍTULO Y EN EL SIGUIENTE intentaré responder la pregunta: "¿De qué manera nos ayuda un *juicio según las obras* en su venida a amar la venida del Señor?". Para responder esta pregunta debemos aclarar que habrá, en efecto, un juicio tal cuando Jesús venga y debemos entender qué papel jugarán nuestras obras en aquel día. En este capítulo preguntaremos: ¿Sirven las obras para confirmar nuestra fe? ¿Obtienen recompensas? Y luego, en el capítulo 11, debemos abordar la pregunta: A la luz de ese juicio, ¿cómo nos ayuda esta realidad a amar la venida del Señor?

¿Debemos gozarnos o temer?

Cuando Jesús revela a los cristianos que en su venida "pagará a cada uno conforme a sus obras" (Mt. 16:27), ¿nos sentimos inclinados a amar su venida por ese motivo? ¿O nos hace eludir su venida con temor? ¿Qué pensamos de sus palabras en Apocalipsis 22:12: "He aquí yo vengo pronto, y mi galardón conmigo, para recompensar a cada uno según sea su obra"? ¿Es este un motivo para gozarnos en la venida del Señor? Probablemente, Pablo se refería al mismo suceso cuando dice: "Porque es necesario que todos nosotros comparezcamos ante el tribunal de Cristo, para que cada uno reciba según lo que haya hecho mientras estaba en el cuerpo, sea bueno o sea malo" (2 Co. 5:10).

Los cristianos que sufrirán pérdida en la venida de Cristo

Supongo que si pudiéramos dar por sentado que todos los cristianos van a oír ese día el mismo elogio: "Bien, buen siervo y fiel" (Mt. 25:21, 23), la perspectiva de un juicio conforme a nuestras obras sería un motivo de gozo y no de preocupación. Sin embargo, debemos analizar las palabras de Pablo en 2 Corintios 5:10 acerca de que cada uno recibirá "según lo que haya hecho mientras estaba en el cuerpo, sea bueno *o sea malo*". "O sea malo". ¿Qué pasa si a pesar de que somos verdaderamente cristianos hemos fracasado en llevar una vida fructífera?

Esa es la imagen de los siervos de Cristo en 1 Corintios 3:11-15:

> Porque nadie puede poner otro fundamento que el que está puesto, el cual es Jesucristo. Y si sobre este fundamento alguno edificare oro, plata, piedras preciosas, madera, heno, hojarasca, la obra de cada uno se hará manifiesta; porque el día la declarará, pues por el fuego será revelada; y la obra de cada uno cuál sea, el fuego la probará. Si permaneciere la obra de alguno que sobreedificó, recibirá recompensa. Si la obra de alguno se quemare, él sufrirá pérdida, si bien él mismo será salvo, aunque así como por fuego.

En este contexto, Pablo trata más directamente con quienes edifican sobre Cristo como el verdadero fundamento de la iglesia (1 Co. 3:10-11). De modo que los materiales a los que se refiere son, en un sentido más inmediato, las enseñanzas con las cuales se edifica. Por lo tanto, "madera, heno [y] hojarasca" se refieren muy probablemente a enseñanzas defectuosas. Tal vez no se refiera a herejías flagrantes que niegan el evangelio, que en otro pasaje el apóstol denomina anatema (Gá. 1:8-9). Antes bien, es posible que haga referencia a enseñanzas que son en menor grado erróneas, distorsionadas, imprudentes o irrelevantes, desatinadas, mal explicadas o superficiales, tergiversadas para ajustarse a tradiciones eclesiales no bíblicas, o a mundanalidad.

Sin embargo, es dudoso que alguien pueda edificar de forma constante con tales enseñanzas defectuosas y no tener problemas igualmente considerables de mundanalidad en la mente y en el corazón. "Porque de la abundancia del corazón habla la boca" (Mt. 12:34). Por lo tanto, el principio del juicio aquí se aplica a actitudes y acciones problemáticas en general, no solo a la enseñanza y a los que enseñan. Esto se confirma cuando vemos que la iglesia se edifica en cierta medida por todos los creyentes y que esa edificación se hace *en amor* (Ef. 4:16), no solo *en verdad* (4:15). El amor defectuoso es tan inflamable como la enseñanza defectuosa.

¿Oirán todos las palabras: "Bien, buen siervo y fiel"?

¿Oirá el creyente de 1 Corintios 3:15 a Jesús decir: "Bien, buen siervo y fiel"? Según Pablo, la verdad (y el valor) de la enseñanza de una persona o de sus obras "por el fuego será revelada; y la obra de cada uno… el fuego la probará… Si la obra de alguno se quemare, él sufrirá pérdida, si bien él mismo será salvo, aunque así como por fuego" (1 Co. 3:13, 15).

Tomo las palabras "sufrirá pérdida" como el comentario explicativo de Pablo acerca de lo que quiere decir en 2 Corintios 5:10 cuando afirma: "Porque es necesario que… cada uno reciba según lo que haya hecho mientras estaba en el cuerpo, sea bueno *o sea malo*". Entiendo que Pablo quiere decir que el juicio que recibe un cristiano por lo "malo" en su vida es que "sufrirá pérdida", según dice 1 Corintios 3:15: "Si la obra de alguno se quemare, él sufrirá pérdida".

La "pérdida" que ese cristiano sufre es la pérdida de una posible recompensa que podría haber recibido, pero no recibirá. Esto parece claro a la luz del versículo 14: "Si permaneciere la obra de alguno que sobreedificó, recibirá recompensa". De modo que las posibilidades son: "recibe una recompensa" o "sufre pérdida". Tiene sentido concluir que "sufrir pérdida" se refiere a la pérdida de recompensas que, en caso contrario, se habrían otorgado. Así que, basados en el ministerio descrito en 1 Corintios 3:10-15, sería correcto afirmar que algunos cristianos no oirán las palabras "Bien, buen siervo y fiel" (Mt. 25:21, 23); al menos no dichas con el mismo elogio que a otros discípulos más fieles. Esas palabras están dirigidas a siervos que ganaron diez talentos con los cinco que recibieron y cuatro talentos con solo dos que le fueron entregados (Mt. 25:20-23).

¿Significa entonces que fracasar en la santidad hace la fe inverosímil?

Por otro lado, podemos preguntarnos: ¿Acaso la incapacidad de llevar una vida de amor demuestra que no se ha nacido de nuevo y, por ende, que no se está unido a Cristo y, en consecuencia, no se es cristiano en absoluto? Esta pregunta es especialmente relevante a la luz de lo que vimos en los capítulos 6 y 7. El objetivo de esos capítulos fue dilucidar lo que el Nuevo Testamento quiere decir cuando afirma que los cristianos serán "sinceros e irreprensibles para el día de Cristo" (Fil. 1:10), que serán "afirmados vuestros corazones, irreprensibles en santidad… en la venida de nuestro Señor Jesucristo" (1 Ts. 3:13) y que Dios "os confirmará hasta el fin, para que seáis irreprensibles en el día de nuestro Señor Jesucristo" (1 Co. 1:8), y que Dios nos presentará "sin mancha delante de su gloria con gran alegría" (Jud. 24).

Una de las conclusiones de los capítulos 6 y 7 fue que:

> el amor… es un requisito no negociable para ser hallados irreprensibles en el día de Cristo. Sin embargo, esto es así *no* porque ser irreprensibles defina ese amor. Nuestro amor no *constituye* nuestra condición irreprensible. Nuestro amor *confirma* que somos irreprensibles porque nuestra fe nos une a Cristo, quien nos reconcilia con Dios y es irreprensible. La verdadera fe obra por el amor (Gá. 5:6). Por lo tanto, el amor es la confirmación necesaria de la fe. Y la fe nos une a Cristo, que es nuestra justicia perfecta. Por lo tanto, el amor confirma nuestra condición irreprensible. No hay tal sin amor… Debe haber en nosotros un amor real, aunque imperfecto, que confirme que somos verdadera y perfectamente irreprensibles en Cristo.

También vimos anteriormente que

> esta condición irreprensible y sin pecado es real solo si está confirmada en la vida del creyente por una transformación genuina del egoísmo orgulloso al amor humilde… Pablo ora por amor en los corazones de los creyentes porque eso confirma su fe salvadora. Es lo que confirma que están unidos a Cristo y que, por lo tanto, son contados como irreprensibles mediante la imputación de sus perfecciones.

De modo que la respuesta a la pregunta es afirmativa. Sí, fracasar en llevar una vida de amor sería la evidencia de que no se ha nacido de nuevo, de que no se está unido a Cristo y, por tanto, que no se es verdaderamente cristiano.

La imperfección de andar en la luz

Tal vez los pasajes que hablan con mayor claridad acerca de esto son 1 Juan 3:14 y 4:8: "Nosotros sabemos que hemos pasado de muerte a vida, en que amamos a los hermanos. El que no ama a su hermano, permanece en muerte… El que no ama, no ha conocido a Dios; porque Dios es amor". Sin embargo, como señalamos en el capítulo 6, el mismo libro (1 Juan) que conecta más enfáticamente el amor al prójimo con el hecho de ser un cristiano verdadero es también el que afirma con mayor claridad que cualquier otro libro que esta vida de amor, la cual confirma nuestro nuevo nacimiento, no deja de ser imperfecta a lo largo de esta vida terrenal:

> Pero si andamos en luz, como él está en luz, tenemos comunión unos con otros, y la sangre de Jesucristo su Hijo nos limpia de todo pecado. Si decimos que no tenemos pecado, nos engañamos a nosotros mismos, y la verdad no está en nosotros. Si confesamos nuestros pecados, él es fiel y justo para perdonar nuestros pecados, y limpiarnos de toda maldad. Si decimos que no hemos pecado, le hacemos a él mentiroso, y su palabra no está en nosotros (1:7-10).

Lo asombroso y relevante para nosotros en este pasaje es la declaración de Juan acerca de la necesidad de "andar en la luz" para que la sangre de Jesús nos limpie de toda maldad: "*si* andamos en luz… la sangre de Jesucristo su Hijo nos limpia de todo pecado" (1 Jn. 1:7). En otras palabras, no somos perdonados y no somos salvos si no andamos en la luz. Juan no dice que el hecho de *andar* nos da salvación, sino más bien que confirma que somos salvos. Es una confirmación *necesaria*. Con todo, este andar en la luz no está exento de pecado.

Si decimos que no tenemos pecado (¡mientras andamos en la luz!), nos engañamos a nosotros mismos. Según el razonamiento de Juan, andar en la luz incluye andar en amor. "El que ama a su hermano, permanece en la luz" (1 Jn. 2:10). Por lo tanto, Juan (en armonía con todo el Nuevo Testamento) enseña que una vida de amor (con todo y lo imperfecto que será en esta vida) es necesaria como una confirmación de que hemos nacido de nuevo y que nuestros pecados han sido limpiados por medio de la fe (1 Jn. 5:1).

Esto significa que el creyente descrito en 1 Corintios 3:15 y que "será salvo, aunque así como por fuego" nació de nuevo y vivió una vida de amor lo suficiente para confirmar su unión con Cristo. Siempre habrá algo de lo cual Dios pueda decir: "Bien, buen siervo", ya sea que use o no esas palabras. Nuestra enseñanza defectuosa y nuestro amor defectuoso no serán tales en su naturaleza que anulen nuestra fe en Cristo o nuestro amor al prójimo. En el día del juicio, Cristo será el juez infalible de nuestros motivos. De modo que hacemos bien en oír su consejo: "Así que, no juzguéis nada antes de tiempo, hasta que venga el Señor, el cual aclarará también lo oculto de las tinieblas, y manifestará las intenciones de los corazones; y entonces cada uno recibirá su alabanza de Dios" (1 Co. 4:5).

Somos salvos no *por* buenas obras sino *para* buenas obras.

El juicio de salvación "conforme a las obras"

Lo que hemos visto, entonces, es que la totalidad de nuestra vida (obras y motivos del corazón) tiene una doble función en el juicio cuando el Señor venga. Por un lado, nuestra vida de amor *confirma* la autenticidad de nuestra fe salvadora. Por esto Pablo dice que Dios "pagará a cada uno *conforme a sus obras: vida eterna* a los que, perseverando en bien hacer, buscan gloria y honra e inmortalidad" (Ro. 2:6-7). El regalo de la vida eterna *conforme a* nuestras obras de amor.

Esto de ningún modo contradice el hecho de que la vida eterna es un *don gratuito de la gracia*. La vida eterna no se gana con buenas obras: "Mas *la dádiva de Dios* es vida eterna en Cristo Jesús Señor nuestro" (Ro. 6:23; cf. 5:21). Cuando Pablo dice que la vida eterna nos es dada "conforme" a nuestras obras, no equivale a decir que la vida eterna se *merece* o se *obtiene* por nuestras obras. Antes bien, Pablo afirma que las obras *confirman* nuestra fe (Gá. 5:6). Las obras confirman que somos una nueva criatura en Cristo (Ef. 2:8-10). Pablo es claro y habla de ello de manera explícita:

[Dios] nos salvó, *no por obras* de justicia que nosotros hubiéramos hecho [οὐκ ἐξ ἔργων τῶν ἐν δικαιοσύνῃ], sino por su misericordia, por el lavamiento de la regeneración y por la renovación en el Espíritu

Santo, el cual derramó en nosotros abundantemente por Jesucristo nuestro Salvador, para que justificados por su gracia, viniésemos a ser *herederos conforme a la esperanza de la vida eterna* (Tit. 3:5-7).

No solo nuestra salvación *no es por obras*, sino que sucede a la inversa. Somos salvos *para buenas obras*: "[Cristo] se dio a sí mismo por nosotros para redimirnos de toda iniquidad y purificar para sí un pueblo propio, *celoso de buenas obras*" (Tit. 2:14). O como dice Pablo en Efesios 2:8-10:

Porque por gracia sois salvos por medio de la fe; y esto no de vosotros, pues es don de Dios; *no por obras*, para que nadie se gloríe. Porque somos hechura suya, creados en Cristo Jesús *para buenas obras*, las cuales Dios preparó de antemano para que anduviésemos en ellas.

En otras palabras, somos salvos no *por* buenas obras, sino *para* buenas obras. Las obras no son las que nos hacen nuevas criaturas. Son el resultado de serlo. Y, por ende, confirman nuestra novedad de vida del mismo modo que el buen fruto confirma un buen árbol (cf. Mt. 7:17-19).

Retomemos la doble función de nuestras obras cuando Cristo venga en juicio. Acabo de describir una de esas funciones, a saber, nuestra vida de amor que confirma la autenticidad de nuestra fe salvadora (1 Jn. 3:14). Nuestras obras de amor en esta vida confirman nuestra aceptación (2 P. 1:10), no el hecho de que la merecen. Ellas confirman una fe viva, porque "la fe sin obras está muerta" (Stg. 2:26).

Cristo viene a entregar recompensas

La otra función de nuestras obras en el día de la venida de Cristo será que servirán de criterio para que Cristo determine nuestras recompensas, las cuales serán diferentes para cada cristiano. Ya examinamos 2 Corintios 5:10: "Porque es necesario que… cada uno reciba según lo que haya hecho mientras estaba en el cuerpo, sea bueno *o sea malo*". También miramos 1 Corintios 3:15: "Si la obra de alguno se quemare, él sufrirá pérdida". Estos pasajes dan a entender claramente que, en el juicio, Cristo determinará las recompensas y que estas serán diferentes para cada cristiano.

Jesús refirió esta clase de juicio en conexión con su segunda venida:

> Entonces Jesús dijo a sus discípulos: Si alguno quiere venir en pos de mí, niéguese a sí mismo, y tome su cruz, y sígame. Porque todo el que quiera salvar su vida, la perderá; y todo el que pierda su vida por causa de mí, la hallará. Porque ¿qué aprovechará al hombre, si ganare todo el mundo, y perdiere su alma? ¿O qué recompensa dará el hombre por su alma? Porque el Hijo del Hombre vendrá en la gloria de su Padre con sus ángeles, y *entonces pagará a cada uno conforme a sus obras* (Mt. 16:24-27).

La palabra *pagará* (Mt. 16:27) podría sonar fácilmente como un tipo de transacción que sugiere que Jesús estaba en deuda por la obra de los discípulos y que ahora debe pagarles como un simple empleador. Yo no creo que Jesús considere su ministerio ni el juicio en esos términos. La enseñanza del Nuevo Testamento en su conjunto y la enseñanza misma de Jesús no nos permiten considerar ese *pago* una transacción en la que Jesús paga algo que debe.[1]

Pagar no significa "saldar una deuda"

Pagar no significa "saldar una deuda". Dios no "es honrado por manos de hombres, como si necesitase de algo; pues él es quien da a todos vida y aliento y todas las cosas" (Hch. 17:25), de modo que Él no puede estar en deuda con ningún hombre. Es al revés: todos los hombres somos deudores de su gracia que todo lo suple. Así que Pablo lanza la pregunta retórica: "¿O quién le dio a él [Dios] primero, para que le fuese recompensado?". La respuesta es: *Nadie*, "porque de él, y por él, y para él, son todas las cosas" (Ro. 11:35-36).

Y Jesús mismo dijo: "Porque el Hijo del Hombre no vino para ser servido, sino para servir, y para dar su vida en rescate por muchos" (Mr. 10:45). Todo el ministerio de Jesús, entonces y ahora, no es reclutar trabajadores que necesita, ser servido y luego pagarles el salario que les debe. Antes bien dijo: "Así también vosotros, cuando hayáis hecho todo lo que

---

1. Por ejemplo, Lucas 17:7-10 muestra que no podemos vincular a Jesús con nuestra deuda: "Así también vosotros, cuando hayáis hecho todo lo que os ha sido ordenado, decid: Siervos inútiles somos, pues lo que debíamos hacer, hicimos" (v. 10).

os ha sido ordenado, decid: Siervos inútiles somos, pues lo que debíamos hacer, hicimos" (Lc. 17:10). En otras palabras, Él no nos debe nada.

De hecho, la palabra *pagar* (ἀποδίδωμι) tiene un amplio rango de significados, que no incluye el de "pagar lo que se debe". He aquí algunos ejemplos de su amplio uso:

[Jesús] enrollando el libro, *lo dio* al ministro, y se sentó; y los ojos de todos en la sinagoga estaban fijos en él (Lc. 4:20).

Y con gran poder los apóstoles *daban* testimonio de la resurrección del Señor Jesús, y abundante gracia era sobre todos ellos (Hch. 4:33).

No habiendo ninguna causa por la cual podamos *dar* razón de este concurso (Hch. 19:40).

Ninguna disciplina al presente parece ser causa de gozo, sino de tristeza; pero después *da fruto* apacible de justicia (He. 12:11).

La razón principal por la que no deberíamos considerar las recompensas un pago que merecemos o ganamos por las buenas obras es que las únicas obras buenas que tienen belleza moral a los ojos de Dios son "las obras de la *fe*" (cf. 1 Ts. 1:3; 2 Ts. 1:11). Sin fe es imposible agradar a Dios (He. 11:6). Por lo tanto, el objetivo de Pablo con su ministerio es "la obediencia a la fe" (Ro. 1:5; 16:26). En otras palabras, las únicas buenas obras que reciben recompensa de Cristo son las obras que *confiamos* que Dios obre por medio de nosotros por el poder de su *gracia*. "Pero por la gracia de Dios soy lo que soy; y su gracia no ha sido en vano para conmigo, antes he trabajado más que todos ellos; pero no yo, sino la gracia de Dios conmigo" (1 Co. 15:10).

Pablo ora para que *Dios* "cumpla todo propósito de bondad y toda obra de *fe* con *su poder*... por la *gracia* de nuestro Dios y del Señor Jesucristo" (2 Ts. 1:11-12). Con su *poder*. Conforme a su *gracia*. Por medio de la *fe*. La vida de amor que Dios recompensa es una vida que Él mismo obra en nosotros. Es un pago solo en el sentido de que hay una correspondencia real entre la bondad y la belleza de nuestras obras y la recompensa que Él da.

Alabanza, gloria y honor por la fe, por la gracia

El apóstol Pedro establece la misma conexión entre la fe, la gracia y la recompensa. Pedro dice:

> Ahora por un poco de tiempo, si es necesario, tengáis que ser afligidos en diversas pruebas, para que sometida a prueba vuestra fe, mucho más preciosa que el oro, el cual aunque perecedero se prueba con fuego, sea hallada en alabanza, gloria y honra cuando sea manifestado Jesucristo (1 P. 1:6-7).

Esta referencia a *alabanza* (ἔπαινον) que es producto de la fe es la alabanza que los creyentes recibirán del Señor, como en Romanos 2:29 ("la alabanza del cual no viene de los hombres, sino de Dios") y en 1 Corintios 4:5 ("cada uno recibirá su alabanza [ἔπαινος] de Dios"). De igual modo, la *gloria* que recibimos en aquel día es la misma gloria de la que Pedro espera participar cuando Cristo se manifieste: "Ruego a los ancianos que están entre vosotros, yo anciano también con ellos, y testigo de los padecimientos de Cristo, que soy también *participante de la gloria* que será revelada…" (1 P. 5:1). Y la *honra* que recibimos cuando Cristo se revele es la honra que ha sido prometida a aquellos cuya *fe* ha sido pasada por fuego ("ustedes, los que *confían* en él, reconocen la honra que Dios le ha dado", 1 P. 2:7, NTV). Es la honra que recibieron aquellos que "perseverando en bien hacer, buscan gloria y *honra* e inmortalidad" (Ro. 2:7).

Esta es una expectativa hermosa, que los pobres e imperfectos seguidores de Cristo recibirán alabanza, gloria y honra cuando Cristo se manifieste. Y el punto aquí es que esta alabanza no es el resultado de nuestras obras meritorias, sino de nuestra *fe* probada. Así como la fe confió en la gracia de Dios en esta vida para permitirnos andar de un modo digno del Señor, ahora la gracia alcanza su punto culminante recompensando esta misma confianza en la gracia. Por eso, Pedro afirma: "Esperad por completo en la *gracia* que se os traerá cuando Jesucristo sea manifestado" (1 P. 1:13). Así como anhelamos la venida de Cristo, nuestra esperanza de recibir "gloria y honra e inmortalidad" es una esperanza que se basa por completo en la gracia. Cuando Dios o los ángeles o los santos pronuncien alabanzas y proclamen gloria y honra sobre nosotros, todo será por la gracia. Porque lo que se alaba es nuestra fe probada por el fuego, y la fe es la aceptación de Jesús como el tesoro de gracia de nuestra vida. Por tanto, recibir recompensas (que incluyen gloria, honra e inmortalidad) en realidad engrandecerán la belleza, el valor y la gracia de Dios en Cristo.

Las recompensas van a variar

Jesús deja claro que las recompensas serán diferentes para cada discípulo. Por ejemplo, en la parábola de las diez minas en Lucas 19:11-27, Jesús establece la conexión con su segunda venida cuando empieza la parábola con estas palabras: "Un hombre noble se fue a un país lejano, para recibir un reino y volver" (19:12). Él llama a diez siervos y a cada uno le da una mina.[2] Al cabo de un tiempo, regresa "después de recibir el reino" y llama a cuentas a los siervos para "saber lo que había negociado cada uno" (Lc. 19:15):

> Vino el primero, diciendo: Señor, tu mina ha ganado diez minas. Él le dijo: Está bien, buen siervo; por cuanto en lo poco has sido fiel, tendrás autoridad sobre diez ciudades. Vino otro, diciendo: Señor, tu mina ha producido cinco minas. Y también a este dijo: Tú también sé sobre cinco ciudades (Lc. 19:16-19).

Creo que esta parábola muestra a lo que Jesús se refiere cuando dice: "Porque el Hijo del Hombre vendrá en la gloria de su Padre con sus ángeles, y entonces *pagará a cada uno conforme a sus obras*" (Mt. 16:27). El "pago", o mejor, la entrega de recompensas es diferente para cada discípulo. El siervo que produjo la mitad de lo que otro obtuvo no es castigado. Solo el siervo que regresó sin ganancia alguna termina despojado: "Aun lo que tiene se le quitará" (Lc. 19:26).

Pablo y Apolos recibirán recompensas diferentes

Pablo enseñó esta diversidad de recompensas que varían según la "labor" del discípulo:

---

2. "Son unidades monetarias, cada una equivalente a tres o cuatro meses de salario para un obrero manual que trabaja seis días por semana. Robert H. Gundry, *Commentary on the New Testament: Verse-by-Verse Explanations with a Literal Translation* (Peabody, MA: Hendrickson, 2010), 317.

> Yo planté, Apolos regó; pero el crecimiento lo ha dado Dios. Así que ni el que planta es algo, ni el que riega, sino Dios, que da el crecimiento. Y el que planta y el que riega son una misma cosa; aunque *cada uno recibirá su recompensa conforme a su labor*. Porque nosotros somos colaboradores de Dios, y vosotros sois labranza de Dios, edificio de Dios (1 Co. 3:6-9).

"Cada uno recibirá su recompensa conforme a su labor". Una vez más, la palabra *recompensa* (μισθòν), al igual que la palabra *pagar* que hemos visto, tiene un rango amplio de significados y no necesariamente se refiere a que los obreros *se ganaron* su recompensa por una deuda que Dios tuviera con ellos. Significa simplemente "recompensa" (Mt. 5:12; 1 Co. 9:18). La imagen de un jornalero que recolecta salarios tiene como propósito sencillamente comunicar que existe una correspondencia real entre la labor fiel de un discípulo y la recompensa que recibe del Señor Jesús.

Dicha correspondencia no es mérito. Es la idoneidad del reconocimiento divino de la belleza y el valor de *nuestro* trabajo que se ha hecho en dependencia de *su* gracia. La labor hermosa que está destinada a recibir recompensa es la que se hace "conforme al poder que Dios da, para que en todo sea Dios glorificado" (1 P. 4:11). Lo que Dios recompensa es la belleza moral de la obediencia que nace de la dependencia de su gracia inmerecida.

Por qué son buenas noticias

Concluyo entonces este capítulo dando respuesta a nuestras preguntas del primer párrafo: que en el juicio de la segunda venida del Señor Jesús nuestras obras, es decir, nuestra obediencia de la fe, cumplen una doble función. La primera, que nuestra obediencia confirmará nuestra fe salvadora. Por ello se habla de nuestra obediencia (o de nuestra santidad o amor) como necesarios para nuestra salvación final (Gá. 5:21; Ef. 5:5; He. 12:14; 1 Jn. 3:10). No son necesarios como fundamento, sino como confirmación. La segunda función de nuestras obras en el día de Cristo es que Cristo las examinará y las recompensará como Él decida. Ahora la pregunta es: ¿Cómo nos ayuda esta expectativa a amar la venida del Señor? Ese será nuestro tema en el capítulo 11.

11

Dichosos en la esperanza de recibir diferentes recompensas

Vuelvo a la pregunta que planteamos al principio del capítulo 10: Cuando Jesús revela a los cristianos que en su venida "pagará a cada uno conforme a sus obras" (Mt. 16:27) y que no todo cristiano recibirá el mismo elogio como: "Bien, buen siervo y fiel", ¿cómo nos ayuda saber esto a amar la venida del Señor? Tengo seis respuestas a esta pregunta, seis observaciones acerca de la experiencia cristiana de diversas recompensas en la venida de Cristo.

1. No habrá condenación

Todo cristiano verdadero, sin importar cuán imperfecto sea, experimentará el día de las recompensas y de la pérdida de recompensas, con la gozosa confianza de que "ninguna condenación hay para los que están en Cristo Jesús" (Ro. 8:1). Esta es la roca inconmovible sobre la cual se celebrará la ceremonia de recompensas. Ninguna condenación: "El que en él [Jesús] cree, no es condenado" (Jn. 3:18).

Como sea que el fuego queme nuestras ideas y obras defectuosas (1 Co. 3:15), descansaremos con una confianza aun más profunda, que Dios nos ofrece en aquel día, es decir, sabiendo que atravesamos este fuego con la protección de la justicia de Cristo. En el fuego entonaremos el glorioso cántico: "¿Quién acusará a los escogidos de Dios? Dios es el que justifica. ¿Quién es el que condenará? Cristo es el que murió; más aun, el que también resucitó, el que además está a la diestra de Dios, el que también intercede por nosotros" (Ro. 8:33-34).

No vamos a tambalearnos cuando recordemos las palabras de Jesús: "De cierto, de cierto os digo: El que oye mi palabra, y cree al que me envió, tiene vida eterna; y *no vendrá a condenación*, mas ha pasado de muerte a vida" (Jn. 5:24). No vamos a decir: "Oh, no, miren: vendremos a condenación. Jesús nos engañó". Conoceremos el verdadero significado de las palabras de Jesús. "No vendrá a condenación" significa "no vendrá a condenación como culpable, como un juicio condenatorio". Sabremos que el juicio para otorgar recompensas tiene lugar en la roca del juicio previo de justificación: ya hemos "pasado de muerte a vida" (Jn. 5:24; cf. 1 Jn. 3:14).

2. Todo bien será recompensado

En aquel día vamos a quedar asombrados ante la abrumadora gracia de Dios que nos recompensará por cada buena obra que hayamos hecho en nuestra vida de fe. Pablo anima a los esclavos a "[servir] de buena voluntad, como al Señor y no a los hombres, sabiendo que *el bien que cada uno hiciere* [ἐάν τι ποιήσῃ ἀγαθόν], *ese recibirá del Señor*, sea siervo o sea libre" (Ef. 6:7-8). Incluyo el griego entre corchetes solo para celebrar la inconfundible claridad de esta promesa extraordinaria. Deja que estas palabras penetren en tu corazón. *Todo* el bien que hayas hecho, todo, está escrito en el cielo para ser recompensado debidamente en el día de Cristo.

Según la antigüedad de tu vida cristiana o de tu edad en el momento de morir, la lista podría incluir miles y miles de buenas obras que serán recompensadas. Y para que no pienses que exagero el alcance de esta promesa, reflexiona en estas palabras de Jesús: "Y cualquiera que dé a uno de estos pequeñitos un vaso de agua fría solamente, por cuanto es discípulo, de cierto os digo que no perderá su recompensa" (Mt. 10:42). ¿Acaso el objetivo de esta promesa no es señalar la aparente insignificancia de un vaso de agua? Entiendo que el vaso de agua se ofrece "por cuanto es discípulo", pero lo que se infiere en un sentido más amplio de estas palabras es que Dios recompensa los actos más pequeños que vienen de un corazón que glorifica a Cristo.

Permíteme insistir en esto un poco más, porque sus implicaciones son profundas y extensas. Una de las razones por las cuales muchos abandonan sus compromisos (matrimonio, paternidad, amistades, trabajos, etc.), es porque con frecuencia se nos pide dar bien por mal, cuando nadie lo nota. Tratamos de amar bien a otros, por ejemplo, a nuestra pareja, que responde con indiferencia o de manera negativa, quizá miles de veces, a lo largo de décadas. No me refiero aquí a casos horrendos de maltrato. Me refiero a las decepciones, el desaliento, las frustraciones, las molestias y los pesares que el 95 por ciento enfrentamos en nuestras relaciones. Y mi punto es este: Aunque esos cientos o miles de esfuerzos por hacer el bien (a un hijo, cónyuge, amigo o colega) a pesar de la constante ingratitud, pasan desapercibidos aquí en la tierra, Dios los ve y toma nota de cada uno desde el cielo. En maneras que no podemos imaginar estos actos pequeños o grandes de gracia se traducirán en tales recompensas para nosotros que diremos, con gozo rebosante: "Valió la pena". "Sabiendo que el bien que cada uno hiciere, ese recibirá del Señor, sea siervo o sea libre" (Ef. 6:8). Esto es cierto sin importar cuántas imperfecciones sean quemadas en aquel día. ¡Esto es absolutamente maravilloso!

> *Todo* el bien que hayas hecho, todo, está escrito en el cielo para ser recompensado debidamente en el día de Cristo.

3. Ningún sufrimiento fiel quedará sin recompensa

Entre las diversas recompensas en el día de Cristo habrá diferentes medidas de recompensa gloriosa por sufrimiento. Tengo en mente aquí tres tipos de sufrimiento: sufrimiento por debilidad o enfermedad física, sufrimiento por persecución, y sufrimiento recibido en el servicio al prójimo.

Recompensas por sufrir debilidad o enfermedad física

Por tanto, no desmayamos; antes aunque este nuestro hombre exterior se va desgastando, el interior no obstante se renueva de día en día. *Porque esta leve tribulación momentánea produce en nosotros un cada vez más excelente y eterno peso de gloria*; no mirando nosotros las cosas que se ven, sino las que no se ven; pues

> las cosas que se ven son temporales, pero las que no se ven son
> eternas (2 Co. 4:16-18).

Aquí no se trata de persecución. Se trata de envejecimiento o debilidad por causa de una enfermedad o discapacidad. No todos los cristianos son llamados a soportar la misma medida de sufrimiento físico. ¿Qué consuelo queda para alguien que sufre hasta el final y no hay más vida que se beneficie de los efectos santificadores del sufrimiento? La respuesta de Pablo es que ningún sufrimiento cristiano es en vano. Siempre "produce en nosotros un eterno peso de gloria". En otras palabras, hay una correlación real entre nuestro sufrimiento aquí y las medidas de gloria que experimentaremos más allá. Dios recompensará al cristiano que sufre conforme a la medida de su sufrimiento. Estas recompensas diferirán en gran manera, y aquellos que hemos sufrido saltaremos de alegría al ver las recompensas que recibirán quienes han sufrido mucho más que nosotros.

Recompensas por persecución

> Bienaventurados sois cuando por mi causa os vituperen y os persigan, y digan toda clase de mal contra vosotros, mintiendo. Gozaos y alegraos, porque vuestro galardón es grande en los cielos; porque así persiguieron a los profetas que fueron antes de vosotros (Mt. 5:11-12).

Es posible interpretar esto como que a *todos* los cristianos les espera una gran recompensa (la vida eterna), y que, por tanto, quienes sufren persecución deben sentirse reconfortados. Pero no creo que ese sea el mensaje de Jesús. Cuando Él nos llama a regocijarnos en persecuciones específicas y cuando señala la experiencia particular de los profetas, creo que Jesús quiso decir: "Hay recompensas específicas para persecuciones específicas".

Recompensas por el sufrimiento recibido en el servicio al prójimo

> Mas cuando hagas banquete, llama a los pobres, los mancos, los cojos y los ciegos; y serás bienaventurado; porque ellos no te pueden

recompensar, pero te será recompensado en la resurrección de los justos (Lc. 14:13-14).

Jesús promete que, en la resurrección, cuando venga en gloria, uno de los factores que tendrá en cuenta para dar recompensas es la negación de sí mismo, la incomodidad o el sufrimiento que se soportó en aras del servicio a personas que no podían retribuirnos en esta vida. El punto es que no solo todos los cristianos obtendrán la vida eterna, lo cual es de por sí recompensa suficiente por cualquier sacrificio. Hay algo más: respecto a las buenas obras que no pudieron ser recompensadas en esta vida, tenemos la confianza en la promesa de Jesús de restituir en la resurrección lo que hayamos perdido aquí. Y así será.

4. Experimentar pérdida sin pecar

Todos experimentaremos una gran pérdida de recompensas cuando el fuego del juicio consuma nuestras ideas, enseñanzas, palabras y obras defectuosas (1 Co. 3:14-15), pero esto será benéfico para nosotros. Será algo que necesitamos. Y experimentaremos este castigo como personas sin pecado que han sido perfeccionadas ya sea en la muerte (He. 12:23) o cuando veamos a Cristo en su venida (1 Jn. 3:2). Y libres del pecado que nos llena de autocompasión, sacaremos provecho de esta disciplina como corresponde.

Pablo señaló esto que quiero decir cuando declaró: "Porque la tristeza que es según Dios produce arrepentimiento para salvación, de que no hay que arrepentirse" (2 Co. 7:10). El apóstol se refería a una experiencia en esta vida, en

Si has llevado una vida de fe en Jesús y has procurado estructurar tu vida conforme a su Palabra, verás que influiste en muchas más personas de lo que imaginas.

tanto que nuestros corazones son imperfectos. ¿Cómo será entonces experimentar pérdida como cristianos perfectamente libres de pecado en la presencia de Cristo? Cada uno mirará su vida en retrospectiva y se dará cuenta de que casi en todo pudimos haber sido administradores más fieles de lo que Cristo nos confió. No será un fuego pequeño el que se encienda cuando se quemen las faltas que cometimos en nuestra vida.

Sin embargo, dado que meditaremos en lo que esto significa con mentes y corazones purificados, será un pesar sin pecado, sin autocompasión, ni queja, ni olvido de la gracia, ni pérdida de gozo. Nuestro pesar no será un dolor destructivo; será un pesar constructivo. El hecho de que "el justo con dificultad se salva" (1 P. 4:18) intensificará nuestra gratitud. No podemos concebir, pero sí experimentar, la limitación de nuestro gozo por las recompensas perdidas, una pérdida que está exenta de pecado o condenación. Nuestra capacidad para experimentar gozo será menor, pero nos gozaremos eternamente en los designios sabios de la gracia de Dios.

5. Tu mayor recompensa será participar de mi gozo

El bien que experimentan otros creyentes en el día de Cristo cuando son otorgadas las recompensas será también motivo de gozo para mí. Por supuesto, es indudable que el juicio en aquel día será en gran medida de carácter individual. (Observa la expresión *cada uno* en Mt. 16:27, 1 Co. 3:8 y Ap. 22:12). Sin embargo, es un gran error pensar que en aquel día los santos pensarán solo en sí mismos. No será así. Las recompensas que otros reciben serán una parte considerable de nuestro gozo en aquel día.

Pablo alude en varias ocasiones a esta experiencia. Por ejemplo, en este pasaje: "Porque ¿cuál es nuestra esperanza, o gozo, o corona de que me gloríe? ¿No lo sois vosotros, delante de nuestro Señor Jesucristo, en su venida? Vosotros sois nuestra gloria y gozo" (1 Ts. 2:19-20). Observa que Pablo se refiere explícitamente a su experiencia en la venida de Cristo. Sean cuales sean las recompensas que Pablo pueda perder en los fuegos de ese juicio, él no se enfoca en ello, sino que se enfoca en el hecho de que los creyentes tesalonicenses estarán ahí con él. Y el gozo de ellos en ser perfeccionados y recompensados constituye el gozo de Pablo.

Asimismo, Pablo exhorta a los creyentes filipenses a que permanezcan "asidos de la palabra de vida, para que en el día de Cristo yo pueda gloriarme de que no he corrido en vano, ni en vano he trabajado" (Fil. 2:16). Aquí también Pablo fija su mirada en la segunda venida, en "el día de Cristo". Y su esperanza consiste en que en aquel día los creyentes de Filipos serán su gloria. Es decir, que ellos serán el fruto de su fidelidad y que lo que les suceda a ellos en aquel día aumentará la recompensa que recibirán de Cristo.

Así será para todos nosotros en una u otra medida. Si has llevado una vida de fe en Jesús y has procurado estructurar tu vida conforme a su Palabra, verás que influiste en muchas más personas de lo que imaginas. Me refiero a efectos pequeños y grandes que en este momento son imperceptibles para ti. Alguna palabra que dijiste y que animó a alguien a obrar de manera correcta. Alguna obra que estimuló en otros una decisión positiva. Todos estos cientos de influencias para lo bueno en las vidas de otros serán reveladas en el día final. Y serán tu gloria y tu gozo.

6. Una mayor capacidad para experimentar gozo en Dios

Por último, cualquiera sea la forma que tomen, la esencia de cada recompensa será una capacidad aumentada para experimentar el gozo en Dios. Y la experiencia colectiva de esta gran diversidad de felicidad completa estará desprovista de orgullo y envidia; antes bien, resplandecerá en armonía eterna donde será gloriosamente cierto que "si un miembro recibe honra, todos los miembros con él se gozan" (1 Co. 12:26).

Lo que me lleva a mí y a muchos otros en la historia de la iglesia a ver la esencia de las recompensas como diversas *formas* de felicidad es que nuestra diversidad en la eternidad no consiste en la combinación de santos con una felicidad parcial y santos con una felicidad completa, sino el hecho de que a *todos* los cristianos se les ha prometido un gozo libre de pecado y de dolor en Dios para siempre.[1]

---

1. "No obstante, después de la resurrección, cuando el juicio final y universal haya sido ejecutado, habrá dos reinos, cada uno con sus propios límites demarcados: el reino de Cristo y el reino del diablo… Sin embargo, en el primero *existirán diferentes grados de felicidad*, uno en el que prevalece más la felicidad que en el otro; y en el segundo habrá diferentes grados de desdicha, unos más soportables en su desdicha que otros". Agustín, *The Enchiridion*, en *St. Augustin: The Holy Trinity, Doctrinal Treatises, Moral Treatises*, ed. P. Schaff, trad. J. F. Shaw (Buffalo, NY: Christian Literature Co., 1887), 3:273.

"Existen diferentes grados de felicidad y la felicidad no es igual para todos". Tomás de Aquino, *Summa theologica*, trad. Fathers of the English Dominican Province (Londres: Burns Oates & Washbourne, s.f.).

La confesión de la Iglesia ortodoxa, pregunta 382: "¿Seremos todos igualmente felices? No. Habrá diferentes grados de felicidad según cada cual haya resistido en la batalla de la fe, el amor y las buenas obras. *Una es la gloria del sol, otra la gloria de la luna, y otra la gloria de las estrellas, pues una estrella es diferente de otra en gloria. Así también es la resurrección*

> Y oí una gran voz del cielo que decía: He aquí el tabernáculo de
> Dios con los hombres, y él morará con ellos; y ellos serán su pueblo,
> y Dios mismo estará con ellos como su Dios. Enjugará Dios toda
> lágrima de los ojos de ellos; y ya no habrá muerte, ni habrá más
> llanto, ni clamor, ni dolor; porque las primeras cosas pasaron... Y
> no habrá más maldición; y el trono de Dios y del Cordero estará en
> ella, y sus siervos le servirán (Ap. 21:3-4; 22:3).

Sin embargo, parece que los diversos roles o funciones de los santos
en la era venidera no serían experimentados como *recompensas* si
no conllevaran implícitamente la felicidad de nuestra experiencia de
Dios. Además, la descripción que hace Pablo de la resurrección señala
la gloria diversa, lo cual parece sugerir mayores o menores grados
de reflexión de la gloria de Dios que nos llevan a mayores o menores medidas de gozo. "Una es la gloria del sol, otra la gloria de la
luna, y otra la gloria de las estrellas, pues una estrella es diferente de
otra en gloria. Así también es la resurrección de los muertos" (1 Co.
15:41-42). Por lo tanto, concluyo que la esencia de las recompensas
en el día de Cristo consiste en que, si bien todo cristiano glorificado
será completamente feliz, nuestras facultades para experimentar esa
felicidad serán diferentes.

Si vamos por buen camino, la pregunta que surge es: ¿En qué sentido
constituye una diversidad tan amplia un futuro prometedor? ¿Cómo nos
ayuda esto a amar la venida del Señor cuando Él introducirá toda esta
asombrosa diversidad de felicidad completa? Sé que no existe una mejor
descripción de la belleza de este futuro que la de Jonathan Edwards en
su sermón acerca de Romanos 2:10. Primero, él nos presenta la realidad
bíblica declarando que la felicidad de los santos en la eternidad será
completa, ininterrumpida y eterna en cada persona glorificada:

---

de los muertos. 1 Co. 15:41-42". *The Creeds of Christendom, with a History and Critical Notes: The Greek and Latin Creeds,* con traducciones, ed. P. Schaff (Nueva York: Harper & Brothers, 1890), 2:505; cursivas añadidas.

Robert Gundry acerca de 2 Co. 5:10: "Por otro lado, la salvación no necesariamente va a perderse (ver en particular 1 Co. 3:15), pero el disfrute de ella quedará disminuido en la medida en que una recompensa consiste en un mayor disfrute de la salvación". Robert H. Gundry, *Commentary on the New Testament: Verse-by-Verse Explanations with a Literal Translation* (Peabody, MA: Hendrickson, 2010), 703.

Esta felicidad de los santos nunca será interrumpida. Nunca perderá su pureza; nunca habrá sombras que opaquen la luz de ellos; nunca habrá nada que enfríe su amor. Los ríos deleitosos nunca cesarán, la gloria y el amor de Dios y de Cristo serán los mismos para siempre, y la manifestación de la gloria no será interrumpida. Ningún pecado o corrupción podrán jamás entrar allí, ninguna tentación perturbará su bendición: El amor divino en los santos nunca se enfriará, no habrá contradicción en ellos, las facultades de los santos nunca perderán su vigor; ellos nunca se hastiarán, su placer en esos deleites se mantendrá por siempre en su punto más alto, esa gloriosa sociedad no se cansará de sus aleluyas. Sus prácticas, aunque activas y vigorosas, serán ejecutadas con perfecta holgura; los santos no se cansarán de amar, de alabar ni de temer, así como el sol nunca se cansa de brillar.[2]

A continuación, Edwards presenta el cuadro glorioso de esta felicidad diversa, pero pura y completa, entre millones de santos, que será una experiencia colectiva perfecta del cuerpo de Cristo:

La gloria de los santos arriba será proporcional a su eminencia en santidad y en buenas obras aquí en la tierra. Cristo recompensará a todos conforme a sus obras… Nada apagará la felicidad de quienes tienen niveles más bajos de felicidad y de gloria, por cuenta de otros más avanzados en gloria que los superan: *Todos serán perfectamente felices, cada uno estará plenamente satisfecho*. Cada vasija que es lanzada a este océano de felicidad está repleta, aunque haya vasijas mucho más grandes que otras; y *no habrá tal cosa como la envidia* en el cielo, sino que el *amor perfecto reinará en toda la sociedad*.

Quienes no son tan elevados en gloria como otros no envidiarán a quienes los superan, sino que tendrán un amor tan grande, tan fuerte y tan puro por ellos que se regocijarán en su felicidad superior; su amor por ellos será tal que se regocijarán en que otros sean más felices que ellos; de modo que en lugar de constituir un

---

2. Jonathan Edwards, *The Works of Jonathan Edwards*, 2 vols. (Edinburgh, UK: Banner of Truth, 1974), 2:902.

obstáculo para su propia felicidad, añadirá a ella. Ellos comprenderán perfectamente que quienes han sido más eminentes en obras de justicia deben ser más exaltados en gloria; y se regocijarán en que se haga, en que se haga lo que más conviene…

Aquellos que son más elevados en gloria, serán tanto más hermosos como los más rebosantes de amor: Así como se destacan en felicidad, se destacarán igualmente en benevolencia divina y en amor a otros… Además, aquellos que destacan en gloria también lo harán en humildad. Aquí en este mundo los que están por encima de otros son el objeto de la envidia de los demás, porque… los otros los consideran como quienes se han exaltado; en cambio, en el cielo no será así, sino que los santos en el cielo que destacan en felicidad también lo harán… en humildad. Los santos en el cielo son más humildes que los santos en la tierra y cuanto más se eleva uno entre ellos más humildad exhibirá; las órdenes más elevadas de los santos, aquellos que más conocen a Dios, perciben mejor la distinción entre Dios y ellos y, en consecuencia, se ven incluso más pequeños a sus propios ojos y son los más humildes de todos. En el cielo, la exaltación de algunos por encima de los demás estará tan desprovista de cualquier opacamiento de la dicha y el gozo perfectos de quienes están por debajo, que esto redundará en su mayor dicha. La unidad en su sociedad será tal que todos participarán de la mutua felicidad. Entonces se cumplirá a la perfección lo que declara 1 Corintios 12:[26]: "De manera que si un miembro padece, todos los miembros se duelen con él, y si un miembro recibe honra, todos los miembros con él se gozan".[3]

Como sucede con muchos otros misterios, tal vez convenga dejar totalmente en las manos de Dios lo que es posible comprender acerca de la manera en que las diferencias de felicidad se mantendrán a lo largo de millones y millones de años cuando juntos descubriremos más y más las virtudes de Cristo. Yo me contento con dejar el misterio ahí. Ya se nos ha revelado bastante para ocuparnos debidamente meditando y gozándonos en lo que conocemos, en lugar de preocuparnos por lo que Dios se ha reservado para sí (Dt. 29:29).

---

3. Edwards, *Works*, 2:902.

Amemos su venida

A la luz de estas seis observaciones, repito la pregunta: ¿Podemos gozosa y confiadamente anticipar ese momento de juicio en la venida de Cristo? La respuesta es sí. Jesús hará todo bien. Su pueblo no tendrá nada qué temer. Incluso nuestras "pérdidas" serán santificadas y nos llevarán a nuevas experiencias de la gracia de Dios. Entonces "el nombre de nuestro Señor Jesucristo [será] glorificado en vosotros, y vosotros en él, por la gracia de nuestro Dios y del Señor Jesucristo" (2 Ts. 1:12).

12

El gozo de la comunión personal con el Siervo soberano

EL GOZO DE LA COMUNIÓN PERSONAL con Jesús en nuestro nuevo cuerpo resucitado será un gozo incomparable que supera cualquier experiencia que hayamos podido tener en esta vida. Desde su ministerio terrenal, Jesús había ofrecido a sus seguidores su propio gozo. "Estas cosas os he hablado, *para que mi gozo esté en vosotros, y vuestro gozo sea cumplido*" (Jn. 15:11). "Hablo esto en el mundo, para que tengan *mi gozo cumplido en sí mismos*" (Jn. 17:13). El gozo de Jesús era un gozo supremamente eterno de amor hacia su Padre: "Amo al Padre" (Jn. 14:31). Participar del gozo de Jesús es participar del gozo del Hijo en el Padre. También es participar del gozo del Padre en el Hijo (como veremos). Por ello el gozo sería cumplido. Sin embargo, Jesús sabía que esta *plenitud* de gozo no alcanzaría su máxima expresión dentro de los límites de esta vida terrenal.

Por lo anterior, Él oró (Jn. 17:20) para que en el futuro recibamos las facultades sobrenaturales para disfrutar de la comunión con Él tanto como puede hacerlo un ser creado. Él oró: "Padre justo… les he dado a conocer tu nombre, y lo daré a conocer aún, *para que el amor con que me has amado, esté en ellos, y yo en ellos*" (Jn. 17:25-26). Esta es una promesa, que no dependeremos de nuestra propia capacidad de amar y disfrutar al Hijo de Dios. Recibiremos el amor del Padre por el Hijo. "Para que el amor con que me has amado, esté en ellos". Seremos capaces de participar del deleite del Padre en su Hijo. "Este es mi Hijo amado, *en quien tengo complacencia*" (Mt. 3:17). "Complacencia" como un Dios infinito se complace con un Hijo infinitamente glorioso y precioso.

Nuestra esperanza de deleitarnos en Cristo con la complacencia de Dios

Esta esperanza es maravillosa, especialmente cuando comprendemos cuán quebrantada y deficiente es nuestra condición emocional presente. Todos sabemos que nuestro amor por Jesús y el gozo que produce son patéticamente débiles comparados con lo que Él se merece. Nuestros afectos en la relación que tenemos con Él se quedan cortos; no son lo que deberían ser. ¿Qué esperanza tenemos, pues, cuando lo veamos cara a cara en nuestro cuerpo glorificado en su venida?

Tenemos la esperanza de que el gozo que hemos probado en esta vida (1 P. 2:3) recibirá una inyección de capacidad sobrenatural que nos resulta imposible imaginar. Eso fue lo que Jesús pidió en oración. Eso es lo que va a suceder. Dios derramará sobre nosotros el mismo amor con que Él ama a Cristo. Nosotros gozaremos de Cristo con el mismo gozo de Dios. Es cierto que nuestro gozo en Jesús, incluso en este momento, es una obra de Dios, de Dios Espíritu Santo. Nuestro gozo en Dios y en su Hijo se debe a la presencia del Espíritu Santo en nuestra vida, que crea la capacidad de deleitarse en Dios y en Cristo (Ro. 14:17; 15:13; 1 Ts. 1:6).

Sin embargo, cuando Jesús ora en Juan 17:26, Él pide algo más. En el presente hemos conocido a Dios en una medida limitada. Nuestro amor y gozo han sido despertados. Este es el nuevo nacimiento. Pero ahora Jesús promete que hará algo más: Él nos revelará a Dios en formas nuevas e insospechadas, al punto que el mismo amor de Dios por el Hijo se hará más y más completo en nosotros con la pureza e intensidad con que debemos amarlo. No adoleceremos más de nuestra mundanalidad presente, de la corrupción remanente ni de las limitaciones de un cuerpo caído.

Aumento del gozo después de la muerte

Vamos a experimentar ese nuevo nivel de gozo en Dios que tendremos en comunión con Cristo cuando muramos (si Cristo no ha regresado aún) y luego de manera más plena en la segunda venida. Pablo dice en Filipenses 1:23: "Porque de ambas cosas estoy puesto en estrecho, teniendo deseo de partir y estar con Cristo, lo cual es muchísimo mejor". Tan pronto muramos nuestra alma será perfeccionada en la presencia de Cristo (He. 12:23). Ni la mundanalidad ni la corrupción volverán a entorpecer los afectos de nuestro corazón por Jesús. Y nuestra comunión con Él será más inmediata en el cielo de lo que fue aquí. Por eso Pablo dice que la muerte será "muchísimo mejor". El gozo de esa comunión superará todo lo que hayamos conocido en la tierra.

No obstante, una comunión sin cuerpo no es la esperanza final ni más elevada del creyente. En 2 Corintios 5, Pablo nos da un atisbo de nuestra esperanza final. Por un lado, el apóstol repite la esencia de Filipenses 1:23: "más quisiéramos estar ausentes del cuerpo, y presentes al Señor" (2 Co. 5:8). Eso es "muchísimo mejor". Por otro lado, lamenta el hecho de ser despojado de su cuerpo y de ser "desnudado", cuando él preferiría ser "revestido" de su cuerpo resucitado: "Porque asimismo los que estamos en este tabernáculo [nuestro cuerpo mortal] gemimos con angustia; porque no quisiéramos ser desnudados, sino revestidos [con nuestro cuerpo resucitado], para que lo mortal sea absorbido por la vida" (2 Co. 5:4). Esto seguramente significa que aquello que es "*muchísimo* mejor", al morir y estar con Cristo (Fil. 1:23), lo supera algo *incluso* mejor cuando somos revestidos de un nuevo cuerpo en la venida de Cristo.

El gozo de la comunión personal con Jesús en nuestro nuevo cuerpo resucitado será un gozo incomparable que supera cualquier experiencia que hayamos podido tener en esta vida.

A partir de esto, infiero que nuestro disfrute de la comunión con Jesús cuando Él venga será mayor que nuestro disfrute de su comunión en este período entre nuestra muerte y la segunda venida. Y este gozo mayor se deberá en parte al hecho de que nos relacionaremos con Él en nuestro cuerpo resucitado. Parte de la razón por la que atribuyo un mayor gozo al hecho de tener un cuerpo nuevo es que nuestros sentidos físicos nuevos y glorificados serán más potentes de lo que podemos concebir en este momento, de modo que gracias a ellos podremos percibir y expresar dimensiones de la persona y la obra de Cristo de maneras que antes resultaban imposibles. Otra razón por la que nuestro gozo en Jesús será mayor cuando tengamos cuerpos glorificados es que la conexión entre nuestro cuerpo espiritual glorificado (1 Co. 15:44) y nuestro espíritu glorificado será más íntima de lo que podamos imaginar, y nuestro cuerpo y espíritu estarán más entrelazados de lo que están ahora.

"Entra en el gozo de tu Señor"

Sin importar cómo intentemos explicarlo, Jesús deja claro que su venida nos permitirá experimentar el gozo como nunca antes, algo que Él refiere como *entrar en su gozo*. En la parábola de los talentos, Jesús se compara a un hombre que regresa a la tierra después de un viaje y de haber confiado su propiedad a sus siervos. Cuando los llama a cuentas y les entrega recompensas conforme a su trabajo, dice a los siervos fieles: "Bien, buen siervo y fiel; sobre poco has sido fiel, sobre mucho te pondré; *entra en el gozo de tu Señor*" (Mt. 25:21, 23). Esta es la consumación del propósito expresado en Juan 15:11: "Estas cosas os he hablado, *para que mi gozo esté en vosotros, y vuestro gozo sea cumplido*". En la segunda venida, Jesús continúa y completa el propósito que empezó en nuestras vidas en esta era: "Entren en ese mismo gozo, mi gozo, el gozo de su Señor. Por fin será completo".

La comunión personal se deleita en la persona y los deleites de la persona

Si nos preguntamos: "¿Será nuestro gozo en aquel día el gozo en Jesús mismo o el gozo de Jesús en su Padre?". La respuesta es: *ambos*. Vamos a experimentar el gozo del Padre en el Hijo como nuestro propio gozo (Jn. 17:26). Es decir, gozaremos de Jesús mismo con un grado de intensidad con el que se goza su Padre. Y experimentaremos el gozo del Hijo en el Padre como nuestro (Mt. 25:21).

Sin embargo, la pregunta puede prestarse a confusión: ¿Será nuestro gozo en aquel día el gozo en Jesús o el gozo de Jesús en su Padre? Es confuso porque cuando hablamos de deleitarnos en Jesús nos referimos a una comunión real y personal con Él. Y ¿qué significa la comunión personal sino compartir lo que cada uno ama? Por tanto, la pregunta da por sentado una falsa dicotomía. Cuando nos deleitamos en la comunión personal con Jesús mismo, nos deleitamos en lo que Él se deleita.

¿Demasiado espectacular para ser personal?

Tenemos buenos motivos para considerar el gozo de la segunda venida como un suceso que incluye el gozo de la *comunión personal*. Es menester que recordemos esto, porque en los capítulos anteriores se hizo hincapié en la majestad del Señor y en la grandeza del suceso de la segunda venida, con la trompeta de Dios, la voz de mando, la voz del arcángel, los millones de ángeles, el despliegue de gran poder, las luces y los relámpagos, gran gloria, la resurrección de millones de cristianos, la transformación de los cuerpos y la entrega de recompensas. Todo esto puede sonar como un suceso tan gigantesco que no da cabida a una *relación personal* o una comunión personal.

No obstante, el Nuevo Testamento nos impide cometer ese error. Piensa, por ejemplo, en un texto conocido del Evangelio de Juan que habla acerca de la segunda venida de Cristo. El énfasis de este pasaje sobre la relación personal con Jesús a menudo se pasa por alto debido a un enfoque equivocado en la entrada al cielo:

> No se turbe vuestro corazón; creéis en Dios, creed también en mí. En la casa de mi Padre muchas moradas hay; si así no fuera, yo os lo hubiera dicho; voy, pues, a preparar lugar para vosotros. Y si me fuere y os preparare lugar, vendré otra vez, y os tomaré a mí mismo, para que donde yo estoy, vosotros también estéis (Jn. 14:1-3).

Jesús acaba de hablar a sus discípulos acerca de su partida (Jn. 13:36). Esto es motivo de turbación para ellos. Pero Él los anima diciendo: "No se turbe vuestro corazón". Los insta a dejar a un lado la angustia de corazón y a reemplazarla con fe: "Creéis en Dios, creed también en mí" (Jn. 14:1). Confíen en mí. Confíen en mi Padre. Luego sustenta la fe de ellos con al menos tres argumentos, todos los cuales señalan a una relación personal en la segunda venida.

1. *No se turben, sino confíen en mí, porque mi Padre tiene muchas moradas en su casa y cada uno va a tener una.*

> En la casa de mi Padre muchas moradas hay; si así no fuera, yo os lo hubiera dicho (Jn. 14:2).

El énfasis aquí no es aislamiento, como si cada uno tuviera su propia morada. Más bien refiere el hecho de que ninguno quedará excluido por falta de lugares para alojarse. Así que el énfasis incluye la atención personalizada para cada discípulo. Hay "muchas" moradas. Y eso significa que hay un lugar para ti. No tiene sentido subrayar el hecho de que hay *muchas* moradas si todos van a estar en la misma. El punto es que hay espacio personal, que se presta una atención personalizada. El enfoque no es aislamiento individual, sino consideración personal.

2. *No se turben, sino confíen en mí, porque yo mismo voy a preparar sus moradas con Dios.*

> En la casa de mi Padre muchas moradas hay; si así no fuera, yo os lo hubiera dicho; *voy, pues, a preparar lugar para vosotros. Y si me fuere y os preparare lugar...* (Jn. 14:2-3a).

En dos ocasiones Jesús dice: "Voy a prepararles un lugar". ¿Qué significa esto? No creo que eso sugiera que el cielo es un desorden y que hace falta organizarlo. Tampoco significa que la morada de Dios está en construcción. Preparar un lugar donde cada discípulo goza de cercanía con Dios significa hacer los preparativos para que sea posible que los pecadores estén cerca de Dios. Preparar un lugar significa hacer ese lugar disponible. Es como si un hombre generoso te encuentra durmiendo en la calle y dice: "Ven, voy a prepararte un lugar", y en seguida paga una habitación de hotel para que te hospedes allí.

Cuando Jesús dice: "Voy, pues, a preparar lugar" quiere decir "voy a la cruz mañana por la mañana y tres días después saldré del sepulcro. Esta es la gran obra de preparación. Es así como van a poder morar con Dios. Mañana por la mañana llevaré sus pecados (1 P. 2:24). Mañana por la mañana me volveré maldición por ustedes (Gá. 3:13). Mañana por la mañana aseguraré su justificación (Ro. 5:9)". Por eso, en el versículo 6, el punto central es: "Yo soy el camino, y la verdad, y la vida". "Voy, pues, a preparar lugar" significa que prepara un camino para que los discípulos pecadores tengan una morada personal en la casa de Dios.

3. *No se turben, sino confíen en mí, porque yo mismo seré su morada y haré todo lo necesario para garantizar que la disfruten.*

Y si me fuere y os preparare lugar, vendré otra vez, y os tomaré *a mí mismo*, para que donde *yo estoy*, vosotros también estéis (Jn. 14:3).

Este versículo es un rayo de luz que esclarece todo. Hasta el momento, Jesús ha hablado de una casa, de una morada y de un lugar. Ahora todas esas imágenes dan paso a lo que Él quiere decir: "De hecho, el objetivo de mi preparación es 'tomarlos *a mí mismo*'. El propósito de toda mi preparación es que 'donde *yo estoy*, vosotros también estéis'". De repente, Jesús no solo es *el que prepara el camino*, sino el *destino*. Este versículo lo cambia todo. Ahora todo es personal. El objetivo de su venida es ahora la comunión personal: "*Vendré otra vez*, y os tomaré *a mí mismo*". Es aquí que el gozo de ellos será cumplido (Jn. 15:11).

El Padre de la casa y las moradas

Hay dos pistas que debieron alertarnos acerca de que Jesús sería nuestra morada.

Primero, la referencia a "la casa de mi Padre", en Juan 14:2, debería evocar el otro pasaje en este evangelio donde Jesús habla de "la casa de mi Padre". Cuando expulsa del templo a los cambistas, Él dice: "Quitad de aquí esto, y no hagáis de *la casa de mi Padre* casa de mercado" (Jn. 2:16). Más adelante, Jesús conecta el templo como la morada de Dios con Él mismo y dice: "Destruid este templo, y en tres días lo levantaré… Mas él hablaba *del templo de su cuerpo*" (Jn. 2:19, 21). Así que cuando leemos en Juan 14:2 que en *la casa del Padre* hay muchas moradas para los discípulos de Jesús, podríamos preguntarnos: "¿Quiere decir que *Jesús* es esa casa, que *Jesús* es la morada donde Dios habita y donde cada discípulo puede morar con Él?".

Segundo, la palabra que se traduce *moradas* (μοναὶ) en Juan 14:2 significa "habitación". Puede ser una habitación o puede ser otro tipo de residencia. Es la forma sustantiva del verbo *morar* (μένω). No es una palabra común. Solo se usa en otra instancia en el Nuevo Testamento, por cierto, en este mismo capítulo de Juan donde Jesús dice: "El que me ama, mi palabra guardará; y mi Padre le amará, y vendremos a él, y haremos *morada* con él" (Jn. 14:23). Sin embargo, con frecuencia en este Evangelio, el verbo *morar* alude a Jesús como nuestra morada: "Permaneced [μείνατε] en mí, y yo en vosotros. Como el pámpano no puede llevar fruto por sí mismo, si no permanece [μένῃ] en la vid, así tampoco vosotros, si no permanecéis [μένητε] en mí" (Jn. 15:4).

Estas dos pistas nos prepararon para el rayo que esclareció todo en Juan 14:3. La *casa*, las *moradas* y el *lugar* hacían todos referencia a la persona de Jesús: "Y si me fuere y os preparare lugar, vendré otra vez, y os tomaré *a mí mismo*, para que donde *yo estoy*, vosotros también estéis". En otras palabras, "yo soy su morada en la casa del Padre. Preparar esta morada para ustedes significó morir por ustedes y resucitar para darles acceso y para yo ser una morada gloriosa".

No para llevarnos al cielo, sino a sí mismo

Tenemos que rectificar un malentendido que existe acerca de Juan 14:1-4. A veces, el pasaje se usa para mostrar que cuando Jesús regrese llevará con Él a su pueblo al cielo.[1] Sin embargo, el pasaje no dice eso. Dice: "Vendré otra vez, y os tomaré *a mí mismo*, para que donde *yo estoy*, vosotros también estéis". Y ¿dónde estará Él cuando venga? Nos encontraremos con Él en el aire y le daremos la bienvenida a la tierra para establecer su reino.[2] Y así estaremos siempre *con el Señor* (1 Ts. 4:16-17).

Lo que subraya este pasaje de Juan 14 respecto a la segunda venida no es un nuevo acceso al cielo, sino un nuevo acceso a Cristo. "Os tomaré *a mí mismo*…". "Por tanto, confíen en mí", dice Jesús. "Yo vengo por ustedes. Ustedes estarán *conmigo* para siempre". La venida

---

1. Algunos comentaristas arguyen que las palabras de Jesús "vendré otra vez" hacen referencia a su regreso al cabo de tres días de ser sepultado. Por ejemplo, Robert H. Gundry, en *Commentary on the New Testament: Verse-by-Verse Explanations with a Literal Translation* (Peabody, MA: Hendrickson, 2010), 429. Sin embargo, a la luz de la terminología que usa Jesús, me resulta difícil descartar una referencia a la segunda venida. Dados los múltiples significados que busca Juan, por lo general, es posible que Alford se acerque más a la verdad cuando contempla las dos posibilidades: "A fin de entender esto, debemos tener presente lo que Stier denomina acertadamente la 'perspectiva' profética. La *venida del Señor otra vez* no es un solo evento, como su resurrección o la venida del Espíritu, o la venida final a juzgar, sino el *gran conjunto* de todas estas venidas cuyo resultado será que Él nos tomará a sí mismo para que estemos donde Él está. Esta ἔρχομαι ya *empezó* (v. 18) en su resurrección, *continúa* (v. 23) en la *vida espiritual* (ver también. 16:22 ss.) cuando los *prepara* para el lugar preparado; *progresa aún más* cuando cada creyente por la muerte es llevado para estar con Él (Fil. 1:23) y *será completada plenamente* en su venida gloriosa cuando todos estaremos para siempre con Él (1 Ts. 4:17) en el estado resucitado perfeccionado". Henry Alford, *Alford's Greek Testament: An Exegetical and Critical Commentary* (Grand Rapids, MI: Guardian Press, 1976), 1:849-50.

2. Ver especialmente los capítulos 8 y 9.

de Cristo no es solo un espectáculo sublime, sino una bienvenida personal. Y la bienvenida es, ante todo, para estar con Él. Al igual que sucede con muchos otros misterios acerca de un futuro que excede nuestra capacidad de imaginación, no hace falta explicar cómo Jesús va a relacionarse de manera personal con millones de personas. Aquellos serán días de descubrimiento, no de desilusión. Todos los tesoros de la sabiduría y del conocimiento están en Jesucristo (Col. 2:3). Nada que esté de acuerdo con su palabra será imposible para Él. Nada echará a perder el gozo de la comunión personal con Jesús.

El gozo de su venida es como el gozo de un banquete de bodas

El gozo de esta comunión tendrá una dimensión de sorpresa casi inconcebible, una dimensión que pone de cabeza las expectativas comunes, racionales e incluso bíblicas. Permíteme hablar de esto de un modo indirecto. Un aspecto de lo inesperado tiene que ver con la forma en que la venida de Jesús se compara con un banquete de bodas. Por regla general, pensamos en la descripción de Mateo 25:1-12, donde se compara la segunda venida con la llegada de un novio a su banquete de bodas. Por lo menos esto buscaba dar a entender que será un acontecimiento de gran gozo. Sin embargo, debemos cuidarnos de usar los detalles de la comparación como si Cristo viniera a casarse con su novia la iglesia. Hay una "cena de las bodas del Cordero" donde la novia es el pueblo de Dios vestido con obras de justicia (Ap. 19:7-9; 21:2, 9). Sin embargo, los banquetes que Jesús describe en su segunda venida no hacen referencia a esa cena.[3]

Por ejemplo, cuando el novio viene en Mateo 25:1, la iglesia obediente aparece no como la novia sino como cinco vírgenes sabias que son siervas del novio y esperan para darle la bienvenida a la fiesta. El punto que la parábola señala aparece en el versículo 13: "Velad,

---

3. La parábola de la fiesta de bodas en Mateo 22:1-14 no se presenta como una descripción de la segunda venida. Y la imagen no coincide con una fiesta de bodas con Jesús como el novio y los discípulos como la novia, porque los discípulos que se convierten y vienen a la fiesta son los *invitados* a la fiesta. No son la novia. Es una parábola acerca de los tipos de excusas mundanas que inventan quienes rechazan la generosidad extraordinaria de las invitaciones del reino.

pues, porque no sabéis el día ni la hora en que el Hijo del Hombre ha de venir". La historia alcanza su punto culminante no con una boda, ni siquiera con la introducción de una novia, sino con las palabras: "Pero mientras ellas iban a comprar, vino el esposo; y las que estaban preparadas entraron con él a las bodas; y se cerró la puerta" (Mt. 25:10). El punto es estar listos y dispuestos para la venida del Señor en un contexto de alegría y festejo.

Esa es la imagen típica, lo que muchos esperamos y conocemos: la venida de Jesús es como la venida de un novio a una boda. El punto que busca señalar esta comparación es el gozo que supone. En la mayoría de las culturas, las bodas y las fiestas de bodas constituyen las celebraciones en las que se experimenta la mayor felicidad. Y es así como debemos considerar la segunda venida de Cristo.

La dimensión impensable del gozo en su venida

Después de esto, encontramos la sorpresa de Lucas 12:35-38:

> Estén ceñidos vuestros lomos, y vuestras lámparas encendidas; y vosotros sed semejantes a hombres que aguardan a que su señor regrese de las bodas, para que cuando llegue y llame, le abran en seguida. Bienaventurados aquellos siervos a los cuales su señor, cuando venga, halle velando; *de cierto os digo que se ceñirá, y hará que se sienten a la mesa, y vendrá a servirles.* Y aunque venga a la segunda vigilia, y aunque venga a la tercera vigilia, si los hallare así, bienaventurados son aquellos siervos.

Este pasaje describe la segunda venida no como un novio que viene a una fiesta de bodas, sino como un señor que regresa *de* una boda. De repente no sabemos qué pensar. Sin proveer una explicación, el pasaje describe a Jesús como si viniera *de* una fiesta de bodas. Así que doy por hecho que lo que quiere señalar es el gozo pleno y la celebración ya presentes en su venida. Él no pasa de un estado de tristeza a un estado gozoso, sino que va de gozo en gozo.

Cabe preguntarse si algo más va a parecer al revés en esta escena. Los que esperan a su "señor" (τὸν κύριον) son llamados "siervos" o "esclavos" (δοῦλοι). Lo primero que señala la historia es ser como ellos.

"Estén ceñidos vuestros lomos, y vuestras lámparas encendidas; y vosotros sed semejantes a hombres que aguardan [ansiosamente] a que su señor regrese de las bodas, para que cuando llegue y llame, le abran en seguida" (Lc. 12:35-36). En otras palabras, hagan con obediencia sincera la obra que el señor les encomendó. En este caso, "velen" para poder abrir la puerta cuando él venga. El mandamiento de "ceñir los lomos" alude a estar alerta y preparados para ocuparse siempre en los negocios del señor. El hecho de que se alude a "esclavos" amplía la dimensión de sorpresa de nuestro gozo.

En seguida, Jesús nos dice por qué debemos cuidarnos tanto de que el señor nos encuentre ocupados haciendo su voluntad: porque esto redundará en *bendición*. "Bienaventurados [μακάριοι] aquellos siervos a los cuales su señor, cuando venga, halle velando" (Lc. 12:37). "¡Bienaventurados!". Acto seguido, Jesús lanza una bomba. Cuando pensamos que ya teníamos una idea de lo que sería el gozo en la segunda venida, llegamos a la parte donde habla de la intimidad de su casa. A pesar de que se nos llama "esclavos" sabemos que no seremos esclavos en un sentido común, porque Él nos ha llamado hijos (Ro. 8:16) y amigos (Jn. 15:15). Sin embargo, ahora Jesús nos dice algo acerca del gozo de esa casa que desafía cualquier expectativa.

El Hijo soberano como quien sirve a la mesa

El dueño, el señor, va a decirnos a nosotros, los "esclavos" (Él usa la palabra para intensificar la paradoja), que nos sentemos a la mesa como sus invitados ¡porque Él "se ceñirá" y nos servirá! La palabra "se ceñirá" (περιζώσεται) es el mismo término en Lucas 12:35 donde a los esclavos se les ordena: "estén ceñidos vuestros lomos" (περιεζωσμέναι). Esto significa que Jesús, de manera intencional, invierte los papeles. Él nos invita a sentarnos como miembros de la casa mientras Él asume el papel de esclavo para servirnos.

Cinco capítulos más adelante, Jesús dará una ilustración del discipulado (Lc. 17:7-10) donde dice, en esencia: "Esto no es lo que hacen los señores. Tampoco los esclavos deben esperar tal cosa":

¿Quién de vosotros, teniendo un siervo que ara o apacienta ganado, al volver él del campo, luego le dice: Pasa, siéntate a la mesa? ¿No le dice más bien: Prepárame la cena, cíñete [περιζωσάμενος], y sírveme hasta que haya comido y bebido; y después de esto, come y bebe tú? ¿Acaso da gracias al siervo porque hizo lo que se le había mandado? Pienso que no. Así también vosotros, cuando hayáis hecho todo lo que os ha sido ordenado, decid: Siervos inútiles somos, pues lo que debíamos hacer, hicimos.

Un señor no sirve a sus esclavos. Ni siquiera les agradece lo que hacen. ¿Qué más podría Jesús haber dicho para describir su proceder en la venida del Hijo del Hombre de manera más desconcertante? No cabe duda de que Lucas 12:37 *es* una descripción de la gloriosa venida del Hijo del Hombre. Tres versículos más adelante Jesús concluye: "Vosotros, pues, también, estad preparados, porque a la hora que no penséis, el Hijo del Hombre vendrá" (Lc. 12:40). Jesús ya había ilustrado la majestad de su espectacular regreso. Él había dicho: "El Hijo del Hombre cuando venga en su gloria, y en la del Padre, y de los santos ángeles" (Lc. 9:26). Este soberano vencedor glorioso que derrotó a todos los enemigos vendrá y sentará a su mesa a sus "esclavos" (que son tratados como señores), se ceñirá con las vestiduras de un esclavo y les servirá.

Primero servicio sufriente y luego servicio glorioso

A lo anterior se suma esta enseñanza de Jesús en Lucas 22:25-27:

> Los reyes de las naciones se enseñorean de ellas, y los que sobre ellas tienen autoridad son llamados bienhechores; mas no así vosotros, sino sea el mayor entre vosotros como el más joven, y el que dirige, como el que sirve. Porque, ¿cuál es mayor, el que se sienta a la mesa, o el que sirve? ¿No es el que se sienta a la mesa? Mas yo estoy entre vosotros como el que sirve.

Tal vez lleguemos a pensar que la comparación de Jesús con un siervo terminaría con su ministerio en la tierra. ¿No es esto lo que pareciera sugerir Filipenses 2:6-9?

> El cual, siendo en forma de Dios, no estimó el ser igual a Dios como cosa a que aferrarse, sino que se despojó a sí mismo, tomando forma

de siervo, hecho semejante a los hombres; y estando en la condición de hombre, se humilló a sí mismo, haciéndose obediente hasta la muerte, y muerte de cruz. *Por lo cual* Dios también le exaltó hasta lo sumo, y le dio un nombre que es sobre todo nombre.

Primero viene la humildad y el servicio durante la encarnación; luego, la recompensa de la exaltación después de la resurrección. ¿No es así? Sí. Pero no es tan simple. Lucas 12:37 no da lugar a una simplificación excesiva. El Rey de reyes, el Creador del mundo, el resplandor de la gloria de Dios, el que sustenta el universo entero (1 Ti. 6:15; He. 1:2-3) va a tomar la "forma de un siervo" en su segunda venida y va a convertir nuestro gozo en su banquete en una experiencia conmovedora, de dicha sin par y de asombro absoluto. El patrón que sigue es este: primero sufrimiento, luego gloria (1 P. 1:11; 5:1). O dicho con más precisión, el patrón es el siguiente: primero servicio sufriente, luego servicio glorioso.

Una paradoja eterna

Que no se empañe tu asombro por tu perplejidad al pensar cómo va a encajar esto con el fuego ardiente que traerá la venganza sobre los enemigos (2 Ts. 1:8) o la entrega de recompensas (Mt. 16:27). La perspectiva profética de las Escrituras da lugar a que el día del Señor se extienda todo el tiempo que sea necesario para que Dios lleve a cabo todo lo que se propone hacer.[4]

De hecho, creo que sería un error pensar que Lucas 12:37 es un solo suceso. "Su señor... se ceñirá, y hará que se sienten a la mesa, y vendrá a servirles". Estas palabras son válidas no solo para un breve festín, después del cual Cristo se pone de nuevo su armadura para ser el rey guerrero por toda la eternidad y nada más.

No. El punto es que la gloria de Cristo siempre ha sido y siempre será la clase de gloria que combina diversas virtudes, aun paradójicas. Su gloria no es monocromática. Es impresionantemente diversa. La música de su grandeza no es un mero unísono, sino una armonía rica y profunda. Él entremezcla, y siempre entremezclará, majestad y mansedumbre, reverencia a Dios e igualdad con Dios, obediencia y dominio,

---

4. Ver capítulo 8, nota 1.

señorío y servicio, trascendencia e intimidad, justicia y misericordia. Él siempre se sentirá a gusto llevando vestiduras de rey y ciñéndose el cinto de siervo.

Todo esto tiene una razón, que es la fuente de nuestra felicidad cuando Cristo venga. El dador recibe la gloria. Él siempre será el dador de gracia y nosotros seremos siempre quienes dependen de la gracia. Seremos siempre los beneficiarios de la gracia. Nunca seremos benefactores de Dios. Él siempre tendrá la gloria de ser autosuficiente y de proveer Él mismo todo lo que necesita. Él siempre será la fuente inagotable y nosotros los sedientos. Él será el pan de vida y nosotros los hambrientos. Él será el pastor y nosotros las ovejas. Él es el sol, nosotros la luna. Él es el médico que sustenta la salud y nosotros los pacientes que nunca cesarán de depender de sus cuidados.

La gloria de la segunda venida incluirá la preciosa comunión personal con Cristo.

Esta es otra manera de decir que nuestro destino, desde la eternidad hasta la eternidad, no es solo que alabemos la gloria de Dios, sino que "alabemos la gloria de su *gracia*" (Ef. 1:6 traducción mía). La cumbre de su gloria es la exuberancia de su gracia. Dios nunca cederá la gloria de ser Él libre de toda necesidad. Él nunca va a debernos nada. Y si te desorientas por un momento y te preguntas si estas son buenas noticias, estas palabras de Efesios 2:6-7 te devolverán la cordura: "Y juntamente con él [Dios] nos resucitó, y asimismo nos hizo sentar en los lugares celestiales con Cristo Jesús, para mostrar en los siglos venideros las abundantes riquezas de su gracia en su bondad para con nosotros en Cristo Jesús".

Cuando Jesús dijo que en la segunda venida el Hijo del Hombre "se ceñirá, y hará que se sienten [sus discípulos] a la mesa, y vendrá a servirles", no describió un día excepcional, sino un patrón eterno que se repite. Harán falta todos los "siglos venideros" para que Cristo agote "las abundantes riquezas [ὑπερβάλλονπλοῦτος] de su gracia en su bondad para con nosotros". Eso es lo que significa *abundante*.

La comunión personal con el Siervo soberano

Por lo anterior, concluyo que la gloria de la segunda venida incluirá la preciosa comunión personal con Cristo. Y esta comunión personal tendrá una dimensión tal que su grandeza es imposible de expresar; será íntima y trascendente. Él *nos tomará a sí mismo* (Jn. 14:3). Y, en esa comunión, Él nos llevará a experimentar la grandeza y el servicio cuyo disfrute pleno requiere una eternidad.

SEGUNDA PARTE

———

EL TIEMPO DE SU VENIDA

EL TIEMPO Y EL AMOR A LA VENIDA DE CRISTO

LA PREGUNTA QUE INTENTO RESPONDER en la segunda parte es: ¿Qué debemos pensar acerca del tiempo de la venida de Cristo? A manera de guía para incluir y omitir contenidos he escogido una pregunta específica: ¿Cuán importante sería esto para ayudarnos a amar la venida del Señor? Por supuesto, mis criterios acerca de esa pregunta pueden diferir de los tuyos. Espero que sean de utilidad en la medida de lo posible.

El amor por la venida de Cristo no solo se ahonda cuando encontramos razones que la hacen maravillosa, sino también cuando vencemos obstáculos y malentendidos. A manera de analogía, mi amor por mi esposa se profundiza cuando recuerdo sus grandes virtudes personales, pero también cuando entiendo mejor el mensaje que ella escribiría si fuera a ausentarse por mucho tiempo (como Jesús).

Trataré de decir lo necesario para que nuestro amor por la venida de Cristo no se vea opacada por un desconcierto excesivo acerca de cuándo vendrá. Digo *excesivo* porque creo que es inevitable que sintamos *cierto* desconcierto acerca de la enseñanza bíblica sobre el tiempo de la venida del Señor. Digo esto a partir de mi experiencia y de mi lectura de la historia de la interpretación.

Por lo que sé, nunca he hablado con un cristiano, ya sea laico o académico, que no se sienta desconcertado acerca de algún pasaje bíblico relacionado con la segunda venida. Tampoco conozco algún período de la historia de la iglesia en el que haya existido consenso acerca de la identidad de las señales que conducen a la segunda venida o acerca del calendario de sucesos relacionados con la segunda venida. Por lo tanto, en un sentido práctico, me parece que debería tratar de hablar acerca de lo que nos ayude a amar el regreso de Cristo y a vivir con la clase de vigilancia y expectativa que enaltecen las Escrituras.

Así pues, las tres preguntas que intentaré responder en la segunda parte son:

1. ¿Enseñó Jesús que iba a regresar en *una generación*?
2. ¿Qué quiere decir el Nuevo Testamento cuando afirma que Jesús vendrá *pronto*?
3. ¿Enseña el Nuevo Testamento que Jesús puede venir *en cualquier momento*?

13

¿Enseñó Jesús que iba a regresar en una generación?

Sería difícil amar la venida de Cristo si Él estuviera moralmente comprometido a asegurar su venida en un lapso de tiempo que Él mismo desconoce. Observa con cuidado la forma en que planteo el problema. Mi primer interrogante no es si Jesús cometió un error. Eso ya sería bastante anómalo. Mi pregunta es si su error supondría una culpa moral. En otras palabras, la pregunta no solo es: "¿Calculó mal Jesús el tiempo de su regreso?", sino "¿se apresuró a predecir algo que estaba fuera de su alcance saber?".

Planteo la cuestión en esos términos por lo que Jesús dice en Mateo 24:36, una de las frases más importantes en la Biblia acerca del tiempo de la segunda venida: "Pero del día y la hora nadie sabe, ni aun los ángeles de los cielos, sino solo mi Padre". Ciertamente es un misterio que Jesús, el Dios-Hombre, pueda desconocer algo que Dios Padre sabe. Pero eso es precisamente lo que Él dijo. Y eso significa que si Él llegara a predecir el tiempo de su propia venida cuando no sabe la hora, estaría moralmente comprometido. Sería difícil amar su venida.

Hay tres pasajes en las Escrituras (con sus paralelos) que plantean esta pregunta. Los trataré uno por uno.

Algunos no gustarán la muerte antes de ver su venida

En primer lugar, está la predicción de la venida de Cristo antes que algunos de sus contemporáneos gustaran la muerte. Aparece en cada uno de los primeros tres Evangelios:

> De cierto os digo que hay algunos de los que están aquí, que no gus-
> tarán la muerte, hasta que hayan visto al Hijo del Hombre viniendo
> en su reino. Seis días después, Jesús tomó a Pedro, a Jacobo y a Juan
> su hermano, y los llevó aparte a un monte alto (Mt. 16:28–17:1).

> También les dijo: De cierto os digo que hay algunos de los que están
> aquí, que no gustarán la muerte hasta que hayan visto el reino de
> Dios venido con poder. Seis días después, Jesús tomó a Pedro, a Jaco-
> bo y a Juan, y los llevó aparte solos a un monte alto; y se transfiguró
> delante de ellos (Mr. 9:1-2).

> Pero os digo en verdad, que hay algunos de los que están aquí, que
> no gustarán la muerte hasta que vean el reino de Dios. Aconteció
> como ocho días después de estas palabras, que tomó a Pedro, a Juan
> y a Jacobo, y subió al monte a orar (Lc. 9:27-28).

En estos tres pasajes, solo Mateo 16:28 menciona explícitamente
la segunda venida ("hasta que hayan visto al Hijo del Hombre
viniendo"). Marcos y Lucas hacen referencia únicamente a la venida
del reino. Sin embargo, todos se refieren posiblemente al mismo
suceso. Los tres Evangelios dicen que "algunos" de los que "están
aquí" verán la venida del reino antes de gustar la muerte. Luego, en
los tres Evangelios, esta palabra está seguida del relato de la transfiguración de Jesús en el monte.

El monte donde vieron

Ese hecho, la yuxtaposición de las palabras de Jesús y de su transfiguración, es esencial para entender lo que Jesús quiso decir. Creo que Él quiso
decir que Pedro, Santiago y Juan no gustarían la muerte antes de ver un
anticipo de la segunda venida de Cristo. Ellos fueron los tres discípulos
que subieron al monte con Él. Jesús consideró la revelación de su majestad
y gloria en el monte un presagio de su venida al final del siglo:

> Y se transfiguró delante de ellos, y resplandeció su rostro como el sol,
> y sus vestidos se hicieron blancos como la luz. Y he aquí les aparecie-
> ron ["fueron *vistos* por"] Moisés y Elías, hablando con él. Entonces

Pedro dijo a Jesús: Señor, bueno es para nosotros que estemos aquí; si quieres, hagamos aquí tres enramadas: una para ti, otra para Moisés, y otra para Elías. Mientras él aún hablaba, una nube de luz los cubrió; y he aquí una voz desde la nube, que decía: Este es mi Hijo amado, en quien tengo complacencia; a él oíd. Al oír esto los discípulos, se postraron sobre sus rostros, y tuvieron gran temor. Entonces Jesús se acercó y los tocó, y dijo: Levantaos, y no temáis. Y alzando ellos los ojos, a nadie vieron sino a Jesús solo (Mt. 17:2-8).

Aparte de la yuxtaposición inmediata de la transfiguración con las palabras de Jesús acerca de su venida (o de su reino), hay otro argumento para interpretar la transfiguración como un presagio de la segunda venida. Pedro, que estaba en el monte con Jesús en el momento de la transfiguración, menciona esta experiencia en su segunda epístola y la refiere como un anticipo o validación preliminar de la segunda venida:

Porque no os hemos dado a conocer el poder y la venida [παρουσίαν] de nuestro Señor Jesucristo siguiendo fábulas artificiosas, sino como habiendo visto con nuestros propios ojos su majestad. Pues cuando él recibió de Dios Padre honra y gloria, le fue enviada desde la magnífica gloria una voz que decía: Este es mi Hijo amado, en el cual tengo complacencia. Y nosotros oímos esta voz enviada del cielo, cuando estábamos con él en el monte santo (2 P. 1:16-18).

Pedro considera su testimonio presencial de la transfiguración como una prueba de que su profecía acerca del "poder y la venida de nuestro Señor Jesucristo" no es un mito. La expresión "poder y la venida" en el versículo 16 es una referencia a la segunda venida, que el apóstol retoma en el capítulo 3. La palabra *venida* es el término usual para referirse a la segunda venida en el Nuevo Testamento (*parusía*). Y la palabra *poder* se usa para describir la segunda venida de Jesús en Mateo 24:30: "verán al Hijo del Hombre viniendo sobre las nubes del cielo, con *poder* y gran gloria".

Por lo tanto, concluyo que según el razonamiento de Pedro lo que vio en el monte de la transfiguración fue un anticipo o presagio de la segunda venida de Jesús. Por consiguiente, esto significa que quienes "no gustarán la muerte" antes de ver "al Hijo del Hombre viniendo en su reino" (Mt. 16:28) son Pedro, Santiago y Juan. Ellos vieron en la transfiguración el anuncio y la confirmación de la venida de Jesús y su reino.

En retrospectiva, si nos preguntamos por qué Jesús elegiría ofrecer tal anticipo de su venida, podríamos responder que Él quería que hubiera un testigo apostólico extraordinario de la gloriosa realidad de su venida como un suceso que nada tiene de mito. Él quería que su testimonio nos permitiera gustar un anticipo de la realidad, para que saboreemos la dulce esperanza de la manifestación de Cristo. En otras palabras, Él lo hizo para que amemos la venida del Señor.

Antes que pase esta generación

En segundo lugar, está la predicción de que "no pasará esta generación hasta que todo esto acontezca". A continuación, están los pasajes paralelos que han llevado a muchos a pensar que Jesús predijo su propio regreso en el trascurso de una generación:

> Así también vosotros, cuando veáis que suceden estas cosas, conoced que está cerca, a las puertas. De cierto os digo, que no pasará esta generación hasta que todo esto acontezca (Mr. 13:29-30).

> Así también vosotros, cuando veáis todas estas cosas, conoced que está cerca, a las puertas. De cierto os digo, que no pasará esta generación hasta que todo esto acontezca (Mt. 24:33-34).

> Así también vosotros, cuando veáis que suceden estas cosas, sabed que está cerca el reino de Dios. De cierto os digo, que no pasará esta generación hasta que todo esto acontezca (Lc. 21:31-32).

Tanto Marcos como Mateo dicen que cuando veamos que acontecen "estas cosas", podemos estar seguros de que Él "está cerca". Eso significa que "estas cosas" no pueden incluir la venida del Señor como tal, porque cuando "estas cosas" acontezcan, el Señor estará *cerca*, no presente. De modo que ninguno de estos pasajes enseña que Jesús regresará en el lapso de una generación. Entonces, ¿qué enseñan?

Dolores de parto de la era venidera

Los pasajes confirman la perspectiva del Nuevo Testamento en su conjunto: desde la venida de Jesús estamos viviendo los "postreros días". "En estos postreros días nos ha hablado por el Hijo, a quien constituyó heredero de todo, y por quien asimismo hizo el universo" (He. 1:2; cf. Hch. 2:17; 2 Ti. 3:1-5; Stg. 5:3; 2 P. 3:3). Desde la primera generación de la iglesia hasta el fin del siglo de la era de la venida de Jesús, los "postreros días" estarán marcados por "principio de dolores" (Mt. 24:8; Mr. 13:8) de la consumación final. En otras palabras, "estas cosas" que tienen lugar en una generación son el tipo de conmociones características de los últimos días, en su conjunto, desde la encarnación hasta la segunda venida.

Por ejemplo, después de mencionar falsos cristos, guerras, rumores de guerras, naciones contra naciones, hambrunas y terremotos (Mt. 24:5-7), Jesús dice: "*Y todo esto* será principio de dolores" (24:8). "Pero aún no es el fin" (Mt. 24:6). La frase "todo esto" (πάντα ταῦτα) en el versículo 8 es la misma que se emplea en el versículo 34: "no pasará esta generación hasta que todo esto [πάντα ταῦτα] acontezca". En otras palabras, "estas cosas" acontecen en el lapso de una generación, pero son solo el comienzo de los dolores de parto que marcarán toda la historia y luego alcanzarán un crescendo al final. Se puede percibir el crescendo en Mateo 24:12-13: "y por haberse *multiplicado* la maldad, el amor de muchos se enfriará. Mas el que *persevere hasta el fin*, este será salvo".

Por esta y por otras razones que veremos,[1] entiendo que Mateo 24:1-44 (y los pasajes paralelos) predicen sucesos que tendrán lugar en una generación, lo cual incluye la destrucción de Jerusalén en el año 70 d.C. *además de* sucesos que ocurren a lo largo de la historia de la iglesia y, llegando a un crescendo, sucesos al final del siglo justo antes del regreso de Jesús. Por ejemplo, la versión de Lucas de esta enseñanza revela explícitamente la destrucción de Jerusalén: "Pero cuando viereis a Jerusalén rodeada de ejércitos, sabed entonces que su destrucción ha llegado" (Lc. 21:20). Sin embargo, pienso que es un error interpretar las profecías de Jesús acerca del futuro en Mateo 24 (y los pasajes paralelos) como si

---

1. Ver el capítulo 16.

se refirieran *solo* a la destrucción de Jerusalén en el año 70 d.C. y a los sucesos que condujeron a ella. Lo que Jesús se propone es mostrarnos los sucesos en torno al año 70 d.C. como presagios de los horrores del fin de los tiempos. Son parte del principio de los dolores de parto.

Cerca y lejos en la "perspectiva profética"

Ya hemos descrito esta forma de ver la profecía bíblica,[2] la cual denomino, juntamente con George Ladd, la "perspectiva profética". Esto significa que los sucesos distantes son anunciados en los sucesos cercanos, y los sucesos cercanos son anticipos de los distantes. Esta perspectiva está presente en todos los pasajes proféticos de las Escrituras. Veamos de nuevo la síntesis que hace Ladd de Mateo 24, de Marcos 13 y de Lucas 21 a la luz de esta perspectiva profética, como vimos en el capítulo 9:

Desde la venida de Jesús estamos viviendo los "postreros días".

Hay algo que queda claro en toda la enseñanza de [Jesús]: Jesús habló tanto de la caída de Jerusalén como de su propia parusía escatológica. Cranfield había sugerido que, desde el punto de vista de Jesús, lo histórico y lo escatológico se entretejen, y que el suceso escatológico final es visto a través de la "transparencia" del hecho histórico inmediato. Este autor ha aplicado dicha tesis a los profetas del Antiguo Testamento y ha constatado esta visión representativa del futuro como uno de los elementos esenciales en la *perspectiva profética*. En Amós, el día del Señor es un suceso a la vez histórico (Am. 5:18-20) y escatológico (Am. 7:4; 8:8-9; 9:5). Isaías describe el día histórico de la visitación en Babilonia como si fuera el día escatológico del Señor (Is. 13). Sofonías describe el día del Señor (Sof. 1:7, 14) como un desastre histórico por cuenta de un enemigo sin nombre (Sof. 1:10-12; 16-17; 2:5-15); sin embargo, también lo describe en términos de una catástrofe global en la que todas las criaturas son arrasadas de la faz de la tierra (Sof. 1:2-3) al punto que nada queda (Sof. 1:18). Esta manera de ver el futuro expresa la

---

2. Ver el capítulo 8, nota 1.

visión de que "en las crisis de la historia se anuncia lo escatológico. Los juicios divinos en la historia, por así decirlo, prefiguran el juicio final y las encarnaciones sucesivas de anticristo, y presagian la concentración suprema y final de la rebelión del diablo antes del fin".[3]

Yo creo que esta visión es correcta. Algo que se desprende de este postulado es que no estamos obligados a elegir entre el cumplimiento en el primer siglo y los cumplimientos finales de los tiempos postreros.[4] Cier-

---

3. George Eldon Ladd, *A Theology of the New Testament* (Grand Rapids, MI: Eerdmans, 1974), 198-199, énfasis añadido. La frase entre comillas en la cita es de C. E. B. Cranfield, *The Gospel according to St Mark: An Introduction and Commentary* (Cambridge, UK: Cambridge University Press, 1959), 404.

4. Sam Storms arguye que Mateo 24:4-31 se refiere de modo "inmediato y primordial" a los sucesos previos al año 70 d.C. No obstante, luego concluye de la siguiente forma:

En conclusión, mi argumento acerca de que Mateo 24:4-31 se refiere de un modo inmediato y primordial a los sucesos que conducen a la destrucción de Jerusalén en el año 70 no descarta necesariamente la posibilidad de que el fin del siglo también esté, por lo menos de manera indirecta, contemplado. Bien puede ser que los sucesos futuros asociados con la segunda venida de Cristo al final del siglo son *anunciados* mediante la destrucción del templo y de la ciudad en el año 70. James Edwards arguye que "los sucesos en torno a la destrucción del templo y la caída de Jerusalén son un tipo de anuncio de un sacrilegio final antes del éscaton" [James R. Edwards, *The Gospel according to Mark* (Grand Rapids, MI: Eerdmans, 2002), 384].

En otras palabras, *es posible que* los sucesos del año 70 representen de manera localizada lo que sucederá a escala *global* o los sucesos asociados con la segunda venida. Por consiguiente, a mi modo de ver, el patrón de sucesos que se vivieron en el período 33-70, los cuales incluyeron y condujeron a la destrucción de Jerusalén y de su templo, *pueden* funcionar como *presagio local y microcósmico* de los sucesos *globales y macrocósmicos* asociados con la parusía y el fin de la historia. Es posible que el período 33-70 provee en sus *principios* (aunque no necesariamente en todas sus particularidades), un esquema que nos ayuda a interpretar el período 70-parusía (Sam Storms, *Kingdom Come: The Amillennial Alternative* [Fearn, Ross-shire, UK: Mentor, 2013], 279; énfasis original).

Se pueden tomar las palabras "no descarta necesariamente la posibilidad", "bien puede ser", "es posible que", "pueden funcionar" y "es posible que", una incertidumbre que no brinda una guía segura acerca de cómo ver en las palabras de Jesús lo que está por venir. En términos prácticos, ¿cómo debemos aplicar las palabras de Storm, "[Estos sucesos del primer siglo] *pueden* funcionar como *presagio local y microcósmico* de los sucesos *globales y macrocósmicos*?". Si solo nos queda la *posibilidad* de que Jesús se propuso revelar los tiempos postreros, ¿debemos pensar que fue así o no? La diferencia entre mi visión y la de Storm presenta dos lados. Uno, que él solo ve una *posibilidad* de que Mateo 24:4-31 presagie sucesos del fin del mundo, mientras que a mi modo de ver existe evidencia suficiente que confirma que tanto Mateo como Pablo consideraron la enseñanza de Jesús como indudablemente escatológica. Y si bien Storms podría aceptar que los sucesos del primer siglo son, por así decirlo, el principal

tamente, no estamos obligados a decir que Jesús predijo equivocadamente su segunda venida en una generación.

Recorrer todas las ciudades de Israel

En tercer lugar, Jesús predice en Mateo 10:23: "Cuando os persigan en esta ciudad, huid a la otra; porque de cierto os digo, que no acabaréis de recorrer todas las ciudades de Israel, antes que venga el Hijo del Hombre".

Mateo 10:23 es el pasaje más desconcertante acerca de la venida del Hijo del Hombre. ¿Significan estas palabras que Jesús predijo que regresaría antes que los discípulos hubieran terminado de evangelizar la región geográfica habitada por una mayoría israelita? Existen razones para esta primera impresión.

Sin embargo, no es tan simple. Para empezar, la palabra *Israel* en Mateo no se refiere a una región geográfica. El término se emplea doce veces en Mateo en frases como "pueblo [de] Israel" (2:6), "tierra de Israel" (2:20), "casa de Israel" (10:6), "Dios de Israel" (15:31), "tribus de Israel" (19:28), "hijos de Israel" (27:9) y "Rey de Israel" (27:42). ¿Habla la expresión "ciudades de Israel" (πόλεις τοῦ Ἰσραὴλ) acerca de ciudades en un área geográfica particular que define el pueblo de Israel? ¿O podría tener un significado más amplio? ¿Es posible que signifique "ciudades del *pueblo* de Israel" o "ciudades donde habita Israel"? ¿Podría Jesús estar hablando en un sentido general o incluso figurado acerca del pueblo de Israel disperso en el extranjero que va a necesitar el evangelio hasta que venga el Hijo del Hombre?

Por otro lado, ¿apunta la lógica del versículo principalmente a ciudades para el evangelismo o ciudades de refugio? Observa que la frase que empieza con la palabra *porque* sugiere que siempre habrá otra ciudad dónde refugiarse hasta que venga el Hijo del Hombre: "Cuando os persigan en esta ciudad, huid a la otra; *porque* de cierto os digo, que

---

terremoto, en Mateo 24:4-31, con posibles réplicas al final de la historia, creo que los sucesos en torno a tla segunda venida son el terremoto en Mateo 24:4-31 y que los sucesos del primer siglo son temblores de alerta. El criterio para esto es ante todo la observación de que Pablo y Jesús conceptualizaron del mismo modo la segunda venida, como lo demuestra el lenguaje común que emplearon; asimismo, Pablo deja claro que este lenguaje y conceptualización, a partir de Mateo 24:4-35 principalmente, se refieren al fin del mundo, no solo al año 70 d.C. Ver capítulo 16.

no acabaréis de recorrer todas las ciudades de Israel, antes que venga el Hijo del Hombre". Esa es la interpretación de Herman Ridderbos, a saber, que aunque los discípulos seguirán siendo perseguidos hasta el final, siempre habrá un lugar donde podrán refugiarse[5].

Además, Ladd señala que el párrafo final de Mateo 10:23 "claramente mira más allá de la misión inmediata de los doce para proyectarse a su misión futura en el mundo". Por ejemplo, el versículo anterior dice: "Y seréis aborrecidos de todos por causa de mi nombre; mas el que persevere hasta el fin, este será salvo" (Mt. 10:22). Ladd concluye: "Este versículo nada más afirma que la misión de los discípulos de Jesús a Israel durará hasta la venida del Hijo del Hombre. Indica que a pesar de su ceguera, Dios no se ha dado por vencido con Israel. El nuevo pueblo de Dios debe preocuparse por Israel hasta que venga el fin"[6].

Hay otras interpretaciones de Mateo 10:23[7]. No tengo una convicción clara acerca de cuál de esas interpretaciones sea la correcta. Lo que me guía en este tipo de situaciones es (1) mi confianza en Jesús tal y como es presentado en los Evangelios, es decir, que Él es confiable y que no habría predicho un tiempo para su llegada que, como bien dijo, desconoce (Mt. 24:36); (2) el hecho de que ese lenguaje profético a menudo es temporalmente flexible y figurativo; y (3) que otros pasajes bíblicos, más claros, sirven de guía cuando otros pasajes difíciles nos desconciertan. En este caso, por ejemplo, creo que hay en efecto un

---

5. Herman Ridderbos, *The Coming of the Kingdom*, ed. Raymond O. Zorn, trad. H. de Jongste (1950; repr., Filadelfia: Presbyterian & Reformed, 1962), 507-10.

6. Ladd, *Theology of the New Testament*, 200. De modo similar, Hoekema concluye: "Podemos entender que Mateo 10:23 nos enseña, en primer lugar, que la iglesia de Jesucristo debe no solo seguir preocupándose por Israel, sino que debe seguir llevando el evangelio a Israel hasta que Jesús vuelva. En otras palabras, Israel seguirá existiendo hasta el tiempo de la parusía y seguirá siendo campo para el evangelismo". Anthony A. Hoekema, *The Bible and the Future* (Grand Rapids, MI: Eerdmans, 1994), 119.

7. Por ejemplo, Don Carson arguye que "la venida del Hijo del Hombre se refiere aquí a su venida en juicio contra los judíos que culmina en el saqueo de Jerusalén y la destrucción del templo... Interpretado de ese modo, la frase que menciona al 'Hijo del Hombre' en el v. 23 pertenece a la categoría escatológica... pero, de cierto modo, la escatología se ha cumplido. Esta interpretación pierde fuerza cuando se aplica tal cual a 16:28; 24:31. De hecho, hay varias diferencias importantes que impiden considerar todos estos pasajes como referidos a la caída de Jerusalén en el año 70 d.C. No obstante, confirman la visión de que 'la venida del Hijo del Hombre' comunica en Mateo la misma riqueza del campo semántico de 'la venida del reino'". D. A. Carson, "Matthew", en *The Expositor's Bible Commentary: Matthew, Mark, Luke*, ed. F. E. Gaebelein (Grand Rapids, MI: Zondervan, 1984), 8:253.

futuro para Israel como raza, una esperanza de su conversión en este siglo (Ro. 11:15-32) y un llamado al evangelismo continuo del pueblo judío en todas sus "ciudades"[8]. También está la declaración de Jesús: "El cielo y la tierra pasarán, pero mis palabras no pasarán" (Mt. 24:35). En otras palabras, creo que somos nosotros quienes estaríamos equivocados si pensamos que Jesús se equivocó acerca de un punto tan crucial del futuro de su misión.

No en una generación

Cuando tomamos distancia de estos tres conjuntos de textos, que algunos han considerado como una predicción de Jesús de la segunda venida y el fin del siglo en el lapso de una generación, mi conclusión es que Jesús no enseñó que va regresar en una generación. Por lo tanto, sean cuales sean otros desconciertos que puedan empañar nuestro amor por su venida, esta no tiene que ser una de ellas. Sin embargo, alguien podría preguntar: ¿Acaso el Nuevo Testamento no habla repetidamente de la segunda venida como algo que va a suceder pronto? Sí. Abordaremos esa pregunta en el capítulo siguiente.

---

8. Ver John Piper, "Five Reasons I Believe Romans 11:26 Means a Future Conversion for Israel", Desiring God, 16 de febrero de 2012, https://www.desiringgod.org/.

14

¿Qué quiere decir el Nuevo Testamento cuando afirma que Jesús vendrá pronto?

EL NUEVO TESTAMENTO EXPRESA la idea de que debemos esperar "pronto" la venida del Señor. Lo hace de diversas formas:

> Regocijaos en el Señor siempre. Otra vez digo: ¡Regocijaos! Vuestra gentileza sea conocida de todos los hombres. El Señor *está cerca* [ἐγγύς] (Fil. 4:4-5).

> Porque os es necesaria la paciencia, para que habiendo hecho la voluntad de Dios, obtengáis la promesa. Porque *aún un poquito* [μικρὸν ὅσον ὅσον], y el que ha de venir vendrá, y no tardará (He. 10:36-37).

> Tened también vosotros paciencia, y afirmad vuestros corazones; porque la venida del Señor *se acerca*. Hermanos, no os quejéis unos contra otros, para que no seáis condenados; he aquí, el juez *está delante de la puerta* [θυρῶν] (Stg. 5:8-9; cf. Mt. 24:33: "Así también vosotros, cuando veáis todas estas cosas, conoced que está cerca, a las puertas [θύραις]").

> Mas el fin de todas las cosas *se acerca* [ἤγγικεν]; sed, pues, sobrios, y velad en oración (1 P. 4:7).

> La revelación de Jesucristo, que Dios le dio, para manifestar a sus siervos las cosas que deben suceder *pronto* [ἐν τάχει]… ¡He aquí, vengo *pronto* [ταχύ]! Bienaventurado el que guarda las palabras de la profecía de este libro… El que da testimonio de estas cosas dice: Ciertamente vengo *en breve* [ταχύ]. Amén; sí, ven, Señor Jesús (Ap. 1:1; 22:7, 20).

Esta es la pregunta clave: Si un portavoz infalible de Jesucristo no sabe cuándo el Señor va a regresar (como afirmó Jesús que sucedería, Mt. 24:36), ¿qué quiere decir cuando afirma que será "en breve" (Ap. 22:20), que "se acerca" (1 P. 4:7) o está "delante de la puerta" (Stg. 5:9)? Yo creo que se malinterpreta Mateo 24:36 cuando se afirma que Jesús no sabía el "día y la hora", pero sí el mes o el año. La razón del desconocimiento de Jesús del tiempo preciso es eliminar la posibilidad de que calculemos cuánto tiempo vamos a atrevernos a ser indiferentes a su venida. No saber el día o la hora es una manera gráfica de decir que ni Él ni nosotros podemos predecir el tiempo exacto.

Así pues, la pregunta persiste: ¿Qué significa entonces que un portavoz infalible (nada menos que un apóstol) del Señor Jesús, que no puede predecir el tiempo, afirme que Jesús viene pronto o que Jesús está delante de la puerta, que se acerca o que viene en breve? ¿Qué quieren decir los autores del Nuevo Testamento con sus predicciones de la cercanía de Jesús? ¿En qué sentido afirman que se acerca?

En respuesta a esas preguntas ofreceré tres frases que creo se fundamentan en los pasajes bíblicos y, en seguida, daré una breve explicación de cada una: potencialmente cerca, holísticamente cerca y divinamente cerca.

Potencialmente cerca

En primer lugar, los apóstoles quieren decir que Jesús está *potencialmente cerca*.

Es decir, Jesús está cerca en el sentido de que cualquier supuesto de tardanza de su parte que abriguemos sería locura. Es como si el apóstol dijera: "Ustedes saben que no podemos predecir el tiempo de la venida del Señor porque el Señor mismo no lo conoce (Mt. 24:36), y Él nos dijo 'No os toca a vosotros saber los tiempos o las sazones, que el Padre puso en su sola potestad' (Hch. 1:7). Por lo tanto, saben que cuando decimos 'pronto' no estamos haciendo lo que no podemos hacer. No estamos prediciendo lo que no podemos predecir. Antes bien, estamos diciéndoles que está *potencialmente* cerca, lo cual significa que reemplazar la *esperanza* de esa prontitud con la *presunción* de tardanza no les resulta provechoso para su venida y conduce a la destrucción".

Cuando digo *presunción* me refiero al supuesto infundado de que su venida está tan lejana que no existe peligro alguno de que Él venga mientras bajamos la guardia y dejamos de andar rectamente. Esta presunción pasa por alto el hecho de que la falta de vigilancia en este momento puede llevar a la completa desatención del resto de nuestra vida, por lo que una supuesta venida lejana nos tomaría completamente desprevenidos.

Baso esta interpretación de "pronto" en la ilustración que hace Jesús de la segunda venida en Mateo 24:45-51:

> ¿Quién es, pues, el siervo fiel y prudente, al cual puso su señor sobre su casa para que les dé el alimento a tiempo? Bienaventurado aquel siervo al cual, cuando su señor venga, le halle haciendo así. De cierto os digo que sobre todos sus bienes le pondrá. *Pero si aquel siervo malo dijere en su corazón: Mi señor tarda en venir; y comenzare a golpear a sus consiervos, y aun a comer y a beber con los borrachos, vendrá el señor de aquel siervo en día que este no espera, y a la hora que no sabe*, y lo castigará duramente, y pondrá su parte con los hipócritas; allí será el lloro y el crujir de dientes.

Esta es la advertencia: Nunca presuman de la tardanza del Señor. Es decir, nunca presuman que ser negligentes en lo espiritual y bajar la guardia no va a sorprenderlos con su llegada. Esperen siempre en su pronta llegada y vivan con ella en la mira. Decir que la venida de Jesús está cerca cuando no sabemos cuándo vendrá significa que Él está *potencialmente cerca*, y cualquier otra presunción de lo contrario es peligrosa.

Holísticamente cerca

En segundo lugar, los apóstoles quisieron decir que Jesús está *holísticamente cerca*.

Es decir, que, como parte de un todo, la visión unificada del fin de los tiempos es que Él está cerca porque, a la luz del todo, el "fin", los "postreros días", ya están aquí. Si se consideran como un todo, el fin ya ha comenzado. Cuando decimos que Jesús y los apóstoles no sabían cuándo acontecería la segunda venida, decimos que el futuro que Dios les permitió vislumbrar era como una sucesión de montañas que parecen una sola cadena montañosa. Ese rango telescópico de crestas montañosas que parecen una sola es a lo que me refiero como un todo, una visión unificada del fin del tiempo.

Decir que la venida de Jesús está cerca cuando no sabemos cuándo vendrá significa que Él está *potencialmente cerca*.

Mi familia ha pasado temporadas en una casa en Tennessee que tiene una terraza al frente con vistas al noreste. En una tarde despejada es posible divisar al menos siete hileras separadas de montañas desde la terraza. En cambio, cuando hay bruma, se ven como una sola. He usado la expresión de George Ladd, la *perspectiva profética*, para describir esta manera de ver el futuro.[1] Es ver la realidad distante y la realidad cercana como una sola. Uso la frase *holísticamente cerca*, en vez de *proféticamente cerca*, porque creo que podría despertar más claramente en nuestra memoria la idea de la segunda venida como parte de una visión telescópica o reflejada de una sucesión histórica que es vista como un todo.

Vivimos en la consumación de los siglos

Ya hemos señalado que "los postreros tiempos" empezaron con la primera venida del Mesías. "Ya destinado desde antes de la fundación del mundo, pero manifestado *en los postreros tiempos* por amor de vosotros, y mediante el cual creéis en Dios, quien le resucitó de los muertos y le ha dado gloria, para que vuestra fe y esperanza sean en Dios" (1 P. 1:20-21). "En estos postreros días nos ha hablado por el Hijo, a quien constituyó heredero de todo, y por quien asimismo hizo el universo"

---

1. Ver capítulo 8, nota 1.

(He. 1:2). "Ahora, *en la consumación de los siglos*, se presentó una vez para siempre por el sacrificio de sí mismo" (He. 9:26; cf. 1 Co. 10:11).

Esto implica que la visión de todo el período entre la encarnación y la segunda venida es una gran cadena montañosa con muchas montañas y picos que los apóstoles vieron en baja definición. A ellos les fue concedido saber muchos detalles, pero muy poco acerca del calendario general. Ellos vieron el fin como una realidad a grandes rasgos y hablaron de ella *holísticamente* como un suceso cercano porque, *como un todo*, está cerca. Ese todo cercano incluye la *parusía*, la venida de Jesús. Por tanto, también está cerca, cerca como parte del todo que ya ha comenzado. Así lo expresa C. E. B. Cranfield:

> Si comprendemos que la encarnación-crucifixión-resurrección-ascensión por un lado, y la parusía [segunda venida] por el otro, son en esencia inseparables y constituyen en un sentido real un solo suceso, un acto divino que Dios separa únicamente por su misericordia en su deseo de dar la oportunidad a los hombres de creer y arrepentirse, entonces podemos ver que en un sentido muy real lo postrero es siempre inminente ahora que ha ocurrido lo primero. Fue cierto y lo es aún afirmar que la parusía está cerca, y en efecto lo está, de modo que lejos de ser un error vergonzoso por parte de Jesús o de la iglesia primitiva, en realidad es un componente esencial de la fe de la Iglesia. Desde la encarnación, la humanidad ha vivido en los últimos días.[2]

La tardanza no es tardanza

La perspectiva holística de los sucesos futuros tiene sus orígenes en el Antiguo Testamento. Los profetas hablaron repetidamente acerca del día del Señor como "cercano" cuando en realidad veían sucesos separados por períodos desconocidos de tiempo. Hablaron de manera holística. Vieron lo cercano y lo distante como uno solo:

> Aullad, porque *cerca* está el día de Jehová; vendrá como asolamiento del Todopoderoso (Is. 13:6).

---

2. C. E. B. Cranfield, *The Gospel according to St. Mark* (Cambridge, UK: Cambridge University Press, 1959), 408.

Muchos pueblos en el valle de la decisión; porque *cercano* está el día de Jehová en el valle de la decisión (Jl. 3:14).

Porque *cercano* está el día de Jehová sobre todas las naciones; como tú hiciste se hará contigo; tu recompensa volverá sobre tu cabeza (Abd. 15).

Cercano está el día grande de Jehová, cercano y muy próximo (Sof. 1:14).

Si nos sentimos tentados a decir que estas promesas fueron imprecisas porque algunos aspectos del día del Señor tardaron, Habacuc pone freno a nuestra presunción. El Señor comunicó por medio de Habacuc palabras de advertencia contra hablar neciamente acerca de la tardanza de la obra del Señor. Él dijo:

Aunque la visión tardará aún por un tiempo, mas se apresura hacia el fin, y no mentirá; aunque tardare, espéralo, porque sin duda vendrá, no tardará (Hab. 2:3).

Algo que me impresiona acerca de estas palabras es que consideran la demora desde un punto de vista que *no* es tal desde otro punto de vista. En un sentido más literal, dice:

Porque es aún visión para el tiempo señalado;
Se apresura hacia el fin y no defraudará.
Aunque tarde [אִם־יִתְמַהְמָהּ], espérala;
Porque ciertamente vendrá, *no tardará* [לֹא יְאַחֵר] (Hab. 2:3, NBLA).

Puede que tarde, pero no demorará. Puede que tarde, pero no tardará (la versión Reina-Valera Antigua lo traduce: "aunque se tardare, espéralo, que sin duda vendrá; no tardará"). De hecho, en su tardanza se *apresura* al fin. ¿Qué significan estas declaraciones paradójicas? Creo que significan que, desde la perspectiva humana, la llegada del futuro de Dios puede parecer lento. Sin embargo, desde la perspectiva de Dios, está tan bien programada que puede decirse que se apresura (a pesar de que se percibe como lentitud); de hecho, no hay demora de ninguna clase.

Cuando los profetas y los apóstoles vieron holísticamente el futuro de Dios, sabían que cada parte de lo que veían estaba "señalado" y desencadenaba el fin. Puede que desde el punto de vista humano pareciera tardar, pero en realidad no tardaba. Antes bien estaba, y está, cerca. *Holísticamente cerca.*

Divinamente cerca

En tercer lugar, lo que los apóstoles querían decir es que Jesús está *divinamente cerca.*

Es decir, desde la perspectiva *divina*, el período entre la primera y la segunda venida de Jesús es muy breve. El apóstol Pedro introduce esta noción de *cercanía* en respuesta a los burladores que ya desde su época ridiculizaban el hecho de que trascurriera tanto tiempo sin que regresara el Señor. Pedro dice:

Desde la perspectiva humana, la llegada del futuro de Dios puede parecer lento. Sin embargo, desde la perspectiva de Dios, está tan bien programada que puede decirse que se apresura.

> Sabiendo primero esto, que en los postreros días vendrán burladores, andando según sus propias concupiscencias, y diciendo: ¿Dónde está la promesa de su advenimiento? Porque desde el día en que los padres durmieron, todas las cosas permanecen así como desde el principio de la creación (2 P. 3:3-4).

Después de recordarles a los burladores que la historia no es tan estática como ellos piensan (a la luz de la creación, del diluvio y del juicio final, 2 P. 3:5-7), presenta el fundamento de lo que yo llamo *divinamente cerca*:

> Mas, oh amados, no ignoréis esto: que para con el Señor un día es como mil años, y mil años como un día. El Señor no retarda su promesa, según algunos la tienen por tardanza, sino que es paciente para con nosotros, no queriendo que ninguno perezca, sino que todos procedan al arrepentimiento (2 P. 3:8-9).

El versículo 9 habla de nuestra actitud y de la terminología que usamos: No llamen "tardanza" al retraso que Dios ha planeado. Llámenlo "paciencia". No ridiculicen el cronograma de Dios como si su promesa de venir pronto fuera una fábula (2 P. 1:16). Antes bien, den gracias, porque su promesa de misericordia y de paciencia se está cumpliendo a la perfección.[3]

A fin de sustentar esta amonestación acerca de nuestra actitud y de nuestra terminología, Pedro introduce el concepto de *divinamente cerca*: "para con el Señor un día es como mil años, y mil años como un día". Para resaltar la solidez de este planteamiento, veamos el cálculo que podría hacer algún burlador insistente: Supongamos que Pedro escribió esta carta treinta años después de la ascensión de Jesús al cielo; esos treinta años serían el 3 por ciento de mil años. Puesto que mil años son "como un día", eso significaría que 0,72 horas (0,03 x 24 horas en un día) han trascurrido desde que Jesús ascendió al cielo. Cuarenta y cinco minutos no es una demora significativa. O, desde una perspectiva del siglo XXI, dos días no constituye un retraso significativo.

En esencia, Pedro introduce el misterio de la relación de Dios con el tiempo. La Biblia no es un manual acerca de la teoría de la relatividad de Einstein. No ahonda en la relación científica entre espacio y tiempo.[4]

---

3. Según entiendo, en la declaración [Dios] "es paciente para con nosotros, no queriendo que ninguno perezca, sino que todos procedan al arrepentimiento" (2 P. 3:9), la frase "para con nosotros" significa para con los *creyentes* y, por ende, todos los creyentes, todos los elegidos (1:10). Por consiguiente, la palabra *ninguno* en la frase "no queriendo que *ninguno* perezca" se define por el significado de las palabras "[Dios] es paciente para con *nosotros*". Por tanto, Dios no quiere "que *ninguno* [de nosotros] perezca", es decir "ninguno de los que somos *elegidos*". El problema con interpretar las palabras de Pedro como si Dios retardara la segunda venida por su deseo de que *todos los seres humanos* sean salvos es que cuanto más se demore, más personas se pierden, porque en cada generación hay muchos que no se arrepienten. Dios no desconoce este hecho. Por lo tanto, la lógica del versículo fallaría si el apóstol quisiera decir "todos los seres humanos", porque la lógica del versículo supone que la tardanza está motivada por el deseo divino de que nadie se pierda.

4. Ben Witherington señala que la teoría de la relatividad debería, como mínimo, hacernos humildes e impedir que usemos nuestra frágil comprensión del significado del tiempo para emitir juicios acerca de predicciones bíblicas: "Muchos científicos señalan que 'el tiempo, de hecho, es elástico y puede estirarse y encogerse por el movimiento'. No solo eso, sino que 'el tiempo realmente transcurre con mayor rapidez en el espacio, donde la gravedad de la tierra es más débil'. En resumen, el tiempo, el espacio y la gravedad son realidades que están interrelacionadas y son interdependientes... Ahora bien, esto por sí solo debería ponernos a pensar. Nuestra propia *percepción* del paso del tiempo o nuestro cálculo del tiempo es difícilmente un criterio firme o confiable para emitir un juicio acerca de la validez de los conceptos escatológicos que Jesús y Pablo enseñaron... Lo que hemos aprendido acerca del tiempo a partir de la teoría de la relatividad, junto con la exploración del espacio, sugiere que en vista de que el

No obstante, Pablo dice en tono provocador que "Dios predestinó [una sabiduría oculta] *antes de los siglos* para nuestra gloria" (1 Co. 2:7; cf. 2 Ti. 1:9; Tit. 1:2). En otras palabras, en cierto sentido Dios existió "antes de los siglos", es decir, antes del tiempo. Pedro sugiere que esta relación misteriosa entre Dios y el tiempo debería disuadirnos de ridiculizar la cronología de sus profecías. Si Jesús y los apóstoles afirman que la venida de Cristo está "cerca", "se acerca", está "delante de la puerta" o es "pronto", cuando reconocen que no saben cuándo viene, nosotros deberíamos considerar el hecho de que la perspectiva divina es parte de lo que da significado a sus palabras. Jesús está *divinamente cerca*.

Su venida está cerca al menos en tres sentidos

Concluyo, por tanto, que si tenemos en cuenta los indicadores que nos dan Jesús y los apóstoles, no les achacaremos falta alguna por hablar de la venida del Señor como cercana, inminente, pronta. Tendremos en cuenta la premisa consensual según la cual ninguno de ellos sabía cuándo Jesús iba a regresar. Con ese indicador en mente, prestaremos atención a la advertencia de Jesús contra toda presunción de tardanza como una actitud peligrosa (Mt. 24:48; Lc. 12:45-46) y llegaremos a la conclusión de que la segunda venida está *potencialmente cerca*. Prestaremos atención a la perspectiva profética del Antiguo y del Nuevo Testamentos que considera "los postreros tiempos" (que incluyen la primera y la segunda venida) como un todo unificado que ya ha comenzado,

No ridiculicen el cronograma de Dios como si su promesa de venir pronto fuera una fábula. Antes bien, den gracias, porque su promesa se está cumpliendo a la perfección.

tiempo, el espacio y la gravedad son interdependientes, sin importar lo que otros puedan decir, la eternidad o el cielo deben ser muy diferentes de la tierra en todo el asunto relativo al tiempo. Puede demostrar incluso que el autor bíblico habló en términos que excedían su capacidad de comprensión cuando señaló: "Con el Señor un día es como mil años, y mil años como un día" (2 P. 3:8). Ben Witherington III, *Jesus, Paul and the End of the World: A Comparative Study in New Testament Eschatology* (Downers Grove, IL: InterVarsity Press, 1992), 233-34.

y llegaremos a la conclusión de que Jesús está *holísticamente cerca*. Asimismo, consideraremos seriamente el recordatorio de Pedro acerca de que para Dios mil años son como un día y llegaremos a la conclusión de que Jesús está *divinamente cerca*.

Todo esto nos lleva a la pregunta: ¿Qué implica, si acaso, esta visión de cercanía respecto a una venida de Jesús en cualquier momento? Ese es el tema que nos ocupará en los capítulos 15 al 17.

15

¿Hay un rapto repentino antes de la segunda venida?

En los capítulos 15 a 17 intentaré responder la pregunta: ¿Enseña el Nuevo Testamento que Jesús viene en cualquier momento? Si respondo esta pregunta de forma negativa, me pregunto si se inferiría con ello que niego la urgencia de toda advertencia bíblica acerca de velar. Jesús, en efecto, nos ordenó mirar, en el sentido de estar atentos (βλέπετε, Mr. 13:33), velar (ἀγρυπνεῖτε, 13:33), mantenernos despiertos (γρηγορεῖτε, 13:35, NVI) y preparados (γίνεσθε ἕτοιμοι, Lc. 12:40) y tener cuidado (προσέχετε, 21:34, NVI). Uno de los motivos para toda esta vigilancia es que "no saben ni el día ni la hora" (Mt. 25:13, NVI). Cualquier punto de vista acerca de la segunda venida de Jesús que le reste importancia a estas exhortaciones resulta dudoso.

Yo creo que la respuesta a la pregunta "¿enseña el Nuevo Testamento que Jesús puede venir en cualquier momento?", es "no". La razón es que el Nuevo Testamento enseña que hay sucesos que faltan por cumplirse antes de la venida del Señor. Trataré de exponerlos. También intentaré mostrar que esto no reduce la urgencia de los mandamientos para velar y estar despiertos y alerta, listos para su venida.

De hecho, argumentaré que nada nos garantiza que su venida esté a pocos años de ocurrir. Por lo tanto, nadie que deja de velar y en cambio duerme espiritualmente tiene razón alguna para pensar que escapará de la ira repentina de la venida del Señor como un ladrón.

Mi base bíblica para esta posición incluye tres pasos que corresponden a los siguientes tres capítulos del libro.

Para empezar, en este capítulo mostraré por qué no creo en una segunda venida en dos partes que incluye una primera parte con el rapto de los cristianos (vivos y muertos) del mundo para ser llevados al cielo durante una "gran tribulación" (Mt. 24:21; Ap. 7:14), seguida de una segunda parte en la que Cristo viene con juicio abrasador.

En segundo lugar, en el capítulo 16 mostraré por qué la mayoría de los sucesos profetizados en Mateo 24 no se limitan al período previo al año 70 d.C., sino que son relevantes para interpretar toda la historia, con una relevancia especial para el crescendo de la historia justo antes de la venida del Señor. En el proceso, veremos que la visión de Pablo de la segunda venida (1 y 2 Ts.) coincide perfectamente con la visión de Jesús (especialmente en Mt. 24).

Eso nos permitirá avanzar en el capítulo 17 al tercer paso, a saber, la presentación de algunos sucesos que todavía están por cumplirse antes que venga Cristo.

¿Qué es el rapto?

En este capítulo retomamos la pregunta: ¿Habrá un rapto repentino cuando los cristianos serán sacados del mundo algunos años antes de la segunda venida? ¿O habrá una sola segunda venida de Cristo en lugar de una venida dividida en dos partes?

Mi respuesta es que el "rapto" sucede en la única segunda venida, no años antes. La palabra *rapto* viene del latín *rapio*, que se usa en la Vulgata, la versión de la Biblia en latín, y significa "arrebatar o raptar". En el tiempo futuro (*rapiemur*, "seremos arrebatados") se usa el término en 1 Tesalonicenses 4:17 para describir lo que ocurre en la segunda venida: "Luego nosotros los que vivimos, los que hayamos quedado, seremos arrebatados [*rapiemur*, arrebatados o raptados] juntamente con ellos en las nubes para recibir al Señor en el aire, y así estaremos siempre con el Señor". Según una interpretación, este arrebatamiento "para recibir al Señor en el aire" se refiere a la partida de los cristianos de la tierra durante algunos años mientras que en la tierra ocurre una terrible tribulación antes del regreso del Señor a establecer su reino.

Según este punto de vista, antes que el Señor descienda a establecer su reino habrá un período de "gran tribulación" (Mt. 24:21) sobre la tierra. Los cristianos que estén en la tierra cuando sobrevenga esta tribulación se salvarán de padecerla. Se salvarán siendo sacados del mundo con la venida del Señor Jesús en las nubes, quien los llevará al cielo (el "rapto") antes de la tribulación. Luego, habiendo pasado la tribulación, Él vendrá con sus santos y establecerá su reino sobre la tierra. Esta posición se denomina "la venida de Cristo pretribulacionista", porque Cristo viene *antes* (pre-) de la tribulación y saca de ella a los cristianos.

Voy a sostener que esta posición es equivocada y que Cristo regresa *una sola vez* con gran poder y con sus ángeles para establecer su reino sobre la tierra. Su pueblo será arrebatado para encontrarse con Él en el aire y a recibirlo de nuevo en la tierra. Antes de presentar mis argumentos, dos comentarios prepararán el escenario para lo que quiero que consideres acerca de este desacuerdo entre cristianos.

¿Qué tan importante es el consenso?

Anteriormente, yo apoyaba la idea con la que ahora estoy en desacuerdo. Además, tengo amigos y parientes muy queridos hoy que creen en la venida de Cristo pretribulacionista. Digo esto simplemente para aclarar que este desacuerdo no me impide disfrutar de la comunión con ningún creyente. Cuando fui pastor dirigí a nuestra iglesia en la formulación de una declaración de fe que no incluyera este tema en la confesión. La uniformidad de opiniones al respecto no definió nuestra congregación.

Mi segundo comentario es que se han escrito libros completos para defender la posición que ahora sostengo[1]. Este no es otro libro acerca de ese tema. Por lo tanto, mis argumentos serán breves. Dejarán algunos interrogantes sin respuesta. No obstante, me contento con ello porque el objetivo principal de este libro no es cambiar la opinión de quienes sostienen el punto de vista pretribulacionista de la segunda venida. Mi objetivo principal es que todos amemos la venida del Señor, sin importar cuál opinión sostengamos.

---

1. George Eldon Ladd, *The Blessed Hope: A Biblical Study of the Second Advent and Rapture* (Grand Rapids, MI: Eerdmans, 1990); Robert H. Gundry, *The Church and the Tribulation* (Grand Rapids, MI: Zondervan, 1973).

Ocho razones por las que no soy pretribulacionista

La razón por la que tengo que abordar este desacuerdo es que me propongo responder la pregunta acerca de si deberíamos creer que el Nuevo Testamento enseña que Jesús puede venir en cualquier momento. Uno de los argumentos que se emplean para sustentar la posición pretribulacionista es que el Nuevo Testamento, en efecto, enseña que Jesús puede venir en cualquier momento *y* que solo si se divide la segunda venida en dos partes es posible conservar su carácter repentino. Si el Señor viene después de la gran tribulación (después = *post*, por lo tanto, postribulacionista, después de la tribulación), su venida no puede suceder en cualquier momento porque algunos aspectos de esa tribulación todavía no han ocurrido. Esos sucesos tienen que ocurrir primero. Así pues, la razón por la cual abordo la visión pretribulacionista es mostrar que la idea de que Cristo viene en cualquier momento es equivocada. Y, por supuesto, este objetivo es parte de una meta más amplia que consiste en esclarecer bíblicamente nuestro entendimiento acerca del regreso del Señor y así eliminar obstáculos innecesarios para amar su venida.

1. *Cómo recibiremos al Señor en el aire*

La visión pretribulacionista afirma que 1 Tesalonicenses 4:17 describe la primera parte de la venida de Cristo en la que sube al cielo con su iglesia arrebatada: "Luego nosotros los que vivimos, los que hayamos quedado, seremos arrebatados juntamente con ellos en las nubes para recibir [ἀπάντησιν] al Señor en el aire, y así estaremos siempre con el Señor".

La palabra que se traduce "recibir" en la versión Reina-Valera aparece solo en dos pasajes más en el Nuevo Testamento y, en ambos casos, se refiere a un encuentro en el que varias personas salen a encontrarse con un dignatario y de ahí lo acompañan al lugar de donde salieron. En Hechos 28, Lucas describe el momento cuando un grupo de cristianos que salió de Roma recibe a Pablo, recién llegado, y le da la bienvenida:

De donde, oyendo de nosotros los hermanos, salieron a recibirnos [ἀπάντησιν] hasta el Foro de Apio y las Tres Tabernas; y al verlos, Pablo dio gracias a Dios y cobró aliento. Cuando llegamos a Roma, el centurión entregó los presos al prefecto militar, pero a Pablo se le permitió vivir aparte, con un soldado que le custodiase (28:15-16).

En Mateo 25:6, encontramos una ilustración de la segunda venida del Señor. Presenta a cinco vírgenes sabias que salen al encuentro del novio que regresa y lo acompañan al banquete de bodas:

> Y a la medianoche se oyó un clamor: ¡Aquí viene el esposo; salid a recibirle [ἀπάντησιν]! Entonces todas aquellas vírgenes se levantaron, y arreglaron sus lámparas… Pero mientras ellas [las vírgenes insensatas] iban a comprar, vino el esposo; y las que estaban preparadas entraron con él a las bodas; y se cerró la puerta" (Mt. 25:6, 10).

Esto sugiere enfáticamente que la imagen que encontramos en 1 Tesalonicenses 4:17 es la de los creyentes que se levantan para encontrarse con el Señor en el aire y lo acompañan de regreso al reino que le pertenece sobre la tierra. La palabra no sugiere ninguna partida con Cristo desde la tierra.

2. *Reposo y venganza en un mismo día*

Una lectura cuidadosa del pasaje deja ver que, según la terminología usada en 2 Tesalonicenses 1:5-8, Pablo, en caso de estar vivo en el momento de la venida del Señor, espera en el mismo suceso y al mismo tiempo el reposo del sufrimiento y el castigo de los incrédulos, es decir, en el momento de la manifestación de Jesús con sus ángeles de su poder, en llama de fuego:

> Esto es demostración del justo juicio de Dios, para que seáis tenidos por dignos del reino de Dios, por el cual asimismo padecéis. Porque es justo delante de Dios pagar con tribulación a los que os atribulan, y *a vosotros que sois atribulados, daros reposo con nosotros, cuando se manifieste el Señor Jesús desde el cielo con los ángeles de su poder, en llama de fuego*, para dar retribución a los que no conocieron a Dios, ni obedecen al evangelio de nuestro Señor Jesucristo.

Esta revelación del Señor Jesús desde el cielo (2 Ts. 1:7) no es un rapto pretribulacionista, ya que supone no solo el reposo de los creyentes, sino el castigo de los incrédulos en llama de fuego. Esto significa que Pablo no esperaba un suceso en el que él y los otros creyentes recibieran reposo siete años *antes* de la gloriosa manifestación de Cristo en llama de fuego. La venganza contra los incrédulos y el reposo para la iglesia perseguida ocurren el mismo día en el mismo suceso,[2] la única segunda venida.

3. *Recibimos a Cristo en el día del Señor*

Asimismo, la terminología de 2 Tesalonicenses 2:1-2 sugiere que el momento en que recibimos al Señor en el aire es el mismo "día del Señor" cuando Jesús juzga a los incrédulos y recompensa a los creyentes:

> Pero con respecto a *la venida de nuestro Señor Jesucristo*, y *nuestra reunión con él*, os rogamos, hermanos, que no os dejéis mover fácilmente de vuestro modo de pensar, ni os conturbéis, ni por espíritu, ni por palabra, ni por carta como si fuera nuestra, en el sentido de que *el día del Señor está cerca*.

Tiene poco sentido hacer una distinción entre "nuestra reunión con el Señor" y "el día del Señor". La línea de pensamiento se refiere a ambos acontecimientos como uno solo. La manera natural de interpretar la reunión con el Señor es verla a la luz de 1 Tesalonicenses 4:17: "Luego nosotros los que vivimos, los que hayamos quedado, *seremos arrebatados juntamente con ellos* en las nubes para recibir al Señor en el aire, y así estaremos siempre con el Señor". Esto es lo mismo que "nuestra reunión con Él" en 2 Tesalonicenses 2:1. También es lo mismo que "el día del Señor" (2 Ts. 2:2).

Y la manera natural de interpretar "el día del Señor" es verlo a la luz del "día" que Pablo describe a continuación. En aquel "día" (2 Ts. 2:3), después que "se manifieste el hombre de pecado" (2:3), "el Señor matará con el espíritu de su boca, y destruirá con el resplandor de su

---

2. La simultaneidad del juicio y el rescate queda clara mediante: (1) la declaración de Pablo acerca de que ambos ocurren "cuando se manifieste el Señor Jesús desde el cielo con los ángeles de su poder" (ἐν τῇ ἀποκαλύψει τοῦ κυρίου Ἰησοῦ ἀπ' οὐρανοῦ μετ' ἀγγέλων δυνάμεως αὐτοῦ; ver 2 Ts. 1:7), y (2) la afirmación de Pablo de que el juicio sucede "cuando venga en aquel día para ser glorificado en sus santos" (ὅταν ἔλθῃ ἐνδοξασθῆναι ἐν τοῖς ἁγίοις αὐτοῦ, 2 Ts. 1:10).

venida" (2:8). Por lo tanto, la reunión para recibir al Señor y el juicio contra los enemigos de Dios constituyen un mismo suceso. El rapto no ocurre siete años antes de la manifestación de la venida de Cristo con poder destructor. Son parte del mismo suceso.

4. Pablo arguye con inclinación postribulacionista

Si Pablo fuera pretribulacionista, ¿por qué no simplemente dijo en 2 Tesalonicenses 2:3 que los cristianos no deben preocuparse que el día del Señor haya venido porque todos siguen en la tierra? Ellos no han sido arrebatados todavía. Pero Pablo no dice eso. Antes bien, habla como se esperaría de alguien que sostiene la visión postribulacionista:

> Pero con respecto a la venida de nuestro Señor Jesucristo, y nuestra reunión con él, os rogamos, hermanos, que no os dejéis mover fácilmente de vuestro modo de pensar, ni os conturbéis, ni por espíritu, ni por palabra, ni por carta como si fuera nuestra, en el sentido de que el día del Señor está cerca. Nadie os engañe en ninguna manera; *porque no vendrá sin que antes venga la apostasía, y se manifieste el hombre de pecado*, el hijo de perdición (2 Ts. 2:1-3).

Pablo les dice que no deberían pensar que el día del Señor ha llegado porque la apostasía y el hombre de pecado no ha aparecido. En otras palabras, Pablo describe dos sucesos que deben cumplirse antes de la venida del Señor, que según hemos visto es lo mismo que la reunión de los creyentes en 1 Tesalonicenses 4:17 cuando tiene lugar "el rapto".

5. Jesús describe la tribulación de sus futuros discípulos

Los pasajes de Mateo 24, Marcos 13 o Lucas 21, que como sostendré en el capítulo 16 no se limitan a los sucesos del primer siglo, sino que incluyen las descripciones de Jesús de los últimos tiempos que culminan en la segunda venida de Cristo, no mencionan un rapto que saque a los creyentes de ninguno de los sucesos del fin.

Los creyentes experimentan el fuego de la prueba no como castigo, sino como purificación que refina el oro.

Una lectura normal no da la impresión de la partida de los cristianos de la tierra. Por el contrario, Jesús habla como si los creyentes que lo escuchan, así como los que vendrán después, iban a experimentar o podrían experimentar los sucesos que menciona (cf. Mt. 24:4, 9, 15, 23, 26, 33).

6. *Los cristianos experimentan la tribulación como purificación, no como ira*

La posición pretribulacionista sostiene que sería contrario a los caminos de Dios permitir que los cristianos experimenten la gran tribulación, la cual se caracteriza por la ira divina. Sin embargo, la lectura normal del Nuevo Testamento es que "es necesario que a través de muchas tribulaciones entremos en el reino de Dios" (Hch. 14:22). Aun cuando la tribulación viene de Dios, los creyentes aparecen en las descripciones como quienes la experimentan no como castigo, sino como purificación. Por ejemplo, Pedro escribe:

> Amados, no os sorprendáis del fuego de prueba que os ha sobrevenido, como si alguna cosa extraña os aconteciese... porque es tiempo de que el juicio comience por la casa de Dios; y si primero comienza por nosotros, ¿cuál será el fin de aquellos que no obedecen al evangelio de Dios? Y: Si el justo con dificultad se salva, ¿en dónde aparecerá el impío y el pecador? De modo que los que padecen según la voluntad de Dios, encomienden sus almas al fiel Creador, y hagan el bien (1 P. 4:12, 17-19)

Los creyentes no están exentos de la tribulación, ni siquiera de la más dura, ni siquiera cuando la tribulación es designio divino.

Pedro ya había descrito en el primer capítulo de su carta por qué sobrevienen a los creyentes estos padecimientos (πειρασμὸν, 1 P. 4:13):

> En lo cual vosotros os alegráis, aunque ahora por un poco de tiempo, si es necesario, tengáis que ser afligidos en diversas pruebas [πειρασμοῖς], para que sometida a prueba vuestra fe, mucho más preciosa que el oro, el cual aunque perecedero se prueba con fuego, sea hallada en alabanza, gloria y honra cuando sea manifestado Jesucristo (1 P. 1:6-7).

Los creyentes experimentan el fuego de la prueba no como castigo, sino como purificación que refina el oro. El argumento de que los cristianos no pueden pasar por la "gran tribulación" (Mt. 24:21; Ap. 7:14) porque esta supone el juicio airado de Dios, falla en reconocer el designio de Dios en la tribulación que establece una distinción fundamental: la tribulación puede ser destructiva para los incrédulos, mientras que es purificadora para los creyentes.

7. *Guardados de la hora de prueba*

Uno de los pasajes que se usan para sostener la posición pretribulacionista es Apocalipsis 3:10: "Por cuanto has guardado la palabra de mi paciencia, *yo también te guardaré de la hora de la prueba que ha de venir sobre el mundo entero*, para probar a los que moran sobre la tierra". ¿Significan las palabras "te guardaré de la hora de prueba" que los cristianos serán sacados del mundo antes de la tribulación?

Hay otra interpretación natural. Ser "[guardados] de la hora de prueba" no necesariamente significa ser sacado del mundo durante esa hora para salvarse del sufrimiento, sino para ser guardado como fiel en medio de él. Compara Gálatas 1:3-5:

> Gracia y paz sean a vosotros, de Dios el Padre y de nuestro Señor Jesucristo, el cual se dio a sí mismo por nuestros pecados para *librarnos del presente siglo malo*, conforme a la voluntad de nuestro Dios y Padre, a quien sea la gloria por los siglos de los siglos. Amén.

Ser librado "del presente siglo malo" no significa que somos sacados de él, sino que nuestra fe se preserva en medio de él. De igual modo, Jesús ora en Juan 17:15: "No ruego que los quites del mundo, sino que los guardes del mal". Guardarnos "del mal" no significa que salimos del mundo ni de la esfera del mundo. Significa que somos protegidos de su poder destructor en tanto que estamos en el mundo.

Hay una sola segunda venida de Cristo y trae tanto la liberación de los creyentes como el juicio contra los incrédulos.

Incluso en el libro de Apocalipsis (donde encontramos esta promesa en 3:10), se nos promete que en los últimos tiempos Dios pedirá el martirio de algunos de los suyos. "Y se les dieron [a los mártires bajo el altar celestial] vestiduras blancas, y se les dijo que descansasen todavía un poco de tiempo, hasta que se completara el número de sus consiervos y sus hermanos, que también habían de ser muertos como ellos" (Ap. 6:11). La promesa de Apocalipsis 3:10 significa que el pueblo de Dios será guardado de las fuerzas destructoras de la fe en esa hora, no que habrá un rapto que los saque de un mundo conmocionado.

8. *La urgencia de velar no pierde vigencia*

La posición pretribulacionista pone un acento especial, como debe ser, en los efectos purificadores de la venida inminente de Cristo a nivel moral y espiritual. Veremos, en el capítulo 18, que esta inquietud legítima se mantiene intacta en la visión de la segunda venida que yo recomiendo. La urgencia de velar, de estar alerta, listos y despiertos se mantiene vigente. Sin embargo, el énfasis será sobre los efectos purificadores de la venida del Señor, como vemos en 1 Juan 3:2-3: "Amados, ahora somos hijos de Dios, y aún no se ha manifestado lo que hemos de ser; pero sabemos que cuando él se manifieste, seremos semejantes a él, porque le veremos tal como él es. Y todo aquel que tiene esta esperanza en él, se purifica a sí mismo, así como él es puro".

Una futura venida de Cristo

Concluyo a partir de estos ocho argumentos que hay una sola segunda venida de Cristo. No ocurre antes de la gran tribulación para sacar a los cristianos del mundo. Antes bien, es un punto culminante en la resurrección de los cristianos y trae tanto la liberación de los creyentes como el juicio contra los incrédulos.[3]

Por lo tanto, la posición pretribulacionista no puede ofrecer un soporte convincente para argüir que el Nuevo Testamento enseña un regreso de Jesús en cualquier momento. A fin de continuar nuestra búsqueda de respuestas bíblicas a la pregunta de lo que sí enseña el Nuevo

---

3. Ver capítulo 8.

Testamento, pasemos ahora al segundo paso de este argumento en tres partes.

En el siguiente capítulo intentaré demostrar que la posición de Pablo y la visión de Jesús (especialmente en Mt. 24) acerca de la segunda venida son la misma. Esto tendrá implicaciones sustanciales para el tercer paso (capítulo 17), a saber, qué sucesos deben ocurrir antes de que Cristo venga, si los hubiera.

16

Jesús y Pablo: Una visión común de la venida de Cristo

MI SEGUNDO PASO PARA SOSTENER que el Nuevo Testamento no enseña un regreso de Cristo en cualquier momento es mostrar que la mayoría de los sucesos profetizados en Mateo 24 no se limitan al tiempo que culmina en el año 70 d.C., sino que son pertinentes para interpretar toda la historia, con una relevancia particular en el crescendo de la historia justo antes del regreso del Señor. En el proceso, veremos que la visión de Pablo de la segunda venida (en 1 y 2 Ts.) es la misma de Jesús (especialmente en Mt. 24). Esto, a su vez, nos permitirá avanzar al paso tres (capítulo 17) en el que mostraré algunos sucesos que faltan por ocurrir antes de la venida de Cristo.

La misma venida en 1 y 2 de Tesalonicenses

Primero, debemos ver que, en 1 y 2 de Tesalonicenses, Pablo se refiere a una sola venida de Cristo. No hablo aquí acerca del asunto que tratamos en el capítulo anterior acerca de la posible venida de Cristo pretribulacionista, seguida de otra venida siete años después. Antes bien, hablo del hecho de que todas las referencias de la segunda venida de Cristo en las dos cartas a los tesalonicenses son referencias al mismo suceso (1 Ts. 2:19; 3:13; 4:13-18; 5:1-11, 23; 2 Ts. 1:5-10; y 2:1-12). Este hecho será significativo cuando cotejemos la enseñanza de Jesús con la de Pablo. Si puedo mostrar que Pablo y Jesús describen los tiempos postreros de forma similar, tanto Mateo 24 como las cartas a los tesalonicenses pueden proveer una respuesta unificada a la pregunta: ¿Enseña el Nuevo Testamento que hay sucesos que faltan por cumplirse antes del regreso del Señor?

A continuación, presento tres indicadores que muestran que Pablo tenía en mente el mismo suceso de la venida de Cristo a lo largo de su correspondencia a los tesalonicenses:

1. En 1 Tesalonicenses 2:19; 3:13; 4:15; 5:23; y en 2 Tesalonicenses 2:1, 8, Pablo usa la palabra griega clave para la segunda venida, *parousia*, para referirse a la segunda venida. No usa un vocabulario diferente para diferentes venidas. Pablo emplea la misma palabra en estos contextos diferentes porque está hablando de una sola venida.

2. En 1 Tesalonicenses 5:2, Pablo emplea el término "día del Señor" para referirse al día en que viene como ladrón en la noche. Los creyentes estarán en la tierra para ese "día del Señor" y estarán "velando" (γρηγορῶμεν, 1 Ts. 5:6), de modo que el día no viene para ellos con destrucción: "Mas vosotros, hermanos, no estáis en tinieblas, para que aquel día os sorprenda como ladrón. Porque todos vosotros sois hijos de luz e hijos del día; no somos de la noche ni de las tinieblas" (5:4-5). Sin embargo, ese mismo término, "día del Señor" (2 Ts. 2:2) se refiere a "aquel día" (2:3, NTV) cuando se manifiesta el hombre de pecado, "a quien el Señor matará con el espíritu de su boca" (2:8). Por consiguiente, la venida del Señor en 1 Tesalonicenses 5 y la venida en 2 Tesalonicenses 2 son un mismo suceso.

3. La venida de Cristo en 2 Tesalonicenses 1:5-10 es con "los ángeles de su poder, en llama de fuego, para dar retribución a los que no conocieron a Dios" (1:7-8). Así, quienes creen en una venida de Cristo pretribulacionista dirían que esta venida en 2 Tesalonicenses 1:5-10 no es la misma que en 1 Tesalonicenses 4:13-18, donde Jesús rescata a todos los creyentes vivos y muertos sacándolos del mundo *antes* de ese juicio temible. Aun así, esta misma venida, en 2 Tesalonicenses 1:6-7, es descrita como un alivio para los creyentes que todavía están en la tierra cuando Él viene: "Porque es justo delante de Dios pagar con tribulación

> a los que os atribulan, y a vosotros que sois atribulados, daros reposo con nosotros, cuando se manifieste el Señor Jesús desde el cielo con los ángeles de su poder". Esto significa que la venida de Cristo en 1 Tesalonicenses 4:13-18 y la venida en 2 Tesalonicenses 2:5-10 son la misma venida.

Así pues, cuando arguyo que la visión de Pablo acerca de la segunda venida es la misma de Jesús, me refiero al concepto unificado que presenta Pablo de la segunda venida en 1 y 2 de Tesalonicenses.

El concepto de Pablo coincide con el de Jesús

El número y la especificidad de los paralelos entre las descripciones de Pablo de la segunda venida y las descripciones de Jesús son impresionantes. Yo observo al menos catorce paralelos, dependiendo de cómo se cuenten (algunos son conjuntos de paralelos). A mi modo de ver, es inevitable concluir que los sucesos del fin de los tiempos que describe Pablo son los mismos que describe Jesús.

Se desconoce la manera en que las enseñanzas de Jesús le fueron transmitidas a Pablo. Sabemos que, poco después de su conversión, Pablo pasó dos semanas con Pedro en Jerusalén: "Después, pasados tres años, subí a Jerusalén para ver a Pedro, y permanecí con él quince días" (Gá. 1:18). Esta no fue la única vez que Pablo pasó tiempo con Pedro. Gálatas 2:1-10 describe otra visita a Jerusalén, donde Pedro dio a Pablo la diestra en señal de compañerismo (2:9; cf. Hch. 15:3). Y sabemos por lo menos de una visita de Pedro a Antioquía cuando Pablo estuvo allí (Gá. 2:11).

Esto significa que hubo oportunidades de sobra para que Pablo aprendiera de boca de testigos presenciales el lenguaje mismo que usó Jesús para describir su segunda venida, por no mencionar la posibilidad de otras tradiciones orales o fragmentos de escrituras que circulaban entre las iglesias.

A continuación, presento los catorce paralelos entre Pablo y Jesús acerca de la manera en que hablaron de la segunda venida.

1. *Parousia*

Tanto Jesús como Pablo describen la venida de Cristo con la acostumbrada palabra *parousia*.

Vimos anteriormente que Pablo usa *parousia* seis veces en 1 y 2 Tesalonicenses para referirse a la venida del Señor (1 Ts. 2:19; 3:13; 4:15; 5:23; 2 Ts. 2:1, 8). Jesús usa tres veces el término en Mateo 24 (además de que sus discípulos lo usaron cuando formularon la pregunta: "¿Qué señal habrá de tu venida?", 24:3):

- Porque como el relámpago que sale del oriente y se muestra hasta el occidente, así será también la venida [παρουσία] del Hijo del Hombre (24:27).
- Mas como en los días de Noé, así será la venida [παρουσία] del Hijo del Hombre (24:37).
- Y no entendieron hasta que vino el diluvio y se los llevó a todos, así será también la venida [παρουσία] del Hijo del Hombre (24:39).

2. *La reunión con el Señor*

Pablo usa la misma que palabra que usó Jesús para describir la reunión del pueblo de Dios en la venida del Señor. Pablo usa la forma sustantiva y Jesús usa la forma verbal:

Pero con respecto a la venida de nuestro Señor Jesucristo, y *nuestra reunión* [ἐπισυναγωγῆς] con él, os rogamos, hermanos, que no os dejéis mover fácilmente de vuestro modo de pensar, ni os conturbéis, ni por espíritu, ni por palabra, ni por carta como si fuera nuestra, en el sentido de que el día del Señor está cerca (2 Ts. 2:1-2).

Y enviará sus ángeles con gran voz de trompeta, y *juntarán* [ἐπισυνάξουσιν] a sus escogidos, de los cuatro vientos, desde un extremo del cielo hasta el otro (Mt. 24:31).

De todos sus escritos, 2 Tesalonicenses 2:1 es el único pasaje donde Pablo usa esta palabra (ya sea en forma sustantiva o verbal). Además, el único uso que hace del término es en relación con la segunda venida. Mateo usa la palabra en otro pasaje donde Jesús expresa su anhelo de reunir a su pueblo como una gallina junta sus polluelos (Mt. 23:37).

3. *No se alarmen*

Tercero, en todo el Nuevo Testamento solo Pablo y Jesús usan la palabra *alarmar* (θροεῖσθαι). Y ambas se aplican a los peligros de desorientarse por las señales de la segunda venida del Señor:

> Pero con respecto a la venida de nuestro Señor Jesucristo y a nuestra reunión con Él, les rogamos, hermanos, que no sean sacudidos fácilmente en su modo de pensar, ni se *alarmen* [μηδὲ θροεῖσθαι], ni por espíritu, ni por palabra, ni por carta como *si fuera* de nosotros, en el sentido de que el día del Señor ha llegado (2 Ts. 2:1-2, NBLA).

> Porque muchos vendrán en Mi nombre, diciendo: "Yo soy el Cristo", y engañarán a muchos. Ustedes van a oír de guerras y rumores de guerras. ¡Cuidado! *No se alarmen* [μὴ θροεῖσθε], porque es necesario que todo esto suceda; pero todavía no es el fin (Mt. 24:5-6, NBLA; cf. Mr. 13:7, NBLA).

Esto es extraordinario. Solo Jesús y Pablo usan el término. Y ambos lo usan exactamente con relación a lo mismo: alarmarse innecesariamente por las señales de la segunda venida. Esto señala unidad conceptual, por no hablar de dependencia verbal.

4. *El abandono masivo y definido de la fe*

Si bien no usan el mismo vocabulario, tanto Pablo como Jesús describen una apostasía de la fe de cristianos profesantes en la culminación del fin de los tiempos:

> Nadie os engañe en ninguna manera; porque no vendrá sin que antes venga la *apostasía* [ἀποστασία], y se manifieste el hombre de pecado, el hijo de perdición (2 Ts. 2:3).

> Respondiendo Jesús, les dijo: Mirad que *nadie os engañe*. Porque vendrán muchos en mi nombre, diciendo: Yo soy el Cristo; y a muchos *engañarán* [πλανήσουσιν]… Muchos *tropezarán* [σκανδαλισθήσονται] entonces, y se entregarán unos a otros, y unos

a otros se aborrecerán. Y muchos falsos profetas se levantarán, y *engañarán a muchos* [πλανήσουσιν]... Porque se levantarán falsos Cristos, y falsos profetas, y harán grandes señales y prodigios, de tal manera que *engañarán* [πλανῆσαι], si fuere posible, aun a los escogidos (Mt. 24:4-5, 10-11, 24).

Más que cualquier otra advertencia en Mateo 24, Jesús repite esta advertencia acerca de no desviarse de la fe. La amenaza de la apostasía, de ser engañado o de abandonar la fe se intensifica a tal punto que en su clímax pone en riesgo incluso a los elegidos (Mt. 24:24). Sin embargo, Jesús dice en el versículo 22 que "por causa de los escogidos, aquellos días serán acortados".

Solo aquí, en 2 Tesalonicenses 2:3, Pablo usa la palabra *apostasía*, el término griego estándar cuya definición es "desafiar el sistema establecido de autoridad, *rebelión, abandono, ruptura de la fe*".[1] "[El día del Señor] no vendrá sin que antes venga [el abandono, la ruptura de la fe]" (2 Ts. 2:3). Si preguntamos: "¿De dónde sacó Pablo la idea de que en algún momento futuro habrá un 'abandono de la fe' a gran escala entre los cristianos?". Una respuesta sería que Pablo fue inspirado por el Espíritu Santo que, en palabras de Jesús, dijo "os hará saber las cosas que habrán de venir" (Jn. 16:13).

Sin embargo, dado el asombroso paralelismo con las repetidas advertencias de Jesús acerca de tal abandono de la fe a causa del engaño (Mt. 24:4, 10, 11, 24), ¿no sería posible que el Espíritu Santo guiara a Pablo a esa verdad llevándolo a consultar las enseñanzas de Jesús registradas en Mateo 24? Ambas presagian un tiempo en el que tendría lugar un abandono definido y masivo de la fe por parte de los cristianos, un fenómeno que no corresponde con las ya conocidas deserciones.

5. Maldad

Tanto Jesús como Pablo hacen referencia a una maldad creciente antes de la venida del Señor:

---

1. W. Arndt, F. W. Danker, W. Bauer y F. W. Gingrich, *A Greek-English Lexicon of the New Testament and Other Early Christian Literature*, 3.ª ed. (Chicago: University of Chicago Press, 2000), 120.

> Y muchos falsos profetas se levantarán, y engañarán a muchos; y por haberse multiplicado la *maldad* [ἀνομίαν], el amor de muchos se enfriará (Mt. 24:11-12).

> Nadie os engañe en ninguna manera; porque no vendrá sin que antes venga la apostasía, y se manifieste el hombre de *pecado* [ἀνομίας], el hijo de perdición… Porque ya está en acción el misterio de la *iniquidad*; solo que hay quien al presente lo detiene, hasta que él a su vez sea quitado de en medio. Y entonces se manifestará aquel *inicuo*, a quien el Señor matará con el espíritu de su boca, y destruirá con el resplandor de su venida; *inicuo* cuyo advenimiento es por obra de Satanás, con gran poder y señales y prodigios mentirosos (2 Ts. 2:3, 7-9).

Tanto para Jesús como para Pablo, el abandono de la fe (por engaño y apostasía) está ligado al poder de la impiedad. Ambos presentan un escenario en el que aumenta más y más la maldad. Pablo trata el "misterio de la iniquidad" como algo que "ya está en acción" y va a descontrolarse en algún momento futuro (2 Ts. 2:7). Jesús habla de ese incremento y de sus efectos letales contra el amor.

6. *Incapacidad de amar*

Tanto Jesús como Pablo conectan el aumento de la iniquidad con la incapacidad de amar:

> Y por haberse multiplicado *la maldad*, *el amor* de muchos se enfriará (Mt. 24:12).

> La venida del *inicuo* es por la actividad de Satanás con todo poder y falsas señales y prodigios y con todo engaño de maldad para los que se pierden, porque no recibieron el *amor* de la verdad para ser salvos (2 Ts. 2:9-10, traducción mía).

Esta conexión entre la incapacidad de amar podría ser una coincidencia. Sin embargo, cuando se considera en conjunto con otras conexiones como impiedad y apostasía, parece otra pieza de rompecabezas que encaja en el cuadro de una idea común del futuro.

7. *Señales y prodigios al servicio de la mentira*

Tanto Pablo como Jesús afirmaron que se harán señales y prodigios para engañar a los discípulos:

> La venida del *inicuo* es por la actividad de Satanás con todo poder y *falsas* [ψεύδους] señales y prodigios [καὶ σημείοις καὶ τέρασιν] y con todo engaño de maldad para los que se pierden, porque no recibieron el amor de la verdad para ser salvos (2 Ts. 2:9-10, traducción mía).

> Porque se levantarán *falsos* Cristos, y *falsos* profetas [ψευδόχριστοι καὶ ψευδοπροφῆται], y harán grandes *señales y prodigios* [σημεῖα καὶ τέρατα], de tal manera que engañarán, si fuere posible, aun a los escogidos (Mt. 24:24).

Tanto Pablo como Jesús hablan de engaño en este período del fin y lo relacionan con el poder de "señales y prodigios" que buscan engañar por medio de mentiras. Ninguno niega que las señales y prodigios realmente sucedan. Antes bien, ambos coinciden en afirmar que están al servicio de la mentira.

8. *Ángeles, trompeta, nubes, gloria, poder*

Tanto Pablo como Jesús hablan de ángeles, de trompeta, de nubes, gloria y poder que acompañan la venida del Señor:

> Porque el Señor mismo con voz de mando, con voz de *arcángel*, y con *trompeta* de Dios, descenderá del cielo; y los muertos en Cristo resucitarán primero. Luego nosotros los que vivimos, los que hayamos quedado, seremos arrebatados juntamente con ellos en las *nubes* para recibir al Señor en el aire, y así estaremos siempre con el Señor (1 Ts. 4:16-17).

> Y a vosotros que sois atribulados, daros reposo con nosotros, cuando se manifieste el Señor Jesús desde el cielo con los ángeles de su poder, en llama de fuego, para dar retribución a los que no conocieron a Dios, ni obedecen al evangelio de nuestro Señor Jesucristo; los

cuales sufrirán pena de eterna perdición, excluidos de la presencia del Señor y de la *gloria* de su *poder* (2 Ts. 1:7-9).

Entonces aparecerá la señal del Hijo del Hombre en el cielo; y entonces lamentarán todas las tribus de la tierra, y verán al Hijo del Hombre viniendo sobre las *nubes* del cielo, con *poder* y gran *gloria*.[2] Y enviará sus *ángeles* con gran voz de *trompeta*, y juntarán a sus escogidos, de los cuatro vientos, desde un extremo del cielo hasta el otro (Mt. 24:30-31; cf. 25:31).

La descripción de la venida del Señor que incluye la presencia de ángeles, de trompeta y nubes, gloria y poder supondría un esfuerzo enorme para afirmar que Jesús y Pablo tenían en mente dos venidas del Señor diferentes.

9. *Como ladrón*

Tanto Jesús como Pablo comparan la segunda venida de Jesús con la venida de un ladrón en la noche:

Pero sabed esto, que si el padre de familia supiese *a qué hora el ladrón habría de venir* [ποίᾳ φυλακῇ ὁ κλέπτης], velaría, y no dejaría minar su casa (Mt. 24:43).

---

2. Algunos intérpretes afirman que el lenguaje empleado aquí refleja el lenguaje de Daniel 7:13-14 y que, por consiguiente, esta "venida en las nubes" no es una venida a la tierra, sino una venida del Hijo del Hombre al Anciano de días en el cielo. Daniel 7:13-14 dice: "Miraba yo en la visión de la noche, y he aquí con las nubes del cielo venía uno como un hijo de hombre, que vino hasta el Anciano de días, y le hicieron acercarse delante de él. Y le fue dado dominio, gloria y reino, para que todos los pueblos, naciones y lenguas le sirvieran; su dominio es dominio eterno, que nunca pasará, y su reino uno que no será destruido". Negar que la "venida en las nubes" (en Mt. 24:30 y 26:64) es la segunda venida de Cristo a la tierra genera numerosos problemas. Primero, la lectura natural de Mateo contradice esta negación. Segundo, los vínculos del lenguaje con los pasajes de 1 y 2 Tesalonicenses (que estamos examinando en este capítulo) apuntan al significado de la segunda venida. Tercero, es perfectamente posible, y de hecho probable, que Jesús se inspirara en el *lenguaje* de Daniel 7 en lugar de *reproducir* la escena celestial misma. Cuarto, incluso en Daniel 7, el reino que recibe el Hijo del Hombre que viene "*hasta* el Anciano de días" es, a su vez, dado a los santos sobre la tierra: "Después recibirán el reino los santos del Altísimo, y poseerán el reino hasta el siglo, eternamente y para siempre" (7:18; cf. 7:22, 27). Es perfectamente natural que el Hijo del Hombre venga en las nubes a Dios para recibir el reino y luego regrese en las nubes "en su gloria, y [con] todos los santos ángeles con él" (Mt. 25:31) para decir a su pueblo: "Venid, benditos de mi Padre, heredad el reino preparado para vosotros desde la fundación del mundo" (25:34).

Porque vosotros sabéis perfectamente que el día del Señor vendrá así como ladrón en la noche [κλέπτης ἐν νυκτὶ] (1 Ts. 5:2).

La comparación entre la venida de Jesús y la venida de un ladrón es atrevida. No solo la emplea Pablo, sino también Pedro (2 P. 3:10) y Juan (Ap. 3:3; 16:15). Es prácticamente seguro que solo Jesús se habría atrevido a crear una imagen semejante y, con ella, dar licencia a sus apóstoles para usarla. En efecto, la usaron y con ello evidenciaron su fuerte dependencia de las enseñanzas de Jesús y su visión común de la segunda venida de Cristo.

10. *Recibir al Señor cuando venga*

Tanto Jesús como Pablo usan la peculiar palabra *recibir* para describir el recibimiento del Señor en su venida:

> Y a la medianoche se oyó un clamor: ¡Aquí viene el esposo; salid a recibirle [ἀπάντησιν]! (Mt. 25:6)

> Luego nosotros los que vivimos, los que hayamos quedado, seremos arrebatados juntamente con ellos en las nubes para recibir [ἀπάντησιν] al Señor en el aire, y así estaremos siempre con el Señor (1 Ts. 4:17).

Ya señalamos que esta palabra aparece solo tres veces en el Nuevo Testamento (Mt. 25:6; Hch. 28:15; 1 Ts. 4:17) y siempre se refiere a una reunión en la que un grupo sale y acompaña a alguien de regreso.[3] Aparece en la parábola de las vírgenes que oyen el llamado y reciben, dan la bienvenida y acompañan al novio al banquete de bodas. Aparece también en 1 Tesalonicenses 4:17 donde los santos resucitados y vivos suben, reciben y acompañan al Señor Jesús a la tierra.

El hecho de que tanto Pablo como Jesús usen esta palabra solo en referencia a la segunda venida es otra conexión lingüística notable.

---

3. Ver capítulo 15.

11. Como *una trampa repentina y destructiva*

Solo Pablo y Jesús usan la palabra *repentina* (αἰφνίδιος). No aparece en ningún otro lugar del Nuevo Testamento. Una vez más, de forma notable, ambos usan la palabra para hacer referencia a la destrucción que en la segunda venida sobrevendrá a los desprevenidos:

> Cuando digan: Paz y seguridad, entonces vendrá sobre ellos destrucción *repentina* [αἰφνίδιος], como los dolores a la mujer encinta, y no escaparán (1 Ts. 5:3).

> Mirad también por vosotros mismos, que vuestros corazones no se carguen de glotonería y embriaguez y de los afanes de esta vida, y venga *de repente* [αἰφνίδιος] sobre vosotros aquel día (Lc. 21:34).

12. *Dolores de parto*

Jesús y Pablo usan la imagen de *dolores de parto* (ὠδίν) para describir los sufrimientos crecientes y culminantes que anteceden el regreso de Jesús:

> Porque se levantará nación contra nación, y reino contra reino; y habrá pestes, y hambres, y terremotos en diferentes lugares. Y todo esto será principio de dolores [ὠδίνων] (Mt. 24:7-8; cf. Mr. 13:8).

> Porque vosotros sabéis perfectamente que el día del Señor vendrá así como ladrón en la noche; que cuando digan: Paz y seguridad, entonces vendrá sobre ellos destrucción repentina, como los dolores [ὠδὶν] a la mujer encinta, y no escaparán (1 Ts. 5:2-3).

Aunque Pablo usa la ilustración de los dolores de parto de manera más amplia (Ro. 8:22; Gá. 4:19, 27), él y Jesús usan el sustantivo (ὠδίν, dolor de parto) solo una vez, y lo hacen en referencia a los sucesos del fin de los tiempos que toman completamente desprevenidos a los incrédulos y traen destrucción. "No escaparán" (1 Ts. 5:3).

13. *Los creyentes escaparán*

Tanto Jesús como Pablo hablan de la necesidad o la imposibilidad de *escapar* (ἐκφεύγω) de las fuerzas destructivas que se desencadenan contra los incautos en la segunda venida:

> Velad, pues, en todo tiempo orando que seáis tenidos por dignos de escapar [ἐκφυγεῖν] de todas estas cosas que vendrán, y de estar en pie delante del Hijo del Hombre (Lc. 21:36).

> Que cuando digan: Paz y seguridad, entonces vendrá sobre ellos destrucción repentina, como los dolores a la mujer encinta, y no escaparán [ἐκφύγωσιν] (1 Ts. 5:3).

Jesús usa solo una vez esta palabra (ἐκφεύγω). Pablo la usa tres veces, una de las cuales va en paralelo con el uso que hace Jesús del término, a saber, la esperanza de escapar de la venida repentina de Cristo. Tanto Jesús como Pablo dicen que los creyentes no serán destruidos por este suceso repentino. Pablo dice: "Mas vosotros, hermanos, no estáis en tinieblas, para que aquel día os sorprenda como ladrón" (1 Ts. 5:4). Y Jesús dice: "Velad, pues, en todo tiempo orando que seáis tenidos por dignos de escapar de todas estas cosas que vendrán" (Lc. 21:36).

14. *Estén despiertos, estén sobrios*

Pablo y Jesús emplean el lenguaje de *velar*, *no dormir* y *no embriagarse* en relación con su preparación para la segunda venida:

> Porque vosotros sabéis perfectamente que el día del Señor vendrá así como ladrón en la noche… Mas vosotros, hermanos, no estáis en tinieblas, para que aquel día os sorprenda como ladrón… no somos de la noche ni de las tinieblas. Por tanto, *no durmamos* [μὴ καθεύδωμεν] como los demás, sino *velemos* [γρηγορῶμεν] y seamos sobrios [νήφωμεν]. Pues los que duermen, de noche duermen, y los que se embriagan, de noche se embriagan [μεθυσκόμενοι νυκτὸς μεθύουσιν] (1 Ts. 5:2, 4-7).

> *Velad* [γρηγορεῖτε], pues, porque no sabéis a qué hora ha de venir
> vuestro Señor... si aquel siervo malo dijere en su corazón: Mi señor
> tarda en venir; y comenzare a golpear a sus consiervos, y aun a
> comer y a beber con los *borrachos* [μεθυόντων], vendrá el señor de
> aquel siervo en día que este no espera, y a la hora que no sabe, y lo
> castigará duramente (Mt. 24:42-51).

> Mirad también por vosotros mismos, que vuestros corazones no se
> carguen de glotonería y *embriaguez* [μέθῃ] y de los afanes de esta
> vida, y venga de repente sobre vosotros aquel día (Lc. 21:34).

> Pero de aquel día y de la hora nadie sabe, ni aun los ángeles
> que están en el cielo, ni el Hijo, sino el Padre. Mirad, velad...
> porque no sabéis cuándo vendrá el señor de la casa... para que
> cuando venga de repente, no os halle *durmiendo* [καθεύδοντας]
> (Mr. 13:32-36).

Tanto Pablo como Jesús usan la imagen de no dormir (καθεύδω), de
permanecer despiertos (γρηγορέω) y no embriagarse (μεθύω), exhortan
a ser sobrios (νήφω). Todas estas son imágenes relacionadas con la preparación para la segunda venida.

¿Cuál es la conclusión?

¿Qué resulta de nuestra comparación entre el concepto de Jesús y el
de Pablo acerca de los últimos tiempos? Estos son algunos pilares de mi
argumento:

> En primer lugar, las cartas a los tesalonicenses contienen una visión
> única y unificada de la segunda venida. A lo largo de dos epístolas,
> Pablo habla de un suceso, la *parusía* (venida), el día del Señor.

> En segundo lugar, esa visión unificada incluye la venida final del
> Señor en las nubes (1 Ts. 4:17) para rescatar a su pueblo (2 Ts.
> 1:7), ejecutar venganza contra los incrédulos (1:6), matar al hom-
> bre de pecado (2:8) y resucitar a todos los creyentes de entre los
> muertos (1 Ts. 4:16).

En tercer lugar, el lenguaje que usa Pablo para describir este único suceso futuro es tan similar al lenguaje de Jesús, especialmente en Mateo 24, que es muy probable que hablen del mismo suceso.[4]

En cuarto lugar, en Mateo 24, Jesús tiene en mente no solo anuncios de la segunda venida en los sucesos del primer siglo, sino también los sucesos finales que describe Pablo en sus cartas a los tesalonicenses. Es un error *limitar* la referencia de Mateo 24:4-31 a la generación inmediatamente posterior a Jesús, con la destrucción de Jerusalén en el año 70 d.C. como punto culminante.[5]

Los argumentos podrían multiplicarse para sostener el cuarto punto. Por ejemplo, parece excesivamente rígido insistir en afirmar que, cuando los discípulos le preguntaron a Jesús en Mateo 24:3, "¿cuándo serán estas cosas, y qué señal habrá de tu venida, y del fin del siglo?", tuvieran en mente dos momentos diferentes (uno cercano y uno distante), o que Jesús respondiera su pregunta en orden secuencial, como si ellos, en efecto, se refirieran a dos momentos (los versículos 4-35 responden la pregunta acerca de la destrucción de Jerusalén y los versículos 36-41 responden la pregunta acerca del fin de los tiempos).

---

4. A manera de recordatorio, observa la manera en que los paralelos con la visión de Pablo se extienden por todo el capítulo 24 de Mateo: *parousia* (24:27), reunión (24:31), no alarmarse (24:6, NBLA), engaño y abandono de la fe (24:4, 10, 11, 24), maldad (24:12), pérdida de amor (24:12), señales y prodigios (24:24), nubes, poder, gloria, trompeta (24:30-31), dolores de parto (24:8, NTV).

5. Repasa la nota 4 del capítulo 13. Algunos intérpretes de Mateo 24 sostienen que cuando los discípulos preguntan en el versículo 2, "¿cuándo serán estas cosas?", solo se refieren a la destrucción del templo, y que Jesús responde esta parte de su pregunta en los versículos 4 a 35. Bajo esa perspectiva, el lenguaje de esos versículos se refiere solo al primer siglo. Así pues, por ejemplo, cuando Jesús dice en el versículo 14: "Y será predicado este evangelio del reino en todo el mundo, para testimonio a todas las naciones; y entonces vendrá el fin", Sam Storm dice: "En lo que respecta a la profecía de Jesús en Mateo 24:14, su punto es que después de la resurrección de Jesús el evangelio será predicado más allá de las fronteras de Judea, como por ejemplo que en las naciones gentiles del mundo habitado conocido como el Imperio romano se oiría el testimonio de su obra redentora. Solo después, dice Jesús, vendrá 'el fin' de la ciudad y del templo... La gran comisión en Mateo 28 no deja vacíos. Simplemente debemos actuar en la gracia de Dios para proclamar el evangelio de Dios y hacer discípulos de todas las naciones. Mi conclusión es... simplemente, que Mateo 24:14 no trata acerca de esa tarea". Sam Storms, *Kingdom Come: The Amillennial Alternative* (Fearn, Ross-shire, UK: Mentor, 2013), 242-44.

Por lo anterior, yo arguyo que el presupuesto de esta estructura según el cual Mateo 24:4-35 solo se refiere al primer siglo (antes del año 70 d.C.), y que el resto del capítulo (24:36-51) describe la segunda venida futura es, a mi modo de ver, injustificado. Sugiero que tanto las preguntas de los discípulos (Mt. 24:3) como la respuesta de Jesús reflejan lo que he denominado la "perspectiva profética" (ver capítulo 8, nota 1). Las hileras de montañas del futuro, cercanas y distantes, son vistas como un todo sin hacer distinciones precisas entre ellas. Así pues, Mateo 24 habla de maneras que a lo largo del capítulo nos revelan tanto la historia de este siglo en curso, como el final culminante en la segunda venida.

El "fin del siglo"

Cuando los discípulos usaron la frase "fin del siglo" (συντελείας τοῦ αἰῶνος, Mt. 24:3), es muy probable que lo hubieran usado en el mismo sentido que lo oyeron de boca de Jesús, es decir, como una referencia al fin de este siglo que está marcado por el juicio a los incrédulos. Por ejemplo:

> El enemigo que la sembró es el diablo; la siega es *el fin del siglo* [συντέλεια αἰῶνός]; y los segadores son los ángeles. De manera que como se arranca la cizaña, y se quema en el fuego, así será en *el fin de este siglo* [τῇ συντελείᾳ τοῦ αἰῶνος]. Enviará el Hijo del Hombre a sus ángeles, y recogerán de su reino a todos los que sirven de tropiezo, y a los que hacen iniquidad, y los echarán en el horno de fuego; allí será el lloro y el crujir de dientes. Entonces los justos resplandecerán como el sol en el reino de su Padre. El que tiene oídos para oír, oiga (Mt. 13:39-43; cf. 13:49; 28:20).

Es improbable que cuando Jesús empezara a hablar en Mateo 24, los discípulos hubieran interpretado los versículos 4 a 35 como algo separado de este "fin del siglo". Y todos los paralelos que hemos visto entre las palabras de Jesús y de Pablo indican que los versículos 4 a 35 están entrelazados con referencias al fin del siglo que está todavía por suceder en el futuro.

El Hijo del Hombre trae juicio universal

Permíteme presentar otra observación de apoyo. Los discípulos también habían oído hablar a Jesús acerca de la venida del *Hijo del Hombre* "en la gloria de su Padre con sus ángeles" (Mt. 16:27). En ese pasaje, Jesús dice que en su venida Él "pagará a cada uno conforme a sus obras". Así que esta es una predicción de la venida del Hijo del Hombre *en el fin del siglo* que culmina con un juicio para cada individuo. Por consiguiente, me parece improbable que en Mateo 24 las referencias a *la venida del Hijo del Hombre*, por ejemplo, en los versículos 27 y 30, se limiten al año 70 d.C.

Juntando los hilos del argumento

Juntemos los hilos de los últimos cuatro capítulos y veamos si podemos esclarecer el tapiz que nos proponemos tejer. Nuestra pregunta general de la segunda parte es cómo deberíamos pensar acerca del tiempo de la venida de Jesús. Para abordar esa pregunta debemos responder otras tres.

La primera: ¿Predijo Jesús que regresaría para concluir este siglo presente en el lapso de una generación? No (ver capítulo 13).

La segunda: ¿Qué quiere decir el Nuevo Testamento cuando afirma que Jesús regresa pronto? Al respecto, sugerí tres significados y propuse tres términos: *potencialmente* cerca, *holísticamente* cerca y *divinamente* cerca (capítulo 14).

La tercera: ¿Enseña el Nuevo Testamento que Jesús regresará *en cualquier momento*? Yo sugerí una respuesta que incluye tres pasos:

1. ¿Enseña el Nuevo Testamento que Jesús *regresará en cualquier momento* para sacar a la iglesia del mundo y que después de unos años vendrá Cristo por segunda vez para establecer su reino? Mi respuesta fue "no" (capítulo 15).
2. ¿Es la misma visión del fin del siglo la que presentan 1 y 2 Tesalonicenses y la enseñanza de Jesús (especialmente en Mateo 24)? Mi respuesta fue "sí" (capítulo 16). La importancia de esta respuesta radica en que Mateo 24 y las cartas a los tesalonicenses dan pistas para responder la tercera y última pregunta acerca del regreso de Jesús en cualquier momento.
3. ¿Enseña el Nuevo Testamento que hay sucesos que faltan por cumplirse antes del regreso del Señor? Si los hay, eso respondería probablemente nuestra pregunta acerca de una venida del Cristo en cualquier momento. Nos dedicaremos a esa pregunta en el capítulo siguiente.

17

¿Qué debe suceder antes que el Señor venga?

Ahora llegamos a nuestro tercer paso en nuestra búsqueda de una respuesta para la pregunta: ¿Enseña el Nuevo Testamento que Jesús viene en cualquier momento? El tercer paso busca presentar algunos sucesos que faltan por cumplirse antes que venga Cristo.

El apóstol Pablo nos muestra, de forma muy explícita, que es apropiado discernir los sucesos previos a la venida del Señor. Cuando lo confrontan con la aparente histeria acerca del día del Señor como un hecho cumplido, él responde: "Nadie os engañe en ninguna manera;[1] porque no vendrá sin que antes venga la apostasía, y se manifieste el hombre de pecado, el hijo de perdición" (2 Ts. 2:3). La respuesta de Pablo en su época a la pregunta "¿qué sucesos faltan por suceder antes que venga Cristo?" incluye dos hechos: (1) debe venir la apostasía y (2) debe manifestarse el hombre de pecado.

A la fecha, otoño de 2021, estos dos sucesos faltan por cumplirse. Pablo no trata estos dos acontecimientos como si fueran tan ambiguos

---

1. Tal y como dijo Jesús: "Mirad que nadie os engañe" (Mt. 24:4). De modo similar a la advertencia de Pablo, el peligro radicaba en dejarse llevar por la histeria en torno al fin de los tiempos y saltar a la conclusión de que uno de los falsos cristos era real y que el día del Señor ya había llegado. "Porque vendrán muchos en mi nombre, diciendo: Yo soy el Cristo; y a muchos engañarán" (Mt. 24:5).

que no pueden discernirse cuando ocurren. La aparición del hombre de pecado será breve y un suceso sensacional a escala global:[2]

> El cual se opone y se levanta contra todo lo que se llama Dios o es objeto de culto; tanto que se sienta en el templo de Dios como Dios, haciéndose pasar por Dios... Y entonces se manifestará aquel inicuo, a quien el Señor matará con el espíritu de su boca, y destruirá con el resplandor de su venida (2 Ts. 2:4, 8).

A cualquier tesalonicense inclinado a pensar que la aparición de este hombre de pecado era distante en el futuro, o a cualquiera de nosotros hoy inclinado a pensar que se trata de un suceso futuro muy lejano, Pablo añade esta asombrosa advertencia: "Porque *ya* está en acción el misterio de la iniquidad" (2 Ts. 2:7). Ya. En el siglo primero y en el día de hoy.

Juan se refiere al anticristo en términos similares: "Hijitos, ya es el último tiempo; y según vosotros oísteis que el anticristo viene, así ahora han surgido muchos anticristos; por esto conocemos que es el último tiempo" (1 Jn. 2:18). Pablo no dice: "Muchos hombres de pecado han venido", aunque podría haberlo hecho. Lo que dice es: "*Ya* está en acción el misterio de la iniquidad".

La advertencia es esta: No bajes la guardia pensando que el hombre de pecado (o anticristo) está lejano, porque la esencia misma de este poder engañoso está ya mismo en acción y podría engañarte de tal modo que pases por alto las señales de su llegada. Permíteme repetir esto: Justo cuando piensas que el fin vendrá en un futuro lejano, el misterio de la iniquidad satánica puede nublar tu entendimiento con engaño para que no te percates a tiempo de la llegada del hombre de pecado.

La rebelión venidera

La "rebelión" (o apostasía) a gran escala también está todavía en el futuro. Aunque este suceso es menos definido que la aparición de un hombre que se autoproclama dios, no puede reducirse a un proceso extendido de temporadas de apostasía a lo largo de varios siglos. Pablo

---

2. Ver el capítulo 9 para una descripción de esta figura de los últimos tiempos.

creía que sería un suceso lo bastante discernible para que pudiéramos usar la ausencia de él como evidencia de que el día del Señor aún no había llegado.

Sería cierto afirmar: "El misterio de *la apostasía ya* ha empezado", del mismo modo que Pablo dice: "El misterio de *la iniquidad ya* está en acción". De hecho, Pablo habla de ese modo acerca de un abandono de la fe que tendrá lugar en los días postreros. Él dice en 1 Timoteo 4:1: "Pero el Espíritu dice claramente que en los postreros tiempos algunos apostatarán de la fe, escuchando a espíritus engañadores y a doctrinas de demonios"; habla de los tales como ya presentes y confronta su error (4:1-5).

Asimismo dice Pablo: "También debes saber esto: que en los postreros días vendrán tiempos peligrosos. Porque habrá hombres amadores de sí mismos, avaros...". En seguida, advierte: "a estos evita" (2 Ti. 3:1-2, 5). En otras palabras, Pablo ve las señales del fin como sucesos que están de continuo presentes entre nosotros.[3] Lo que será diferente acerca del fin es el grado y la intensidad del mal. Pablo lo expresa haciendo referencia a quien "lo detiene" (2 Ts. 2:7), que a su vez será quitado de en medio produciendo así un aumento en la maldad al final.

El hecho de que existan prefiguraciones históricamente repetidas de sucesos del fin significa que la mayoría de los precursores de la segunda venida no son de naturaleza tal que permitan discernir la cercanía del fin. Son reales, pero también imprecisos. Tienen como propósito mantenernos alerta, conscientes de que de forma vertiginosa los males comunes de la historia pueden escalar hasta culminar en los sucesos del fin.

Guerras y la guerra de Jerusalén

Con esto en mente, considera lo que Jesús dice que viene y que, en gran parte, ya ha venido sucediendo en diversas formas. He sostenido que Mateo 24 no debería limitarse como referencia al primer siglo, sino que gran parte del contenido de los versículos 4 al 35, en armonía con la enseñanza de Pablo, hace referencia al fin del siglo. No dudo que, en Mateo 24 (especialmente en los versículos 15-20), Jesús contempla la catástrofe de la destrucción de Jerusalén en el año 70 d.C.:

---

3. Esta comprensión de la presencia del futuro es parte de la visión "holística" del futuro cercano y distante que expuse en el capítulo 14 bajo el subtítulo "holísticamente cerca".

> Por tanto, cuando veáis en el lugar santo la abominación desoladora de que habló el profeta Daniel (el que lee, entienda), entonces los que estén en Judea, huyan a los montes. El que esté en la azotea, no descienda para tomar algo de su casa; y el que esté en el campo, no vuelva atrás para tomar su capa. Mas ¡ay de las que estén encintas, y de las que críen en aquellos días! Orad, pues, que vuestra huida no sea en invierno ni en día de reposo (Mt. 24:15-20)

Esta clase de suceso catastrófico es la clase de horror que ha marcado la historia a lo largo de dos mil años. Jesús entreteje aquí su descripción de sucesos que culminan en la venida final del Hijo del Hombre porque la vida en este siglo se caracterizará, en mayor o menor medida, por esta clase de maldad apocalíptica constante. Las guerras contra Jerusalén son un ejemplo concreto de la predicción general:

> Y oiréis de guerras y rumores de guerras; mirad que no os turbéis, porque es necesario que todo esto acontezca; pero aún no es el fin. Porque se levantará nación contra nación, y reino contra reino; y habrá pestes, y hambres, y terremotos en diferentes lugares. Y todo esto será principio de dolores (Mt. 24:6-8).

Incluso la destrucción de Jerusalén es "principio de dolores". "Aún no es el fin". Estas palabras se han usado para hacer referencia a miles de calamidades indescriptibles y horrendas persecuciones en los últimos dos mil años. Quienes enfrentaron las calamidades o murieron en ellas experimentaron la maldad postrera de este siglo con toda su fuerza. Los dolores de parto de los últimos tiempos, en efecto, ya han comenzado.

Sin embargo, es imposible calcular cuántos terremotos (Mt. 24:7), cuántas hambrunas (24:7), cuántas guerras (24:6), cuántos falsos cristos (24:5) y falsos profetas (24:11) o cuánta iniquidad, cuánto amor enfriado (24:12) o cuán intensa tribulación (24:9, 21, 29) señalen con certeza la cercanía de la segunda venida. Permíteme decirlo de nuevo: La mayoría de las "señales" del fin que Jesús nos da son el tipo de sucesos que no se prestan a cálculos precisos de fecha. La cantidad, la intensidad y la frecuencia de tales sucesos no son indicadores precisos de la proximidad de la venida del Señor.

Los dolores de parto no son vanos

Por si las dudas, es menester que obedezcamos las palabras de Jesús:

> De la higuera aprended la parábola: Cuando ya su rama está tierna, y brotan las hojas, sabéis que el verano está cerca. Así también vosotros, cuando veáis todas estas cosas, conoced que está cerca, a las puertas. De cierto os digo, que no pasará esta generación hasta que todo esto acontezca (Mt. 24:32-34).

Obedecer estas palabras descarta lo que Jesús mismo declaró que no le correspondía a Él, es decir, conocer el tiempo de su venida (Mt. 24:36). En cambio, Jesús nos ordena ver "la higuera". Nos manda examinar "todas estas cosas", la clase de sucesos que estaban sucediendo en la siguiente generación y prácticamente en cada generación sucesiva.

Examínalos. Permite que toda medida, cantidad, intensidad o frecuencia que veas en el tiempo y en el lugar en que vives te recuerden que estos son los dolores de parto del fin. Los dolores de parto no son en vano. Permite que los falsos cristos, las guerras, los conflictos entre países, las hambrunas, los terremotos, los odios y las traiciones, la apostasía y la tribulación te recuerden que el fin está cerca, *potencialmente* cerca, *holísticamente* cerca y *divinamente* cerca.[4]

La promesa del triunfo de la misión

¿Y qué de la promesa de que "será predicado este evangelio del reino en todo el mundo, para testimonio a todas las naciones; y entonces vendrá el fin" (Mt. 24:14)? ¿Nos permite esto determinar el tiempo de la venida de Jesús?

Los que creen que los sucesos profetizados en Mateo 24:4-35 deberían limitarse a los sucesos que culminaron en el año 70 d.C., sostienen que la misión a las naciones en la profecía del versículo 14 se cumplió en esa fecha.[5] Y que "el fin" fue el año 70 a.C. En el capítulo 16 presenté argumentos detallados que me llevan a pensar que es un error limitar esos sucesos al primer siglo. Además de esos argumentos, consideraré tres observaciones relacionadas con la promesa de que "el fin" vendrá

---

4. Para la explicación acerca de estos términos, ver el capítulo 14.

5. Ver capítulo 16, nota 5.

después que el evangelio se extienda conforme a la medida que Dios ha señalado.

1. *"Entonces vendrá el fin"*

Es probable que el término "fin" ("entonces vendrá *el fin*") se refiera a la misma realidad acerca de la cual preguntaron los discípulos: "Dinos, ¿cuándo serán estas cosas, y qué señal habrá de tu venida, y *del fin* del siglo?" (Mt. 24:3). Parte de la respuesta de Jesús es que el evangelio alcanzará a las naciones, "y entonces vendrá *el fin*". Sin embargo, el término que usaron los discípulos fue "el fin del siglo".

Los discípulos habían oído a Jesús emplear el término. Por ejemplo, en Mateo 13:36-50 aparece tres veces. En los tres casos se refiere al tiempo del juicio final cuando aparta a los malos de los justos. "Así será *al fin del siglo*: saldrán los ángeles, y apartarán a los malos de entre los justos" (Mt. 13:49). "De manera que como se arranca la cizaña, y se quema en el fuego, así será *en el fin de este siglo*" (Mt. 13:40). Por lo tanto, no existe una buena razón para pensar que no fue lo que los discípulos preguntaron y lo que Jesús refirió en su respuesta. El fin que vendrá cuando el evangelio haya alcanzado las naciones es el juicio final cuando se apartarán a los malos de los justos. Ese *fin* no es una referencia exclusiva al año 70 d.C.

2. *El fin no ha llegado y la misión no ha terminado*

En la Gran Comisión de Mateo 28:19-20, Jesús convierte en mandamiento la promesa de Mateo 24:14:

> Por tanto, id, y haced discípulos a todas las naciones, bautizándolos en el nombre del Padre, y del Hijo, y del Espíritu Santo; enseñándoles que guarden todas las cosas que os he mandado; y he aquí yo estoy con vosotros todos los días, hasta *el fin del mundo.* [τῆς συντελείας τοῦ αἰῶνος]

Aquí aparece de nuevo, en griego, la misma expresión que traduce "el fin del mundo", el mismo que los discípulos usaron en su pregunta en Mateo 24:3 (συντελείας τοῦ αἰῶνος) y al que Jesús aludió en Mateo 24:14: "Entonces vendrá el fin". Solo aquí, en Mateo 28:20, la misión continúa hasta ese mismo "fin del mundo" que no solo está marcado por la destrucción de Jerusalén, sino por el juicio universal (Mt. 13:40, 49).

Por consiguiente, "el fin" que Jesús promete vendrá cuando el evangelio alcanza a extenderse por completo, es "el fin" que todavía no ha venido, porque la misión sigue en marcha. Se sustenta por la promesa del Señor de estar con nosotros hasta el fin. Y cuando la misión se complete, el fin vendrá. Es decir, el Señor vendrá.

3. El año 70 d.C. no fue el fin

En Mateo 24:6, Jesús dice: "Y oiréis de guerras y rumores de guerras; mirad que no os turbéis, porque es necesario que todo esto acontezca; pero aún no es el fin". Yo tomo este "fin" como el mismo "fin" de los versículos 3 y 14 (aunque no se use la misma palabra griega en los dos). Sin embargo, aquí en el versículo 6, Jesús dice que las guerras no son sinónimo de fin. La interpretación natural del pasaje es que la guerra contra Jerusalén en el año 70 d.C. forma parte del fin.

Lo que Jesús dice en esencia es: "Cuando vean los horrores de la guerra contra Jerusalén, no se turben. El fin no ha llegado aún" (Mt. 24:6). Por lo tanto, las palabras de Mateo 24:14 ("Y será predicado este evangelio del reino en todo el mundo, para testimonio a todas las naciones; y entonces vendrá *el fin*") no se refieren al año 70 d.C. como el fin, sino más bien al fin de esta era que culmina en la segunda venida.

Por lo anterior, concluyo que la promesa de Mateo 24:14 significa que la Gran Comisión será acatada hasta el final de esta era presente y, cuando se cumpla, Cristo regresará.

Es difícil identificar el momento en que termina la Gran Comisión

En otras publicaciones he intentado definir la naturaleza y el alcance de "todas las naciones" que menciona Mateo 24:14 y 28:19. En otras palabras, ha sido difícil definir el cumplimiento final de la Gran Comisión.[6] Sin embargo, tras casi cincuenta páginas de examen y debate, mi conclusión es insatisfactoria para cualquiera que espera poder usar el

---

6. John Piper, *Let the Nations Be Glad!: The Supremacy of God in Missions* (Grand Rapids, MI: Baker Academic, 2010), 177-24.

progreso de la evangelización mundial como predictor del momento del regreso del Señor. Por ejemplo, escribo: "Más bien lo que señalo es que mientras el Señor no haya regresado deben existir más grupos humanos por alcanzar y debemos seguir alcanzándolos".[7]

El único cambio en esa frase que yo haría hoy es agregar que el *cumplimiento* de la Gran Comisión incluye el alcance de la evangelización y la obediencia *dentro de* los grupos humanos, no solo el alcance de nuevos grupos. Esto es lo que señala 2 Pedro 3:9 cuando enseña que la segunda venida tarda a fin de que se complete el número de los elegidos.[8]

Por lo tanto, Mateo 24:14 nos enseña que cada avance del evangelio es tanto un *motivo de ánimo* por la cercanía del Señor como un *incentivo* para "apresurar" su venida (2 P. 3:12) que impulsan la evangelización mundial.

¿Qué sucederá antes que venga Cristo?

De los sucesos que conducen a la segunda venida, dos son más precisos que otros: la aparición del hombre de pecado (2 Ts. 2:3) y los sucesos cósmicos descritos en Mateo 24:29-30.[9] Esta es la descripción que nos presenta Jesús de los sucesos cósmicos:

---

7. Piper, *Let the Nations Be Glad!*, 212.

8. Ver capítulo 14, nota 13.

9. He planteado (en el capítulo 9 y al principio de este capítulo) que Pablo aborda la apostasía o rebelión de los últimos días que menciona 2 Tesalonicenses 2:3 como un suceso históricamente discernible que puede citar como un motivo por el cual no ha tenido lugar aún la segunda venida: "No vendrá sin que antes venga la *apostasía*, y se manifieste el hombre de pecado, el hijo de perdición". Así pues, yo enumeraría este, junto con la venida del hombre de pecado, como otro suceso que debe ocurrir antes que el Señor venga. Es cierto. La razón por la cual no trato la apostasía por separado es que Pablo parece considerarla íntimamente ligada a la aparición del hombre de pecado y no como un suceso aparte. De hecho, me parece que, después de mencionar tanto al hombre de pecado como la apostasía en 2 Tesalonicenses 2:3, Pablo habla acerca del hombre de pecado en los versículos 4-8 y luego de la apostasía de forma integral en los versículos 9-12. Así que cuando me enfoco en la venida del hombre de pecado, considero la apostasía como parte de su venida.

> E inmediatamente después de la tribulación de aquellos días, el sol se oscurecerá, y la luna no dará su resplandor, y las estrellas caerán del cielo, y las potencias de los cielos serán conmovidas. Entonces aparecerá la señal del Hijo del Hombre en el cielo; y entonces lamentarán todas las tribus de la tierra, y verán al Hijo del Hombre viniendo sobre las nubes del cielo, con poder y gran gloria (Mt. 24:29-30).

Yo entiendo estos sucesos cósmicos como sucesos cosmológicos reales, del mismo modo que la venida de Cristo es un suceso de naturaleza corpórea, espacial, visible y audible. Con la encarnación de Jesucristo en carne y hueso, con la resurrección en un cuerpo que comía pescado y tenía cicatrices, y con la ascensión de ese cuerpo en nubes literales a una tierra literal, deberíamos cuidarnos de considerar las señales que acompañan la segunda venida como metafóricas. Jesús y los apóstoles no dan indicios de describir una realidad que no sea otra cosa que cosmológica.[10]

A partir de la forma en que Jesús describe los sucesos de Mateo 24:29-30, parece que suceden en concurrencia inmediata con la aparición de Cristo. Estas señales no parecieran suceder con suficiente anticipación que permita calcular su llegada próxima. Suceden *en* su venida. No sé cómo se oscurecerá el sol (¿cuán oscuro será?) o la luna no dará su resplandor (¿será un eclipse?) o las estrellas caerán del cielo (¿desaparecerán o serán como meteoritos?) o los cielos serán conmovidos (¿con truenos?). No sé en qué consiste "la señal del Hijo del Hombre", pero parece ser prácticamente simultánea con la venida de Cristo.

Por tanto, estos sucesos cósmicos no nos indican cuándo *vendrá* el fin. Nos indican que está aquí ahora. Jesús dice que el despliegue cósmico anunciará su venida como un relámpago: "Porque como el relámpago que sale del oriente y se muestra hasta el occidente, así será también la venida del Hijo del Hombre" (Mt. 24:27).

---

10. El uso que hacen los profetas de esa clase de lenguaje es, por lo general, en contextos marcados por lo que he denominado "la perspectiva profética" en la que se hace referencia a un suceso cercano (como la destrucción de Babilonia) y uno distante (como el juicio universal) sin distinción temporal. Por tanto, hay que cuidarse de no dar por hecho que una referencia al oscurecimiento del sol y las estrellas (p. ej., Is. 13:10) es metafórico en ese contexto, cuando en realidad puede tener un cumplimiento literal en el día postrero.

No existe garantía para dar por hecho que no está cerca

No sabemos cuánto tiempo debe transcurrir antes que Jesús venga. Eso debe quedar claro. No lo sabemos. Es un error decir lo contrario. Sin embargo, también podemos cometer el error opuesto, presumir al pensar que no está cerca. Tal vez recuerdes que hice antes esa declaración, que no tenemos garantía alguna que nos asegure que la venida de Cristo ocurra en los próximos años. Cabe aclarar que yo no sé si Cristo vendrá en seis, en sesenta o en seiscientos años. Lo que quiero decir es que nadie tiene la certeza bíblica para afirmar que Jesús tardará unos pocos años más, como cinco o seis años. Puede que venga antes.

El hombre de pecado no ha venido aún

¿Por qué digo eso? Pablo dijo que será posible identificar al hombre de pecado con suficiente certeza para que podamos saber que aún no ha venido. De lo contrario, su argumento en 2 Tesalonicenses 2:3 se vendría abajo: "Nadie os engañe en ninguna manera; porque no vendrá [el día de la venida del Señor] sin que antes venga la apostasía, y se manifieste el hombre de pecado, el hijo de perdición". El argumento es el siguiente: Es posible evitar el engaño de que el Señor ya ha venido cuando se sabe que el hombre de pecado no ha venido aún. Su venida es discernible. Es posible saber cuándo ha venido.

La soberanía de Dios en lo que respecta al hombre de pecado y a la apostasía final de la iglesia deben impedirnos creer que sabemos cuánto tiempo falta para que sucedan todas esas cosas.

El hecho de que la historia de la iglesia esté repleta de falsas identificaciones del hombre de pecado no contradice el punto de Pablo. Es inútil rechazar la enseñanza de Pablo para evitar malinterpretaciones; antes bien, hay que mejorar nuestra enseñanza acerca de lo que Pablo quiso decir.

¿Por qué cinco a siete años?

¿Por qué dije que en ningún momento tenemos la garantía para creer que la venida de Cristo está a la vuelta de unos pocos años, quizá cinco o seis? Permíteme presentar mi razonamiento. En casi cualquier estimación, el hombre de pecado no dura mucho antes que el Señor Jesús lo elimina con su venida. Pablo dice: "Y entonces se manifestará aquel inicuo, a quien el Señor matará con el espíritu de su boca, y destruirá con el resplandor de su venida" (2 Ts. 2:8). El hombre de pecado sobrevive lo suficiente para hacer lo que Pablo dice que hará: "el cual se opone y se levanta contra todo lo que se llama Dios o es objeto de culto; tanto que se sienta en el templo de Dios como Dios, haciéndose pasar por Dios" (2 Ts. 2:4). Sin embargo, su reino de jactancia no puede durar mucho, porque su ascenso a un lugar prominente y su destrucción mediante la venida del Señor se describen prácticamente como un solo acontecimiento: "Se manifestará aquel inicuo, a quien el Señor matará con el espíritu de su boca, y destruirá con el resplandor de su venida" (2 Ts. 2:8).

Considera este hecho juntamente con el surgimiento a escala global y posiblemente súbito del hombre de maldad. No debemos pensar solo en términos de procesos comunes y naturales que conducen a su ascenso, sino también en procesos extraordinarios y sobrenaturales, tanto demoniacos como divinos. Pablo habla del "inicuo cuyo advenimiento es por obra de Satanás, con gran poder y señales y prodigios mentirosos" (2 Ts. 2:9). Luego añade: "Por esto Dios les envía un poder engañoso, para que crean la mentira" (2 Ts. 2:11). Es fácil concebir que tal poder divino y satánico, con señales y prodigios sobrenaturales, arrase con millones de personas en el mundo en cuestión de meses.

Por lo tanto, si combinamos el breve tiempo que puede transcurrir entre un momento determinado en la historia hasta el surgimiento del hombre de pecado (posiblemente meses, no años) con la brevedad de su dominio antes que el Señor lo destruya con su venida,[11] concluyo que

---

11. Podría estimarse que la gran tribulación es la semana diecisiete de Daniel 9:24-25 y que por consiguiente dura siete años. Luego podría señalarse, a partir de Apocalipsis, que la bestia o el anticristo (que es probablemente el mismo hombre de pecado) predominará en gran parte de este tiempo. Conforme a esta línea de pensamiento, siete años es lo máximo que el hombre de pecado prevalece. Sin embargo, aunque sigamos esta línea, muchas veces los números son simbólicos en las Escrituras. A eso se añade lo que Jesús dice acerca de esos días de tribulación: "Y si aquellos días no fuesen acortados, nadie sería salvo; mas por causa de los escogidos, aquellos días serán acortados" (Mt. 24:22). A la luz de estos días que serán "acortados" y del carácter usualmente simbólico del número siete, no creo que podamos decir con certeza con cuánta rapidez surgirá el hombre de pecado ni por cuánto tiempo prevalecerá antes que el Señor lo mate. Sin embargo, en términos generales, cinco o siete años no parece

en ningún momento tenemos garantía para decir con confianza que el Señor está a pocos años de venir, quizá unos cinco o seis. Asimismo, que podría ser mucho menos tiempo. La soberanía de Dios en lo que respecta al hombre de pecado y a la apostasía final de la iglesia deben impedirnos creer que sabemos cuánto tiempo falta para que sucedan todas esas cosas. Como Jesús dijo, presumir con certeza que Él va a tardar constituye una locura suicida (Mt. 24:48-51).

Asegúrate de entender lo que no estoy diciendo, así como lo que estoy diciendo. No estoy diciendo que el Señor vendrá dentro de cinco o seis años. No sabemos eso. Estoy diciendo que nadie puede afirmar legítimamente y con confianza que Él *no puede* o *no vendrá* en tan poco tiempo o incluso menos.

¿Deberíamos esperar una venida en cualquier momento?

Hemos llegado al final de nuestra respuesta de tres pasos a la pregunta: ¿Enseña el Nuevo Testamento que Jesús puede venir en cualquier momento? Mi respuesta es "no". El hombre de pecado debe venir primero (2 Ts. 2:3). Su venida debe ser discernible. Hasta este momento que escribo, siendo otoño de 2021, el hombre de pecado no ha venido. Por tanto, la venida del Señor Jesús, a partir de este momento que escribo, está a meses o años de suceder. Y en este momento que lees la situación podría ser muy diferente.

¿Qué sucede con la necesidad de velar?

Ahora la pregunta es, ¿cómo debemos vivir? Un interrogante que apremia de manera particular es si la ausencia de una expectativa repentina debilita o menoscaba los repetidos mandatos de Jesús a estar atentos (βλέπετε, Mr. 13:33), velar (ἀγρυπνεῖτε, 13:33), estar despiertos (γρηγορεῖτε, 13:35), preparados (γίνεσθε ἕτοιμοι, Lc. 12:40) y a tener cuidado (προσέχετε, 21:34). ¿Dan por hecho estas exhortaciones que la venida del Señor ocurrirá en cualquier momento? Una de las razones que Jesús presenta para que velemos es que "no sabéis el día ni la hora" (Mt. 25:13). El primer tema que trataremos en la tercera parte es el de velar y estar alerta, después de exponer el contexto en el prólogo.

---

una estimación descuidada para marcar el período desde su aparición hasta la venida de Cristo, cuando el hombre de pecado es destruido (2 Ts. 2:8).

¿CÓMO DEBEMOS VIVIR?

Prólogo de la tercera parte

LA VIDA ENTRE LAS DOS VENIDAS DE CRISTO

Estamos viviendo entre la primera y la segunda venida de Jesucristo:

> Ahora, en la consumación de los siglos, se presentó una vez para
> siempre por el sacrificio de sí mismo… [Cristo] aparecerá por segun-
> da vez… para salvar a los que le esperan (He. 9:26-28).

Los profetas del Antiguo Testamento no vieron claramente que la venida
del Mesías para establecer su reino eterno involucraba una *primera
venida* para inaugurar su reino a través de la muerte y la resurrección,
y más adelante, muchos siglos después, una *segunda venida* para traer
el reino a su consumación. Incluso el anuncio del ángel a María no dejó
claro que el reino eterno de Cristo en el trono de David fuera a estable-
cerse no de manera inmediata, sino por etapas:

> Y ahora, concebirás en tu vientre, y darás a luz un hijo, y llamarás su
> nombre JESÚS. Este será grande, y será llamado Hijo del Altísimo;
> y el Señor Dios le dará el trono de David su padre; y reinará sobre
> la casa de Jacob para siempre, y su reino no tendrá fin (Lc. 1:31-33).

La gente de su tiempo se asombraba que Jesús les decía, por un lado, "el reino de Dios está entre vosotros" (Lc. 17:21), y por el otro, "prosiguió Jesús y dijo una parábola, por cuanto… ellos [equivocadamente] pensaban que el reino de Dios se manifestaría inmediatamente" (19:11). El reino de Dios estaba, en cierto modo, presente. Aun así, en cierto sentido no estaba presente, sino que iba a venir después.

La singularidad de la ética cristiana: Ya, pero todavía no

Esta perplejidad está en el corazón de la singularidad del cristianismo y de cómo debemos vivir en este siglo. Algo absolutamente asombroso y maravilloso ha sucedido ya en la encarnación del Hijo de Dios. Aún así, algo asombroso y maravilloso está por suceder y va a completar lo que Cristo inició en la tierra. La salvación ha venido. Y la salvación vendrá. Nos ocupamos seriamente en nuestra salvación futura porque la salvación ya ha sido asegurada para nosotros en el pasado. En virtud de la obra de Cristo en su primera venida ya somos perdonados (Col. 1:14), justificados (Ro. 5:1), adoptados (Gá. 4:5-6) y estamos seguros (Ro. 8:30), todo gracias a nuestra unión con Cristo por medio de la fe.

Sin embargo, esa reconciliación con Dios que fue consumada no nos hace irresponsables ni pasivos. Antes bien, constituye el terreno firme sobre el cual nos apoyamos para batallar por una santidad sin la cual no veremos al Señor (He. 12:14). La batalla es real porque la salvación final todavía *no es* nuestra experiencia presente (Ro. 13:11). Sin embargo, la victoria es segura porque *ya* somos salvos (Ef. 2:8-9).

Es allí que vivimos todos los cristianos: entre la primera y la segunda venida de Cristo, entre lo que Él *ha hecho* por nosotros y lo que Él *hará* por nosotros, entre lo que Él se ha hecho por nosotros y lo que Él se hará plenamente por nosotros. Entre el *ya* y el *todavía no*. Por ejemplo:

- Decimos con Pablo: "No que lo haya alcanzado *ya* [la resurrección], ni que *ya* sea perfecto; sino que prosigo, por ver si logro asir aquello para lo cual fui también asido por Cristo Jesús" (Fil. 3:12). Ya fuimos asidos por Cristo, pero todavía no hemos terminado de alcanzar su plenitud.

- Ya hemos "resucitado con Cristo". Por lo tanto, buscamos "las cosas de arriba" (Col. 3:1) porque todavía no las poseemos para un disfrute pleno.

- Nuestro viejo yo ya ha sido "crucificado juntamente con [Cristo]". Sin embargo, debemos considerarnos "muertos al pecado" (Ro. 6:6, 11) porque todavía no estamos muertos por completo al pecado ni plenamente vivos para Dios.

- Somos realmente "nueva masa, [ya] sin levadura". Por tanto, debemos limpiarnos "de la vieja levadura [no erradicada todavía]" (1 Co. 5:7).

- Dios "[ya] nos ha librado de la potestad de las tinieblas, y trasladado al reino de su amado Hijo" (Col. 1:13). Y "el Señor… [nos] preservará para su reino celestial" (2 Ti. 4:18) porque *todavía no* vivimos la experiencia plena de los tesoros del reino.

Viviendo por amor en virtud de la gracia pasada y futura

La relevancia de nuestra situación de *ya, pero todavía no* entre las dos venidas de Cristo puede verse de la siguiente manera: Consideramos tanto la primera venida de Cristo *en retrospectiva* como la segunda venida que *esperamos*. La manera en que vivimos está determinada y gobernada por *la gracia pasada de Dios que atesoramos* y *la gracia futura de Dios en la que confiamos*.

Por ejemplo, "nosotros le amamos a él, porque él nos amó primero" (1 Jn. 4:19). Y amamos "a causa de la esperanza que [nos] está guardada en los cielos" (Col. 1:5). Nuestro amor por otros se fundamenta y se expresa en el amor de Dios por nosotros en el pasado y en su amor por nosotros en el futuro. Estamos dispuestos a sufrir por hacer el bien "porque Cristo también sufrió por [nosotros]" (1 P. 2:21). Y estamos dispuestos a sufrir por hacer el bien a fin de que "[heredásemos] bendición" (1 P. 3:9). Atesorar la gracia pasada y confiar en la gracia futura fortalece nuestra obediencia. Tanto el *ya* como el *todavía no* son motivos esenciales en el andar cristiano.

Por tanto, no creo que enfocarme en la tercera parte en los efectos prácticos de la venida futura de Cristo me lleve a desestimar los preciosos y poderosos efectos esenciales de lo que Cristo *ya* ha hecho por nosotros. No tendríamos motivo alguno para la obediencia que exalta a Cristo si la sublime expiación mediante la sangre de Cristo no hubiera sucedido. El alma cristiana que *ya* ha sido perdonada, justificada, adoptada y habitada por el Espíritu es el único suelo donde las *promesas* de Cristo pueden echar raíz y llevar fruto de obediencia.

Debe ser evidente, por tanto, que *todas* las actitudes, palabras y acciones que alaba el Nuevo Testamento podrían ser el tema de la tercera parte de este libro. Todas las exhortaciones, amonestaciones, advertencias, mandamientos y ejemplos morales deben cumplirse a la luz de la cruz de Cristo y a la luz de su segunda venida.

Dicho esto, una respuesta a la pregunta: "¿Cómo, pues, debemos vivir?" sería: "Vivan del modo que todo el Nuevo Testamento les dice que vivan", porque el Nuevo Testamento en su totalidad está escrito a la luz de la segunda venida. ¿Cómo, pues, delimitaré mi exposición? Para responder digo que hablaré acerca de actitudes, palabras y comportamientos que están *explícitamente* relacionados con la segunda venida de Cristo.

18

Alerta del fin de los tiempos y anhelo por la venida de Cristo

AL FINAL DEL CAPÍTULO 17, dije que en la tercera parte nos ocuparemos primero del efecto que tiene la segunda venida en nuestra esperanza y nuestra actitud alerta y vigilante. Ese será nuestro punto de partida.

Velemos porque no sabemos el día ni la hora

¿Qué quiso decir Jesús refiriéndose a nuestra relación con la segunda venida cuando dijo: "Velad" (γρηγορεῖτε, Mt. 24:42), "estad preparados" (γίνεσθε ἕτοιμοι, Lc. 12:40), "velad" (ἀγρυπνεῖτε, Lc. 21:36), "mirad" (βλέπετε, Mr. 13:23) y "mirad también por vosotros mismos" (προσέχετε δὲ ἑαυτοῖς, Lc. 21:34)? Podemos responder este interrogante examinando brevemente varios pasajes clave. Empezaré con la parábola de las diez vírgenes, porque ilustra más claramente el significado de "velar":

Entonces el reino de los cielos será semejante a diez vírgenes que tomando sus lámparas, salieron a recibir al esposo. Cinco de ellas eran prudentes y cinco insensatas. Las insensatas, tomando sus lámparas, no tomaron consigo aceite; mas las prudentes tomaron aceite en sus vasijas, juntamente con sus lámparas. Y tardándose el esposo, *cabecearon todas y se durmieron*. Y a la medianoche se oyó un clamor: ¡Aquí viene el esposo; salid a recibirle! Entonces todas aquellas vírgenes se levantaron, y arreglaron sus lámparas. Y las insensatas dijeron a las prudentes: Dadnos de vuestro aceite; porque nuestras lámparas se apagan. Mas las prudentes respondieron diciendo: Para que no nos falte a nosotras y a vosotras, id más bien a los que venden, y comprad para vosotras mismas. Pero mientras ellas iban a comprar, vino el esposo; y las que estaban preparadas entraron con él a las bodas; y se cerró la puerta. Después vinieron también las otras vírgenes, diciendo: ¡Señor, señor, ábrenos! Mas él, respondiendo, dijo: De cierto os digo, que no os conozco. Velad [γρηγορεῖτε], pues, porque no sabéis el día ni la hora en que el Hijo del Hombre ha de venir (Mt. 25:1-13).

Algo que queda claro a partir de esta parábola es que todas las vírgenes, tanto las sabias como las insensatas, se quedaron dormidas mientras esperaban al novio. "Cabecearon todas y se durmieron" (Mt. 25:5). De haber sido guardias o vigilantes, eso habría sido una falta. Sin embargo, a todas luces no fue una falta en el contexto de las vírgenes, que tenían como encargo acompañar al novio hasta el banquete de bodas, siempre y cuando estuvieran despiertas a tiempo para cumplir con su responsabilidad. Las cinco vírgenes sabias se dispusieron a hacer lo que se esperaba de ellas. Prepararon suficiente aceite para la bienvenida. Se levantaron de su sueño cuando fueron llamadas. Arreglaron sus lámparas y salieron al encuentro del novio. Las vírgenes insensatas no prepararon el aceite. No cumplieron con la misión que se les había encomendado.

A la luz de lo anterior, parece extraño que la parábola termine con las palabras: "*Velad* [γρηγορεῖτε], *pues*, porque no sabéis el día ni la hora" (Mt. 25:12). "Velar" significa literalmente "permanecer despierto", como puede verse en la manera en que se usa la palabra en contraste con el sueño en 1 Tesalonicenses 5:10: "… ya sea que velemos [γρηγορῶμεν], o que durmamos [καθεύδωμεν]". Con todo, no resulta extraño porque Jesús no quiere decir que nuestra forma de prepararnos para su venida es permanecer físicamente despiertos. Él se refiere a que "velemos" en el sentido de estar depiertos a la realidad, especialmente a su realidad, y despiertos a nuestro llamado y a nuestras responsabilidades. Él quiere decir que deberíamos estar moral y espiritualmente alerta, lúcidos y con capacidad de discernir. Se refiere a que no caigamos en la insensatez mundana como no tener aceite para las lámparas cuando esa es la tarea que se nos ha encomendado. Quiere decir que no vivamos inconscientes, como sonámbulos, de la actividad de Dios en el mundo o ignorantes de los engaños de Satanás.

Como vimos en la segunda parte (capítulo 15), la cláusula del versículo 13 "porque no sabéis el día ni la hora" no da a entender que Jesús enseña acerca de un regreso en cualquier momento. En primer lugar, la segunda venida no dará tiempo para que los sonámbulos cambien su vida. No dará tiempo para que los que duermen arreglen todo lo que está descompuesto mientras tropiezan con todo en la oscuridad del letargo espiritual. Cualquier esfuerzo de último minuto para hacer reparaciones después de toda una vida de mundanalidad será hipocresía: No será el resultado de una verdadera vida espiritual, sino del simple oportunismo del miedo. Esto conlleva la exclusión del banquete: "Pero mientras ellas iban a comprar, vino el esposo; y las que estaban preparadas entraron con él a las bodas; y se cerró la puerta" (Mt. 25:10).

La segunda lección que enseña la cláusula ("porque no sabéis el día ni la hora") es que si dormimos espiritualmente no estaremos despiertos para discernir los signos de su cercanía. Esta es la razón por la que no es necesario un retorno en cualquier momento para dar sentido a esta advertencia. "Permanecer despierto" significa que si dormimos espiritualmente, no hay razón para pensar que estaremos despiertos espiritualmente, por ejemplo, en tres años o en treinta años, cuando el hombre de pecado estará usando el poder satánico sobrenatural para llevar cautivos a los que duermen (2 Ts. 2:9-10). Esto es lo que significa "Porque no sabéis el día ni la hora": usar la tardanza de Cristo como excusa para llevar una vida descuidada constituye un error mortal.

Como una trampa repentina para el alma disoluta

Este último punto queda confirmado por la manera en que Jesús habla del administrador sabio y del administrador insensato en la siguiente ilustración de la segunda venida:

> Y dijo el Señor: ¿Quién es el mayordomo fiel y prudente al cual su señor pondrá sobre su casa, para que a tiempo les dé su ración? Bienaventurado aquel siervo al cual, cuando su señor venga, le halle haciendo así. En verdad os digo que le pondrá sobre todos sus

> bienes. Mas si aquel siervo dijere en su corazón: Mi señor tarda en
> venir; y comenzare a golpear a los criados y a las criadas, y a comer
> y beber y embriagarse, vendrá el señor de aquel siervo en día que
> este no espera, y a la hora que no sabe, y le castigará duramente, y
> le pondrá con los infieles (Lc. 12:42-46).

Esta es una ilustración de la partida de Jesús al cielo después de su resurrección, cuando deja a sus discípulos en la tierra para llevar a cabo el ministerio que les ha encomendado. Tal vez se refería a ministros de la palabra cuando dice que el señor los "pondrá sobre su casa, para que a tiempo les dé su ración". Sin embargo, el principio aquí se aplica a todos los cristianos.

Se pronuncia una bendición para el siervo fiel que cumple con su deber. El siervo alimenta a los de la casa. Nada se le ha dicho acerca de un regreso inesperado del señor mientras él cumple fielmente con sus deberes. Este siervo no tiene nada que temer; sin importar cuándo venga su señor, él está haciendo lo que se le mandó.

Sin embargo, en seguida aparece la advertencia. ¿Qué sucede si el corazón del siervo se corrompe y empieza a dar por hecho que el señor tarda en venir? "Mi señor tarda en venir". ¿Qué sucede si esa presunción lo lleva a "comer y beber y embriagarse"? Jesús dice que, a causa de la embriaguez, la venida de su señor tomará desprevenido a ese hombre. "[Si] comenzare a golpear a los criados y a las criadas, y a comer y beber y embriagarse, vendrá el señor de aquel siervo en día que este no espera" (Lc. 12:45-46).

Usar la tardanza de Cristo como excusa para llevar una vida descuidada constituye un error mortal.

¿Qué debemos inferir a partir de esta advertencia? El punto no es que el siervo ebrio no esperaba un regreso repentino de su señor en cualquier momento. El punto es que el siervo insensato está mental y espiritualmente ebrio. Ha abandonado la voluntad de su señor y ha abrazado el camino de la mundanalidad que entorpece sus sentidos. Ahora es ciego a lo que es real en la esfera espiritual. Será tomado desprevenido por el regreso de su señor porque no hay razón para pensar que llegue a estar "sobrio" en cinco o en cincuenta años cuando suene la trompeta. "Vendrá el señor de aquel siervo [ebrio] en día que este no espera" (Lc. 12:46). Esta es la lección: Permanece despierto espiritualmente y ocupado en el trabajo del señor, porque si cedes al letargo (ya sea sueño o embriaguez) te enceguecerá a todas las señales de peligro y el juicio te tomará desprevenido de manera repentina.

Jesús hace la misma declaración en Lucas 21:34:

> Mirad también por vosotros mismos, que vuestros corazones no se carguen de glotonería y embriaguez y de los afanes de esta vida, y venga de repente sobre vosotros aquel día.

La naturaleza repentina e inesperada no se debe a una noción de la segunda venida como un suceso que acontezca en cualquier momento. Se debe al estupor espiritual del corazón humano que está sobrecargado y embotado por los "afanes de esta vida". La venida de Cristo se convierte en una trampa repentina, no porque pueda suceder en cualquier momento, sino por la ceguera espiritual a la venida de Cristo aunque acontezca dentro de cinco años y medien serias advertencias. Estar espiritualmente dormido, ebrio o ciego es presagio de destrucción inesperada, ya sea que su venida acontezca mañana o en una década.

La advertencia de Pablo a los que duermen y se embriagan

El apóstol Pablo combina las dos imágenes que usa Jesús para señalar el mismo punto: la imagen de permanecer despierto (Mt. 25:13) y sobrio (Lc. 12:45; 21:34):

> Porque vosotros sabéis perfectamente que el día del Señor vendrá así como ladrón en la noche; que cuando digan: Paz y seguridad, entonces vendrá sobre ellos destrucción repentina, como los dolores a la mujer encinta, y no escaparán. Mas vosotros, hermanos, no estáis en tinieblas, para que aquel día os sorprenda como ladrón. Porque todos vosotros sois hijos de luz e hijos del día; no somos de la noche ni de las tinieblas. Por tanto, no durmamos [μὴ καθεύδωμεν] como los demás, sino velemos [γρηγορῶμεν] y seamos sobrios [νήφωμεν] (1 Ts. 5:2-6).

Pablo dice que para algunos el día de la venida de Cristo será como la sorpresa destructiva de un ladrón. Para otros no será así: "Mas vosotros, hermanos, no estáis en tinieblas, para que aquel día os sorprenda como ladrón" (1 Ts. 5:4). La diferencia radica en si estamos en las tinieblas o somos "hijos del día", ya sea que estemos espiritualmente dormidos o despiertos, ya sea que estemos espiritualmente ebrios o sobrios. El apóstol no dice que el día sea repentino e inesperado porque el regreso de Cristo ocurra en cualquier momento. Antes bien, se debe a una condición espiritual inconsciente que dice "paz y seguridad", porque esa condición espiritual es propia de las "tinieblas", el "sueño" y la "embriaguez".

La presunción de tardanza como excusa para pecar es un acto suicida

Por lo tanto, mi conclusión es que Jesús nos manda reiteradamente que estemos despiertos, listos, atentos, vigilantes y alerta no porque la segunda venida tome desprevenidos a los discípulos obedientes, sino porque el estupor espiritual nos impide ser conscientes de lo que acontece en el mundo y, por ende, nos toma por sorpresa, nos atrapa como una trampa y conlleva ruina. La incertidumbre del tiempo del regreso de Cristo funciona como una advertencia para todos, a fin de que permanezcamos vivos y despiertos espiritualmente, sobrios, porque lo contrario es un estado espiritual que nos enceguece a las señales y no podremos recuperarnos del estupor satánico cuando "como el relámpago… [resplandezca] desde un extremo del cielo hasta el otro" (Lc. 17:24). Cualquier presunción de tardanza de parte de Cristo para justificar la mundanalidad constituye un suicidio espiritual para el corazón.

Permanecer despierto espiritualmente y alerta es estar enamorado de la venida del Señor.

Aun si estamos convencidos de que el Señor viene en tres, cinco o seis años (y no hay garantía para pensar que deba llegar mucho después de eso), esa medida de cercanía y la incertidumbre combinadas son razones para que todos vivamos más alerta y vigilantes, cuidando nuestra alma. Entendemos que el descuido espiritual hace irrelevantes todos nuestros cálculos, porque seríamos incapaces espiritualmente de pelear la batalla final para seguir alerta y perseverar. Por otro lado, comprendemos que si estamos despiertos espiritualmente, en comunión con Cristo y andando en la luz, podremos discernir "las señales de los tiempos" (Mt. 16:3) y experimentaremos su venida no como un ladrón que sorprende (1 Ts. 5:4), sino como un señor y siervo misericordioso (Lc. 12:37).

Estar alerta significa amar la venida del Señor

Otra manera de describir nuestro celo por permanecer espiritualmente despiertos, sobrios y con capacidad de discernir es decir que amamos la venida del Señor (2 Ti. 4:8), que "le esperan" (He. 9:28; cf. 1 Co. 1:7; Fil. 3:20) o "[esperamos] por completo en la gracia que se [nos] traerá cuando Jesucristo sea manifestado" (1 P. 1:13).

Recordarás en el capítulo 1 que, justo después de la exhortación de Pablo a amar la venida del Señor en 2 Timoteo 4:8, mencioné que aparece el ejemplo de Demas como quien amó al mundo más que la venida del Señor. "Demas me ha desamparado, amando este mundo" (2 Ti. 4:10). Esta es la advertencia que nos hace Jesús: "Mirad también por vosotros mismos, que vuestros corazones no se carguen de glotonería y embriaguez y de los afanes de esta vida, y venga de repente sobre vosotros aquel día" (Lc. 21:34). Demas dejó de amar la venida del Señor Jesús y se enamoró de este mundo. Eso lo embriagó con ilusiones de cosas mejores.

Así pues, toda nuestra exposición acerca de los mandatos de Jesús a permanecer despiertos y sobrios, en realidad hemos hablado acerca de amar la venida del Señor. Permanecer despierto espiritualmente y alerta es estar enamorado de la venida del Señor. Lo contrario es caer en el letargo del amor al mundo y ser ciego a la belleza de la venida de Cristo. Esta es la gran respuesta a la pregunta acerca de cómo debemos vivir. Debemos vivir enamorados de la venida de Cristo. Vivir enamorados de la venida de Cristo es un gran deleite anticipado. Es un poder grande para andar libres de pecado. Es una gran protección del engaño en los tiempos postreros.

19

Pacientes, gozosos, no engañados, no turbados

UN ASPECTO CRUCIAL DE NUESTRO ANDAR en los últimos días es la necesidad de vivir especialmente alerta en cuanto al engaño. Jesús y Pablo dejan claro que el engaño satánico va a intensificarse a medida que se acerca el fin. Jesús subraya primero este peligro cuando sus discípulos le preguntan "¿cuándo serán estas cosas, y qué señal habrá de tu venida, y del fin del siglo?" (Mt. 24:3). Sus primeras palabras, que Él reitera, tienen que ver con el engaño:

> Respondiendo Jesús, les dijo: Mirad que nadie os engañe. Porque vendrán muchos en mi nombre, diciendo: Yo soy el Cristo; y a muchos engañarán… Y muchos falsos profetas se levantarán, y engañarán a muchos; y por haberse multiplicado la maldad, el amor de muchos se enfriará. Mas el que persevere hasta el fin, este será salvo… Porque se levantarán falsos Cristos, y falsos profetas, y harán grandes señales y prodigios, de tal manera que engañarán, si fuere posible, aun a los escogidos. Ya os lo he dicho antes (Mt. 24:4-5, 11-13, 24-25).

Cabe aclarar que el engaño está presente a todo lo largo de la historia como una señal característica desde el primer siglo hasta ahora. No obstante, la referencia de Jesús al aumento de la iniquidad, el hecho de que el amor de muchos que se enfriará, la advertencia a perseverar "hasta el fin" y el crescendo de señales y prodigios que por poco apartan a los elegidos, son todos evidencia del aumento del engaño del maligno al final de este siglo. Evidencian la culminación de un proceso. De ahí que Jesús advierta con urgencia: "Mirad que nadie os engañe" (Mt. 24:4). Esa es otra manera de decir: "Permanezcan despiertos". Amemos la venida del Señor más que las atracciones engañosas que ofrecen los falsos profetas y los falsos cristos.

El engaño y el último suspiro del maligno

Pablo conecta los engaños y las señales y prodigios engañosos en el último suspiro del maligno cuando aparece el hombre de pecado:

> La venida del inicuo es por obra de Satanás con gran poder y *señales y prodigios mentirosos*, con *todo engaño de iniquidad* para los que se pierden, por cuanto no recibieron el amor de la verdad para ser salvos. Por esto Dios les envía un poder engañoso, para que *crean lo que es falso*, a fin de que sean condenados todos los que *no creyeron a la verdad*, sino que se complacieron en la injusticia (2 Ts. 2:9-12, traducción mía).

A esto lo denomino el último suspiro del maligno porque, en el versículo 8, Pablo afirma que ese hombre "inicuo", satánico y engañoso, morirá en la venida final del Señor Jesús. "Se manifestará aquel inicuo, a quien el Señor matará con el espíritu de su boca, y destruirá con el resplandor de su venida". Así pues, el engaño acerca del cual Pablo nos alerta es el último esfuerzo de Satanás por destruir al pueblo de Cristo.

La última frase del versículo 12 es reveladora: "se complacieron en la injusticia". Ese acto de complacerse en la injusticia es lo opuesto a creer la verdad. "[Ellos] no creyeron a la verdad, sino que se complacieron en la injusticia". Asimismo, "creer a la verdad" incluye el "amor de la verdad" que menciona el versículo 10. Eso significa que la mayor protección contra el engaño satánico en los últimos días no es únicamente *estar de acuerdo* con la verdad, sino *amar* la verdad. Y la gloria futura que es el corazón de esa verdad es la venida de nuestro Señor Jesús. Por tanto, Pablo nos exhorta a amar la verdad de su venida, a amar su manifestación (2 Ti. 4:8). ¿Cómo debemos entonces vivir en los últimos días? Debemos vivir en alerta máxima contra el engaño. Y parte esencial de esa actitud de alerta no es un espíritu de temor, sino de amor, de amor sincero por la venida del Señor.

En alerta, pero no turbados

Vivir en alerta máxima contra el engaño no significa vivir con un espíritu turbado. Amor, no turbación, es la mejor protección contra el engaño. Jesús y Pablo dejan esto claro. Como vimos en el capítulo 16, la palabra que usaron, *turbar*, aparece solo dos veces en el Nuevo Testamento en el contexto de los postreros tiempos, una en los escritos de Pablo y otra en las enseñanzas de Jesús. En ningún otro pasaje aparece. Inmediatamente después de la advertencia a no ser engañados por falsos Cristos, Jesús también nos amonesta acerca de la turbación:

> Porque vendrán muchos en mi nombre, diciendo: Yo soy el Cristo; y a muchos engañarán. Y oiréis de guerras y rumores de guerras; *mirad que no os turbéis* [θροεῖσθε], porque es necesario que todo esto acontezca; pero aún no es el fin (Mt. 24:5-6; cf. Mr. 13:6-7).

Las palabras "es necesario que todo esto acontezca" quieren decir que los planes invencibles de Dios se están llevando a cabo. Las cosas no están fuera de control. Permanezcan alerta, pero no se turben. Las palabras "pero aún no es el fin" quieren decir que debemos resistir cualquier histeria que exagere la inminencia de la venida del Señor. Dios Padre, y solo Él, decidirá cuándo viene el fin, y Él es nuestro Señor, Salvador y Amigo. Si Él determina que perseveremos durante meses o años o décadas, Él nos suplirá lo necesario para que vivamos en alerta pero no en turbación, es decir, para vivir enamorados de la venida del Señor.

Pablo usa la misma palabra, *turbar*, para señalar el mismo punto: "Os rogamos, hermanos, que no os dejéis mover fácilmente… ni os *conturbéis* [θροεῖσθαι]… en el sentido de que el día del Señor está cerca" (2 Ts. 2:1-2). Se trata en esencia de la misma advertencia que hizo Jesús: "Mirad que no os turbéis [θροεῖσθε]… aún no es el fin". El corazón del cristiano no debería afectarse por las especulaciones acerca de los postreros tiempos. No debemos dejarnos arrastrar por predicciones sensacionalistas que carecen de una base bíblica sólida. No deberíamos caer en manías o locuras, ni en intrigas basadas en teorías humanas acerca de las señales que no son evidencia segura de la inminencia del Señor.

Paciencia, perseverancia, gozo

El alma cristiana espera la venida del Señor con anhelo y vigilancia, sin turbación. Más que eso, esta vigilancia anhelante no solo *excluye* la turbación, sino que también *incluye* la paciencia firme, perseverante y gozosa.

La mayor protección contra el engaño satánico en los últimos días no es únicamente *estar de acuerdo* con la verdad, sino *amar* la verdad.

> Por tanto, hermanos, tened *paciencia* hasta la venida del Señor. Mirad cómo el labrador espera el precioso fruto de la tierra, aguardando con *paciencia* hasta que reciba la lluvia temprana y la tardía. Tened también vosotros *paciencia*, y afirmad vuestros corazones; porque la venida del Señor se acerca. Hermanos, no os quejéis unos contra otros, para que no seáis condenados; he aquí, el juez está delante de la puerta. Hermanos míos, tomad como ejemplo de *aflicción y de paciencia* a los profetas que hablaron en nombre del Señor. He aquí, tenemos por bienaventurados a los que *sufren* (Stg. 5:7-11).

Santiago refiere tres veces el regreso del Señor: "la venida del Señor" (Stg. 5:7, 8) y "el juez está delante de la puerta" (5:9). Su interés principal es hacernos un llamado a la paciencia, a estar dispuestos a sufrir y a la perseverancia. Ni siquiera el sufrimiento debe turbarnos ni desestabilizarnos cuando esperamos la venida del Señor con paciencia y perseverancia en medio de aflicciones.

No solo Santiago, sino también Jesús y Pablo afirman que el sufrimiento será una característica de los postreros días. Jesús dice: "Entonces os entregarán a tribulación, y os matarán, y seréis aborrecidos de todas las gentes por causa de mi nombre" (Mt. 24:9). Ni siquiera eso debe ser motivo de turbación. Debemos afrontar tal sufrimiento con paciencia y perseverancia, sabiendo que "el juez está delante de la puerta" (Stg. 5:9).

Pablo explica que tales sufrimientos son parte de la sabiduría de Dios para que seamos "tenidos por dignos del reino de Dios, por el cual... padecéis" (2 Ts. 1:5). En seguida conecta ese propósito divino para nuestro sufrimiento con la justicia de Dios en la segunda venida:

> Nosotros mismos nos gloriamos de vosotros en las iglesias de Dios, por vuestra paciencia y fe en todas vuestras persecuciones y tribulaciones que soportáis. Esto es demostración del justo juicio de Dios, para que seáis tenidos por dignos del reino de Dios, por el cual asimismo padecéis. Porque es justo delante de Dios pagar con tribulación a los que os atribulan, y a vosotros que sois atribulados, daros reposo con nosotros, cuando se manifieste el Señor Jesús desde el cielo con los ángeles de su poder, en llama de fuego, para dar retribución a los que no conocieron a Dios, ni obedecen al evangelio de nuestro Señor Jesucristo (2 Ts. 1:4-8).

El juicio de Dios es justo aun cuando incluye nuestro sufrimiento, puesto que Él pagará a quien nos aflige y dará alivio al afligido "cuando se manifieste... desde el cielo... en llama de fuego". Nuestra expectativa anhelante y nuestra vigilancia mientras esperamos la venida del Señor no suponen turbación, ni siquiera en medio del sufrimiento.

De hecho, el Nuevo Testamento hace algo más que aludir a la simple ausencia de turbación y la presencia de paciencia en la espera. Nos llama incluso a *regocijarnos* en el sufrimiento por causa de Cristo (Mt. 5:11-12; Lc. 6:23; Hch. 5:41; Ro. 5:3; Fil. 2:17; Col. 1:24; Stg. 1:2). Pedro conecta este regocijo directamente con nuestro anhelo por la manifestación de la gloria del Señor:

> Amados, no os sorprendáis del fuego de prueba que os ha sobrevenido, como si alguna cosa extraña os aconteciese, sino *gozaos* por cuanto sois participantes de los padecimientos de Cristo, para que también *en la revelación de su gloria* os gocéis con gran alegría (1 P. 4:12-13).

Pedro señala nuestro gozo en el sufrimiento con Cristo como la condición de nuestro gozo cuando se revelará su gloria. Regocíjense en sus sufrimientos *ahora a fin de que* puedan regocijarse en su gloria cuando Él venga. El aumento de la persecución al final del siglo va de la mano con el enfriamiento del amor de muchos bajo la influencia helada de la iniquidad (Mt. 24:12). Pero los cristianos no han de turbarse. Más aún, anticipamos la gloria del Señor en su venida (1 P. 4:13) y la corona de justicia (2 Ti. 4:8), y en ello nos regocijamos. Es decir, amamos la manifestación del Señor con gozo más que el placer de transigir (Mr. 8:35) y más que la evasión de vergüenza (8:38), sabiendo que "el que persevere hasta el fin, este será salvo" (Mt. 24:13).

El alma cristiana espera la venida del Señor con anhelo y vigilancia, sin turbación.

Aun cuando nos toca presenciar el funeral de nuestros seres queridos, no "[nos entristecemos] como los otros que no tienen esperanza" (1 Ts. 4:13). "Porque el Señor mismo con voz de mando, con voz de arcángel, y con trompeta de Dios, descenderá del cielo; *y los muertos en Cristo resucitarán primero*" (1 Ts. 4:16). Los muertos no estarán en desventaja cuando experimentemos de primera mano la gloriosa venida del Señor. "Nosotros… seremos arrebatados *juntamente con ellos* en las nubes" (1 Ts. 4:17). Por lo tanto, ni siquiera la muerte convierte la alerta del fin de los tiempos en una turbación. Somos pacientes, perseverantes, estamos llenos de esperanza. Por encima de cualquier tentación y a pesar de todas las pérdidas, amamos la venida del Señor.

20

Justicia venidera, bondad presente

DE ESTA VIDA EN ALERTA, sin turbación, paciente, perseverante, de amor gozoso por la venida del Señor, nace en nosotros una pasión por la pureza como la del Señor Jesús a quien anhelamos ver. Vemos esto en 1 Juan 3:2-3:

> Amados, ahora somos hijos de Dios, y aún no se ha manifestado lo que hemos de ser; pero sabemos que cuando él se manifieste, seremos semejantes a él, porque le veremos tal como él es. Y todo aquel que tiene esta esperanza en él, se purifica a sí mismo, así como él es puro.

Considera las dinámicas psicológicas de estos versículos. Cuando dice "todo aquel que tiene esta esperanza en él" se refiere a la esperanza que tenemos de ser *como* Jesús: "Cuando él se manifieste, *seremos semejantes a él*... Y todo aquel que tiene esta esperanza en él, se purifica[rá] a sí mismo".

Así pues, el punto es que, si realmente *quieres* ser como Él cuando lo *veas* en su venida, vas a procurar ser como Él *ahora*. Hay hipocresía cuando se es indiferente a la pureza y la santidad en el presente y al mismo tiempo se profesa amor por la venida del Señor. De modo que el impulso por convertirse en una persona radicalmente pura, santa, amorosa, sacrificada y semejante a Cristo *ahora* nace de una esperanza firme y un deseo intenso de que eso suceda cuando Él venga. El apóstol diría que el impulso para vivir una vida santa nace del amor por la venida del Señor.

Imperativo moral de destrucción global

En su segunda carta, Pedro hace referencia a la segunda venida como un incentivo para la santidad y la piedad (2 P. 3:11). Se enfoca no en la belleza de ser como Cristo, sino en la destrucción de todo lo que no es como Cristo. En seguida, concluye su argumento con una referencia a los nuevos cielos y la nueva tierra donde mora la justicia (2 P. 3:13). De hecho, Pedro nunca menciona en tantas palabras la venida o la manifestación del Señor Jesús en relación con esto. En cambio, hace alusión al "día del Señor" que viene "como ladrón" (2 P. 3:10), lo cual claramente se refiere a la segunda venida:[1]

> Pero el día del Señor vendrá como ladrón en la noche; en el cual los cielos pasarán con grande estruendo, y los elementos ardiendo serán deshechos, y la tierra y *las obras que en ella hay serán quemadas* [como la ruina que son]. Puesto que todas estas cosas han de ser deshechas, ¡cómo no debéis vosotros andar en santa y piadosa manera de vivir, esperando y apresurándoos para la venida del día de Dios, en el cual los cielos, encendiéndose, serán deshechos, y los elementos, siendo quemados, se fundirán! Pero nosotros esperamos, según sus promesas, cielos nuevos y tierra nueva, *en los cuales mora la justicia.* Por lo cual, oh amados, estando en espera de estas cosas, *procurad con diligencia ser hallados por él sin mancha e irreprensibles, en paz* (3:10-14).

Es probable que Pedro resalte la destrucción de los cuerpos celestes y de la tierra porque anteriormente en ese capítulo hizo mención de los falsos

---

1. Como expliqué en el capítulo 8, no intento con este libro dilucidar todos los sucesos que forman parte del "día del Señor". Cuando digo "día" no me refiero a un período de 24 horas. La palabra "día" puede referirse a un período de tiempo extendido. Por ejemplo, en: "Cuando el esposo les será quitado, y entonces *en aquellos días* ayunarán" (Mr. 2:20; cf. Jn. 8:56; 16:23; 2 Co. 6:2; Ef. 6:13; He. 8:9). En la mente de Dios, el lapso llamado "día" es de duración determinada. Sin embargo, desde nuestra perspectiva finita, su duración es desconocida. Por tanto, muchos sucesos pueden acontecer ventro de ese lapso de tiempo. Además, cuando uso las expresiones bíblicas "día del Señor", "día de Dios", "día del juicio" o "día de la ira", doy cabida a varios sucesos en ese lapso de tiempo, sin clasificarlos por orden ni por la cantidad de tiempo que transcurre entre ellos. Por último, en el caso de la referencia de Pedro a la renovación completa de los cielos y la tierra, no señalo específicamente cuándo sucede esto en relación con otros acontecimientos del "día del Señor".

maestros que negaban la segunda venida arguyendo que el universo creado (los cielos y la tierra) son tan estables que es imposible imaginar un cataclismo que lo cambie todo: "[Los burladores dirán]: ¿Dónde está la promesa de su advenimiento? Porque desde el día en que los padres durmieron, todas las cosas permanecen así como desde el principio de la creación" (2 P. 3:4). De modo que cuando Pedro describe el efecto del "día del Señor" se enfoca en los cataclismos que sobrevendrán en la esfera natural.

Si realmente *quieres* ser como Él cuando lo *veas* en su venida, vas a procurar ser como Él *ahora*.

Sin embargo, su objetivo es responder la pregunta: ¿Cómo debemos vivir? Vemos su lógica cuando dice: "Puesto que todas estas cosas…", es decir, "la tierra y las obras que en ella hay… han de ser deshechas, ¡cómo no debéis vosotros andar en santa y piadosa manera de vivir!" (2 P. 3:10-11)? ¿Cuál es su razonamiento?

La iniquidad es destruida, la rectitud prevalece

Al parecer, Pedro coincide con Pablo en su comprensión del mundo natural: "La creación [que Dios sujetó] a vanidad… [y a] esclavitud de corrupción" (Ro. 8:20-21). Por lo tanto, no solamente los humanos pecadores necesitan la obra salvadora de Cristo, sino que la naturaleza también necesita renovación. Y Pablo describe dicha renovación no como el acto divino de eliminar la creación para empezar una nueva, sino de liberar la creación presente de su "esclavitud de corrupción". "La creación misma será libertada de la esclavitud de corrupción, a la libertad gloriosa de los hijos de Dios" (Ro. 8:21). Pablo no dice cómo se llevará a cabo esa renovación y purificación. Sin embargo, Pedro señala que sucederá por fuego.

No creo que se refiera a que los cuerpos celestes y la tierra sean arrasados por el fuego para recrear a partir de nada los nuevos cielos y la nueva tierra (2 P. 3:13). Antes bien, ya que Pedro parece coincidir con la comprensión de Pablo acerca de la creación, y que Pablo afirma que "la creación misma será *libertada* [no arrasada] *de la esclavitud de corrupción*, a la libertad gloriosa de los hijos de Dios" (Ro. 8:21), el hecho de que los cielos "pasen" y que la tierra y las obras que en ella hay ardan y sean deshechas (2 P. 3:10) se refiere probablemente a lo que sucede en un devastador incendio forestal o a la destrucción de una erupción volcánica. En esos casos se dice que la tierra, junto con todos los árboles, la vegetación y las estructuras construidas por el hombre son "destruidas", lo cual no quiere decir que la tierra deja de existir.

Así que el razonamiento de Pedro acerca de cómo debemos vivir es el siguiente: la destrucción de los cielos y la tierra será tan completa que nada va a quedar sino lo que es santo y recto. En términos negativos, todo lo que sea contrario a la santidad y la rectitud será consumido. En términos positivos, "nosotros esperamos, según sus promesas, cielos nuevos y tierra nueva, en los cuales mora la justicia" (2 P. 3:13). La injusticia es destruida. La justicia prevalece. Por consiguiente, "¡cómo no debéis vosotros andar en santa y piadosa manera de vivir!" (2 P. 3:11). Pedro concluye aludiendo a la destrucción y la renovación: "Por lo cual, oh amados, estando en espera de estas cosas [la destrucción de lo viejo y el establecimiento de lo nuevo], procurad con diligencia ser hallados por él sin mancha e irreprensibles, en paz" (2 P. 3:14).

Amables mientras esperamos la justicia

El apóstol Pablo resalta una virtud específica del carácter en respuesta a la exclamación de Pedro: "¡Cómo no debéis vosotros andar en santa y piadosa manera de vivir…!", si la justicia perfecta va a prevalecer. Su respuesta, a la luz de la segunda venida, es que debemos expresar *gentileza* (o *amabilidad*, según algunas versiones). Pablo hace esta conexión en Filipenses 4:4-7 y en Romanos 12:19-21.

En Filipenses 4:5 dice: "Vuestra gentileza sea conocida de todos los hombres. El Señor está cerca". Para mí, eso significa que la cercanía segura y potencial de la venida del Señor produce en nosotros gentileza cuando la consideramos y la sentimos como debe ser.[2] La Reina Valera Revisada (1977) traduce ἐπιεικὲς (*epieikes*) como *mesura* en lugar de *gentileza o amabilidad*: "Vuestra mesura sea conocida de todos los hombres". Sin embargo, en 1 Timoteo 3:3, Pablo contrasta explícitamente esta palabra con la violencia: el obispo debe ser "no pendenciero, sino amable" (NBLA; μὴ πλήκτην, ἀλλ᾽ ἐπιεικῆ). Lo opuesto a *violento* es *gentil* o *amable*, un sentido más natural que el término *mesurado*.

---

2. Para el significado de *cercanía*, ver el capítulo 14.

Asimismo, en Tito 3:2, ἐπιεικὲς (*epieikes*) tiene un sentido paralelo a ἀμάχους (*amachous*), que literalmente significa "sin pelea" o "sin espada", es decir, *pacífico*. Por ello es más acertado el paralelo con *gentileza* en lugar de *mesura*. Podríamos parafrasear las palabras de Pablo a Tito del siguiente modo: "Que a nadie difamen, que no sean pendencieros, sino pacíficos, amables, mostrando toda mansedumbre para con todos los hombres".

Otra razón por la que pienso que Pablo consideró la gentileza como un efecto del anhelo por la venida del Señor es el argumento que presenta en Romanos 12:19-20:

> No os venguéis vosotros mismos, amados míos, sino dejad lugar a la ira de Dios; porque escrito está: Mía es la venganza, yo pagaré, dice el Señor. Así que, si tu enemigo tuviere hambre, dale de comer; si tuviere sed, dale de beber; pues haciendo esto, ascuas de fuego amontonarás sobre su cabeza.

No devolver mal por mal, sino hacer bien al enemigo, son manifestaciones de *gentileza*. A eso nos llama Pablo. Y el motivo que presenta para hacerlo (no es el único) es que debemos dejar la venganza en manos del Señor. El Señor promete: "Mía es la venganza" (Ro. 12:19). Nuestra confianza en la justicia final del Señor significa que no tenemos que ejecutar nuestra propia venganza contra nuestro enemigo en esta vida. Podemos devolver bien por mal. Podemos manifestar gentileza.

Esto está relacionado con la venida del Señor porque, en la segunda venida, el Señor ejecutará su venganza. Pablo deja esto claro en 2 Tesalonicenses 1:7-8: "Cuando se manifieste el Señor Jesús desde el cielo con los ángeles de su poder, en llama de fuego, *para dar retribución* a los que no conocieron a Dios, ni obedecen al evangelio de nuestro Señor Jesucristo". Así que el razonamiento de Romanos 12:19-20 muestra una razón por la que conecta la venida del Señor en Filipenses 4:5 con el llamado a los cristianos a la gentileza: "Vuestra gentileza sea conocida de todos los hombres. El Señor está cerca". Su venida saldará todas las cuentas de manera justa y rectificará toda injusticia. Somos libres para dejar la venganza en manos del Señor. Somos libres para ser amables.

21

Ve a trabajar, ve a la iglesia

Si el llamado a la gentileza en los postreros días (capítulo 20) pareció extrañamente común, este capítulo lo puede parecer aún más. Nos resulta fácil entender la necesidad de *velar* cuando el mundo tal y como lo conocemos está a punto de acabarse. Pero ¿la *gentileza*? Esa parece una virtud para tiempos de calma. Sin embargo, los caminos de Jesús no son como nuestros caminos. Sus pensamientos no son nuestros pensamientos. La gentileza puede ser tan absolutamente contracultural en tiempos donde escasea el amor (Mt. 24:12) y abunda la hostilidad (24:10), que ningún otro testimonio sería más claro del poder de Cristo. Asimismo, ir a trabajar e ir a la iglesia pueden parecer tan rutinarios en medio de la conmoción cultural que constituyen también actos que testifican de un amor profundo, confiado y pacífico por la venida del Señor.

Así pues, el Nuevo Testamento enseña otra respuesta a la pregunta ¿cómo debemos vivir? Y su respuesta es que quienes aman la venida del Señor van a trabajar. Hacemos nuestro trabajo con honradez y diligencia, dispuestos a ser hallados fieles en nuestros diferentes llamados cuando el Señor venga. Tanto Jesús como Pablo subrayan esto claramente.

Histeria y ociosidad en Tesalónica

Pablo habla de manera muy explícita acerca de este asunto de ir a trabajar mientras esperamos que el Señor venga porque sucedía lo contrario en Tesalónica. Pablo enfrenta el problema en 2 Tesalonicenses. Primero, veamos la situación de aquellos que decidieron abandonar sus trabajos como fuente de ingresos. Esta es la descripción que hace Pablo de la situación y su exhortación en respuesta a dicha negligencia:

> Pero os ordenamos, hermanos, en el nombre de nuestro Señor Jesucristo, que os apartéis de todo hermano que ande desordenadamente, y no según la enseñanza que recibisteis de nosotros. Porque vosotros mismos sabéis de qué manera debéis imitarnos; pues nosotros no anduvimos desordenadamente entre vosotros, ni comimos de balde el pan de nadie, sino que trabajamos con afán y fatiga día y noche, para no ser gravosos a ninguno de vosotros; no porque no tuviésemos derecho, sino por daros nosotros mismos un ejemplo para que nos imitaseis. Porque también cuando estábamos con vosotros, os ordenábamos esto: Si alguno no quiere trabajar, tampoco coma. Porque oímos que algunos de entre vosotros andan desordenadamente, no trabajando en nada, sino entremetiéndose en lo ajeno. A los tales mandamos y exhortamos por nuestro Señor Jesucristo, que trabajando sosegadamente, coman su propio pan. Y vosotros, hermanos, no os canséis de hacer bien (2 Ts. 3:6-13).

Algunos creyentes andaban "desordenadamente" (2 Ts. 3:6), sin querer trabajar (3:11) y, al parecer, comían "de balde" el pan que otros habían ganado con esfuerzo (3:8). ¿A qué se debía esa situación? Pablo lo explica en 2 Tesalonicenses 2.

Una especie de histeria se había apoderado de algunos miembros de la iglesia porque pensaban que "el día del Señor [estaba] cerca" (2 Ts. 2:2). Al parecer pensaban: *¿Para qué ir a trabajar? El Señor está muy cerca.*

> Pero con respecto a la venida de nuestro Señor Jesucristo, y nuestra reunión con él, os rogamos, hermanos, que no os dejéis mover fácilmente de vuestro modo de pensar, ni os conturbéis, ni por espíritu, ni por palabra, ni por carta como si fuera nuestra, en el sentido de que el día del Señor está cerca. Nadie os engañe en ninguna manera; porque no vendrá sin que antes venga la apostasía, y se manifieste el hombre de pecado, el hijo de perdición (2 Ts. 2:1-3).

Aquí uso la palabra *histeria* porque Pablo dice que algunos de ellos se dejaban "mover fácilmente *de* [su] modo de pensar" (σαλευθῆναι ὑμᾶς ἀπὸ τοῦ νοὸς) (2 Ts. 2:2). Estaban actuando de manera irracional, creyendo que el día del Señor ya había llegado. Pablo revela el error de su pensamiento señalando que ese día "no vendrá sin que antes venga la apostasía, y se manifieste el hombre de pecado, el hijo de perdición" (2 Ts. 2:3). En otras palabras, el día del Señor no puede estar presente porque la rebelión y el hombre de pecado, que son dos señales claramente identificables, no han aparecido aún.

Quienes aman la venida del Señor van a trabajar… con honradez y diligencia, dispuestos a ser hallados fieles.

A partir de la enseñanza de Pablo infiero, por tanto, que mientras esperamos que el Señor regrese del cielo debemos ser fieles en nuestros llamados terrenales. Debemos evitar la histeria apocalíptica y no debemos cansarnos "de hacer bien" (2 Ts. 3:13). Tenemos ocupación de sobra (tanto vocacional, como social y personal) hasta que el Señor venga. Nuestros deberes terrenales cotidianos no terminarán hasta que el Señor se manifieste. Por consiguiente, la regla hasta que Él venga es: "Y todo lo que hagáis, hacedlo de corazón, como para el Señor y no para los hombres" (Col. 3:23).

La bendición de ser hallados trabajando

Este compromiso apostólico a llevar a cabo fielmente nuestras labores terrenales hasta que Jesús venga nace del hecho de que Jesús enseñó lo mismo. En más de una ocasión, Él describió la segunda venida en lo que atañe a nuestro trabajo. Por ejemplo, después de decir a los discípulos "y vosotros sed semejantes a hombres que aguardan a que su señor regrese de las bodas, para que cuando llegue y llame, le abran en seguida" (Lc. 12:36), Pedro pregunta:

Señor, ¿dices esta parábola a nosotros, o también a todos? Y dijo el Señor: ¿Quién es el mayordomo fiel y prudente al cual su señor pondrá sobre su casa, para que a tiempo les dé su ración? *Bienaventurado aquel siervo al cual, cuando su señor venga, le halle haciendo así*. En verdad os digo que le pondrá sobre todos sus bienes (Lc. 12:41-44).

En vez de responder directamente la pregunta de Pedro: "¿dices esta parábola a nosotros, o también a todos?", Jesús declara el principio que se aplica a todos, incluso a Pedro: El señor ha delegado un trabajo a quienes administran sus negocios mientras él está fuera. Él espera que a su regreso los encuentre cumpliendo fielmente la labor que les encomendó (ver también Mt. 24:42-51).

Esta es una enseñanza liberadora. Quiere decir que somos libres de la necesidad de enfocar nuestra atención en las señales de los tiempos, aun cuando las vemos en pleno desarrollo. Es bueno discernir espiritualmente lo que sucede a medida que se acerca el fin. Sin embargo, ser perspicaces en nuestra visión de los tiempos postreros no es la cualidad principal que el señor requiere de sus siervos. Cuando el señor dice a su siervo "bien, buen siervo y fiel" (Mt. 25:21, 23) no lo hace porque el siervo haya visto al señor que se aproxima en el horizonte. Es porque el siervo ha sido "fiel" en la obra que se le encomendó y lo fue hasta el final.

Por supuesto, debemos permanecer despiertos y sobrios espiritualmente hasta el final. Ningún siervo fiel debería desviarse y caer en el letargo y la ceguera espirituales, no sea que "[venga] el señor de aquel siervo en día que este no espera, y a la hora que no sabe, y le [castigue] duramente, y le [ponga] con los infieles" (Lc. 12:46). Sin embargo, esa vigilancia y sobriedad no cumplen principalmente la función de predecir la cercanía del Señor, sino que sirven para llevar a cabo la obra del Señor. Nuestro lema es decir con Jesús: "Me es necesario hacer las obras del que me envió, entre tanto que el día dura; la noche viene, cuando nadie puede trabajar" (Jn. 9:4). Así que, cuando nos levantamos por la mañana y nos dirigimos a nuestro trabajo cotidiano, debe haber en nuestro corazón un amor por la venida del Señor y la dichosa conciencia de que, mientras esperamos su regreso, nos ha encomendado una obra que debemos llevar a cabo.

Conforme se acerca el día, ir a la iglesia

Más importante que hacer la obra en los postreros tiempos es ir a la iglesia. Más aún cuando vemos que el día se acerca. El autor de la carta a los Hebreos dice que conforme se acerca el día de Cristo debemos ser más diligentes en congregarnos como pueblo de Cristo:

> Y considerémonos unos a otros para estimularnos al amor y a las buenas obras; no dejando de congregarnos, como algunos tienen por costumbre, sino exhortándonos; y tanto más, cuanto veis que aquel día se acerca (He. 10:24-25).

"Tanto más, cuanto veis que aquel día se acerca". El *día* que tenía en mente el escritor es el mismo suceso que menciona en el capítulo anterior: "Cristo fue ofrecido una sola vez para llevar los pecados de muchos; y aparecerá por segunda vez, sin relación con el pecado, para salvar a los que le esperan" (He. 9:28). Es el día de la venida de Cristo.

Evidentemente, el autor de Hebreos consideró que los creyentes serán capaces de "ver" (βλέπετε) que se acerca el día. Cabe aclarar que en cada generación hay señales que apuntan a la venida del Señor. Con todo, eso no significa que a medida que se acerca el día no haya señales aún más claras. En el capítulo 17 sostuve que, además de los indicadores más generales de

Evitemos que nuestro amor se enfríe y avivemos la gozosa expectativa y nuestro amor por la venida del Señor.

la venida de Cristo, habrá algunos antecedentes discernibles hacia el final de este siglo, los cuales indican la cercanía de su venida, como la apostasía y el hombre de pecado (2 Ts. 2:3). A quienes poseen una visión capaz de discernir espiritualmente, "aquel día no [los sorprenderá] como ladrón" (1 Ts. 5:4). Ellos "[ven] que aquel día se acerca" (He. 10:25).

¿Ausencia de señales?

Creo que algunos académicos sobreestiman el asunto de la "ausencia de señales" en la venida del Señor cuanto más se acerca. Sam Storms comenta:

> [La parusía] va a suceder en el futuro en un momento que aun el Señor desconoce. *No habrá señales que indiquen ese día.* Tal vez Jesús habló de esta manera para guardarnos de concluir apresuradamente

que cada nueva crisis global, guerra, terremoto catastrófico o cualquier otro tipo de conmoción nacional o natural es una señal clara de su regreso.[1]

Storms concluye que no habrá señales que indiquen ese día, y lo hace a partir de pasajes como este:

> Mas como en los días de Noé, así será la venida del Hijo del Hombre. Porque como en los días antes del diluvio estaban comiendo y bebiendo, casándose y dando en casamiento, hasta el día en que Noé entró en el arca, y no entendieron hasta que vino el diluvio y se los llevó a todos, así será también la venida del Hijo del Hombre (Mt. 24:37-39).

Con base en este pasaje, Storms deduce lo siguiente:

> No habrá catástrofes sin precedentes de escala global ni calamidades inéditas que indiquen la inminencia del regreso de Jesús. Antes bien, la humanidad estará sumergida en los asuntos rutinarios de la vida. Será como en los días de Noé. La venida del Señor tomará completamente por sorpresa al mundo. Las personas estarán distraídas en sus ocupaciones cotidianas de la vida normal: estarán cultivando, reuniéndose, casándose, etc. (cf. Lc. 17:28-30; 1 Ts. 5:3). Jesús vendrá en un momento de indiferencia, normalidad y ocupación materialista generalizadas, cuando todo el mundo esté completamente inmerso en sus negocios y ambiciones terrenales (cf. 2 P. 3:3-4, 10). Su venida ocurrirá en un momento tan inesperado y sorpresivo que atrapará a las personas en plena cotidianidad (ver vv. 40-41). ¿Cuándo vendrá Jesús? *Jesús vendrá en un momento cuando su venida sea lo último que pasaría por la mente de las personas.*[2]

El problema con esta conclusión es que no hace distinción entre la inconsciencia propia de la ceguera del mundo y la expectativa de los

---

1. Sam Storms, *Kingdom Come: The Amillennial Alternative* (Fearn, Ross-shire, UK: Mentor, 2013), 277-78; cursivas añadidas.

2. Storms, *Kingdom Come*, 278; cursivas añadidas.

hijos de luz. Las personas del mundo serán tomadas desprevenidas como en una trampa (Lc. 21:34). Los hijos de luz no serán sorprendidos con una llegada como ladrón (1 Ts. 5:4). Tanto Jesús como Pablo dejan clara esta distinción entre los que son ciegos a las señales y los que están en capacidad de discernirlas. Pablo dice:

> Porque vosotros sabéis perfectamente que el día del Señor vendrá así como ladrón en la noche; que cuando digan: Paz y seguridad, entonces vendrá sobre ellos destrucción repentina, como los dolores a la mujer encinta, y no escaparán. Mas vosotros, hermanos, no estáis en tinieblas, para que aquel día os sorprenda como ladrón (1 Ts. 5:2-4).

Jesús dice:

> Mirad también por vosotros mismos, que vuestros corazones no se carguen de glotonería y embriaguez y de los afanes de esta vida, y venga de repente sobre vosotros aquel día. Porque como un lazo vendrá sobre todos los que habitan sobre la faz de toda la tierra. Velad, pues, en todo tiempo orando que seáis tenidos por dignos de escapar de todas estas cosas que vendrán, y de estar en pie delante del Hijo del Hombre (Lc. 21:34-36).

El mundo es ciego a la venida de Cristo y va a experimentarla como una "trampa". Los que velan no serán ciegos ni serán atrapados. Ellos "[verán] que aquel día se acerca" (He. 10:25).

Razones escatológicas para ir a la iglesia

Estoy seguro de que podría escribirse un libro entero acerca de por qué debemos dar prioridad a congregarnos a medida que se acerca el fin. El libro incluiría una meditación acerca de la última cena, porque Pablo la relacionó (como Jesús; ver Lc. 22:16) con la segunda venida: "Así, pues, todas las veces que comiereis este pan, y bebiereis esta copa, la muerte del Señor anunciáis hasta que él venga" (1 Co. 11:26). Sin embargo, una razón que menciona el pasaje en Hebreos es la *exhortación mutua*: "No dejando de congregarnos, como algunos tienen por costumbre, sino exhortándonos" (He. 10:25). Esa mutua exhortación, como señala Hebreos 3:12-13, se enfoca en prevenir la apostasía:

> Mirad, hermanos, que no haya en ninguno de vosotros corazón malo de incredulidad para apartarse [ἀποστῆναι] del Dios vivo; antes exhortaos los unos a los otros cada día, entre tanto que se dice: Hoy; para que ninguno de vosotros se endurezca por el engaño del pecado.

Es un llamado a exhortarse los unos a los otros para evitar "apartarse [ἀποστῆναι] del Dios vivo". Pablo señala que la *apostasía* es una señal característica de los "postreros tiempos": "el Espíritu dice claramente que en los postreros tiempos algunos apostatarán [ἀποστήσονταί] de la fe" (1 Ti. 4:1). Jesús había subrayado este peligro en la iglesia conforme se acercara el fin de los tiempos:

> Muchos tropezarán entonces, y se entregarán unos a otros, y unos a otros se aborrecerán. Y muchos falsos profetas se levantarán, y engañarán a muchos; y por haberse multiplicado la maldad, el amor de muchos se enfriará. Mas el que persevere hasta el fin, este será salvo (Mt. 24:10-13).

Así pues, de todas las razones que Dios haya podido tener en mente para señalar la importancia crucial de seguir congregándonos en los postreros tiempos, Hebreos se enfoca en la mutua exhortación para evitar el engaño de la incredulidad que conduce a la apostasía. O dicho de otra manera: evitemos que nuestro amor se enfríe y avivemos la gozosa expectativa y nuestro amor por la venida del Señor.

22

Oración para el fin de los tiempos, por ti mismo y por la misión

La exhortación a congregarse en los tiempos postreros, a fin de animarnos mutuamente y no dejar enfriar el amor sino perseverar en la fe (capítulo 21), está íntimamente ligada a la de orar en el fin del siglo. Por ejemplo, Pedro escribe:

> El fin de todas las cosas se acerca; *por tanto*, sed sobrios *en vuestras oraciones*. Y ante todo, seguid amándoos entrañablemente, porque el amor cubre multitud de pecados (1 P. 4:7-8, traducción mía).

La expresión *por tanto* muestra la conexión que existe entre la segunda venida y la oración. "El fin de todas las cosas se acerca; *por tanto*, ¡oren!". Tengan autocontrol y sobriedad (en espíritu y en cuerpo) a fin de que no se vuelvan negligentes en la oración.

¿Por qué consideraría Pedro la oración algo tan urgente frente a la inminencia del fin? Esto fue lo que oyó de Jesús:

> Mirad también por vosotros mismos, que vuestros corazones no se carguen de glotonería y embriaguez y de los afanes de esta vida, y venga de repente sobre vosotros aquel día… Velad, pues, *en todo tiempo orando que seáis tenidos por dignos de escapar* de todas estas cosas que vendrán, y de estar en pie delante del Hijo del Hombre (Lc. 21:34, 36).

Los postreros tiempos acarrearán desafíos tan grandes para la fe de los cristianos que necesitaremos fortaleza extraordinaria para escapar de sus efectos destructivos. "Mas el que persevere hasta el fin, este será salvo" (Mt. 24:13). Dios ha dispuesto la asistencia a la iglesia y la oración en los tiempos postreros con el propósito de infundir a su pueblo el poder para perseverar en medio de pruebas extraordinarias del fin del siglo. "También debes saber esto: que en los postreros días vendrán tiempos peligrosos" (2 Ti. 3:1). Pedro y Jesús se unen para decirnos: Permanezcan sobrios en oración a fin de poder prevalecer en medio de las dificultades.

"Venga tu reino"

Una de las oraciones que el Señor Jesús nos enseñó es: "Venga tu reino. Hágase tu voluntad, como en el cielo, así también en la tierra" (Mt. 6:10). Esta petición tiene varias capas de significado, como sucede también con la venida del reino y su significado.[1] El reino viene de manera progresiva conforme el reino salvador de Cristo se establece en los corazones de un número creciente de personas (Ro. 5:21; 14:17; 1 Co. 4:20; Col. 1:13). Sin embargo, el cumplimiento pleno de "venga tu reino" será el establecimiento del reino de Cristo en los nuevos cielos y en la nueva tierra (1 Co. 15:24; 2 Ti. 4:1).

¿Cuándo vuelve Cristo? Cuando la iglesia haya terminado su tarea.

Por consiguiente, infiero que nuestras oraciones para que el reino venga son oraciones con el fin de que Dios no solo establezca su reino en nuestros corazones de manera más plena, sino también por el avance de su obra salvadora de evangelismo y misiones a nivel mundial, y para que Él lleve la historia a su punto culminante con la venida de Jesús. Por tanto, nuestras oraciones en los postreros días incluyen la oración para que el Señor de la mies "envíe obreros a su mies" (Mt. 9:38), y que Él venga y ponga punto final a la historia: "¡Ven, Señor nuestro!" (μαράνα θά, *maranatha*, 1 Co. 16:22, TLA). "¡Ven, Señor Jesús!" (Ap. 22:20).

---

1. Ver el prólogo de la tercera parte del libro: "La vida entre las dos venidas de Cristo", para una exposición acerca de los diversos sentidos en los que viene el reino de Dios.

Apresurar el día: terminar la misión

Ya sea que oremos por el avance progresivo de la evangelización mundial o por la venida del Señor en las nubes, estamos en efecto orando para que Dios obre para llevar la historia a término. Jesús dice en Mateo 24:14: "Y será predicado este evangelio del reino en todo el mundo, para testimonio a todas las naciones; y entonces vendrá el fin". En el capítulo 17 sostuve que este versículo significa que la Gran Comisión será acatada hasta el fin de este siglo presente y, cuando se termine, Cristo regresará. Por tanto, Mateo 24:14 nos enseña que cada avance del evangelio constituye a la vez un motivo de *ánimo* por la venida de Cristo como un *incentivo* para "apresurarla" (2 P. 3:12).

Me desafían las palabras de George Ladd que señalan las implicaciones de Mateo 24:14 acerca de cómo debemos vivir hasta que Jesús venga:

He aquí el motivo de nuestra misión: La victoria final aguarda el cumplimiento de nuestra tarea. "Y entonces vendrá el fin". No existe otro versículo en la Palabra de Dios que diga: "Y entonces vendrá el fin". ¿Cuándo vuelve Cristo? Cuando la iglesia haya terminado su tarea. ¿Cuándo terminará este siglo? Cuando el mundo haya sido evangelizado. "¿Qué señal habrá de tu venida, y del fin del siglo?" (Mt. 24:3). "Será predicado este evangelio del reino en todo el mundo, para testimonio a todas las naciones; Y ENTONCES vendrá el fin". ¿Cuándo? Entonces, cuando la iglesia haya terminado la misión que Dios le encomendó.[2]

¿Y qué de la ambigüedad del cumplimiento de la tarea de las misiones en el mundo? Sí, sabemos que la voluntad de Dios es que Cristo "nos [ha] redimido para Dios, de todo linaje y lengua y pueblo y nación" (Ap. 5:9). Pero ¿cuáles son todas esas agrupaciones? Ladd responde que dicha ambigüedad no anula la urgencia de la tarea:

Habrá quien diga: "¿Cómo vamos a saber cuándo termina de cumplirse la misión? ¿Qué tan cerca estamos de cumplir con la tarea?

---

2. George Eldon Ladd, *The Gospel of the Kingdom: Scriptural Studies in the Kingdom of God* (Grand Rapids, MI: Eerdmans, 1990), 2084-88, Kindle.

¿Cuán cerca estamos del fin? ¿Acaso no conduce esto a tentativas de fijar una fecha?". Mi respuesta es: No lo sé. Solo Dios conoce la definición de los términos. Yo no puedo definir con precisión quiénes son "todas las naciones". Solo Dios conoce exactamente el significado de "evangelizar". Solo Él, que nos ha dicho que este evangelio del reino será predicado en el mundo entero para testimonio a todas las naciones, sabrá cuándo se ha cumplido ese objetivo. Sin embargo, no hace falta que yo sepa. Solo sé una cosa: Cristo no ha regresado aún y, por lo tanto, la tarea no ha terminado. Cuando haya culminado, Cristo vendrá. Nuestra responsabilidad no es insistir en definir los términos de nuestra tarea; nuestra responsabilidad es completarla. En tanto que Cristo no regrese, nuestra obra sigue inconclusa. Ocupémonos y completemos nuestra misión.[3]

Si amamos la venida del Señor, amaremos el avance de su misión hasta que se cumpla. Tomaremos con seriedad su promesa de que el evangelio *será* predicado a todas las naciones, es decir, a todos los grupos humanos ("linaje y lengua y pueblo y nación") y abrazaremos su mandamiento de hacer "discípulos de todas las naciones" (Mt. 28:19). Procuraremos inspirar a otros con la urgencia y la claridad de la exhortación de Ladd: "En tanto que Cristo no regrese, nuestra obra sigue inconclusa. Ocupémonos y completemos nuestra misión".

---

3. Ladd, *Gospel of the Kingdom*, 2034-49, Kindle.

¡Ven, Señor Jesús, ven!

Un himno a Cristo

Cristo crucificado y resucitado,
    ascendiste y reinas, Señor de todo,
amado Cordero soberano, sacrificado,
    ante ti huestes se postran,
        ten misericordia y sálvanos
        de nuestra proclividad al mundo.
        Rogamos que tu venida cercana
        avive el amor, despierte el clamor:
¡Ven, Señor Jesús, ven!

Eclipsas sin parangón
    el mayor espectáculo en la tierra.
Tu gloria nos concede apreciar
    tu belleza, grandeza y valor.
        Radiantes, poderosas huestes angelicales
        aguardan tu descenso visible,
        esperan nuestro unánime clamor
        antes de la trompeta final:
¡Ven, Señor Jesús, ven!

No teman tus siervos
    aquel gran día de fuego,
cuando los que prefirieron
    no reverenciar tu nombre
        tendrán al fin su deseo, atónitos
        al espanto en la lejanía de tu rostro.
        Concédenos, oh Cristo, escapar del juicio
        y rogar sin temor alguno:
¡Ven, Señor Jesús, ven!

Cuánto ansiamos el día en que de tu boca
    oigamos: "Bien, buen hijo mío",
sin importar nuestras propensiones y faltas.
    El duro día en que todo rastrojo arda
        y veamos tu sonrisa, el rostro transformador
        y la gracia eterna,
        el momento en que criaturas caídas
        nunca volveremos a caer ni pecar.
¡Ven, Señor Jesús, ven!

Que suene pronto, ¡oh Dios!, tu trompeta.
    Desata, ¡oh Cristo!, tu edicto final.
Arcángel, habla y di a la luna,
    al sol, que cubran sus rostros,
        a la tierra y al mar que entreguen a Cristo
        su esposa, la iglesia triunfante y resucitada.
        Sí, en un abrir y cerrar de ojos,
        revestida de cuerpo inmortal.
¡Ven, Señor Jesús, ven!

Osamos, ¡oh Cristo!, esperar,
    aunque escasamente logramos entender,

que tu iglesia por la que moriste,
    se sentará agradecida a la mesa privilegiada,
        para ser la más amada del banquete.
        Y tú, revestido de nuevo de tu majestad,
        te detienes aún para servirnos
        en aquel día.
¡Ven, Señor Jesús, ven!

Aunque ahora, ¡oh Cristo!, como en un espejo
    vemos borroso, nuestro anhelo
es verte cara a cara. Y sí,
    aunque nuestro amor es débil,
        abrazamos la bendita esperanza
        de brillar con tu resplandor divino,
        porque en aquel gran día,
        satisfechos, cesará nuestro clamor:
¡Ven, Señor Jesús, ven!

Índice general

Índice de las Escrituras